교사
통합교육을
말하다

교사 통합교육을 말하다

특수교육과 일반교육의 경계를 넘어

김명희
신상미
이원란
이종필
한희정

새로온봄

추천의 글

진정한 통합교육을 위해서는 통합학급 교사, 학부모, 특수교사, 그 외에도 많은 사람이 힘을 모아야 합니다. '차이와 다름', '다양성'에 대한 인식이 확대되고 있지만, 장애가 있는 아이들이 일반 학교를 다니는 것은 여전히 쉬운 일이 아닙니다. 교사에게도 통합교육은 쉬운 일이 아닙니다. 그래서인지 통합학급 경험을 담은 선생님들의 이야기가 책으로 나온다는 소식에 무척 반갑고, 설레었습니다.

'제가 맡겠습니다'라고 용기를 낸 신상미 선생님의 이유 있는 교실 속 변화, 소울푸드와 함께 운명처럼 시작된 이원란 선생님의 '사랑스러운 통합교실', '열 명의 다양한 아이들과 함께 성장'한 한희정 선생님의 소중한 기록, '모든 아이를 위한 통합교육'에 애정과 노력이 듬뿍 담긴 김명희 선생님의 '통합교육 연대기', 통합학급 교사에게 전하고 싶은 메시지를 담백하게 정리해준 특수교사 이종필 선생님의 글까지. 글을 읽어 내려가며 함께 울고 웃었습니다. 이 책의 지은이들은 모두 한목소리로 말합니다. 장애학생이라고 해서 별반 다르지 않다고, 아이를 바라보는 시각을 바꾸니 아이들도, 교사인 자신도 변화되었다고요.

이 책은 통합학급을 맡은 선생님에게는 좋은 길잡이가 되어 줄 것이고, 특수교사에게는 학교에서 혼자가 아니라는 위안과 든든함을 느끼게 해줄 것이며, 통합학급에 아이를 보내는 학부모님께는 학교에 대한 신뢰와 믿음을 다지게 해줄 것입니다.

통합교육 현장을 다양한 측면에서 보고 싶으신가요? 그렇다면 이 책의 첫 장부터 넘겨보세요. 마지막 장을 넘겼을 때 '나도 한번 해볼까?'라는 용기가 생기실 거예요.

_전주인봉초등학교 교사 설성정

한 명의 아이도 포기하지 않겠다는 말을 자주 듣습니다. 저도 그러자고 마음먹었습니다. 20여 년 교직생활을 하면서 거의 빠짐없이 통합학급을 맡았습니다. 특수아동에 대한 지식이 거의 없었던 시절부터 저는 한 사람의 학생을 얼마나 제대로 이해하고 있는지 자주 돌아보려고 했습니다. 그렇게 특수아동을 이해할수록 덩달아 일반아동에 대한 이해가 넓어졌습니다. 그때 알았습니다. 특수아동과 일반아동을 구분하기보다 아이들 개개인에 관한 관심과 이해를 넓히기 위해 노력해야 한다는 것을요. 아이들을 이해할수록 저의 미성숙함이 보여서 부끄러웠습니다.

오랫동안 통합학급을 맡으면서 저는 아이들 덕분에 배우고 자랐다고 여깁니다.

거쳐 온 학교 가운데는 통합학급이 있어도 특수학급은 없는 곳도 많았습니다. 특수교사가 있어도 자주 만나지 않았습니다. 만나야 하는 이유를 몰랐거든요. 만나서 대화하고 나서야 알았습니다. 특수교사의 시선은 학생 한 명 한 명에게 훨씬 깊고 넓게 향했습니다. 동료로서 교사들이 서로의 이야기에 귀 기울이고 함께 협력할수록 특수아동도 일반아동도 서로를 이해하고 함께 어울려 가는 걸 경험했습니다. 그게 쉬워? 그게 가능해? 라고 물을지도 모릅니다. 어렵습니다. 하지만 가능합니다. 함께 노력한다면 충분히 가능한 일이라는 걸 이 책을 쓰신 선생님들이 증명하고 있습니다.

전국에는 1만 개가 넘는 학교들이 있습니다. 이 많은 학교 안에서 특수아동과 일반아동이 서로를 이해하고 함께 어울려 성장하고 있습니다. 이 책은 단 한 명의 아이도 포기하지 않는 학교를 만들기 위해 노력할 용기를 주는 책이라 확신합니다. 모든 아이를 위한 교육을 만드는 유일한 힘은 모든 교사가 손잡고 함께하는 노력이라고 생각합니다. 제가 모든 학교, 모든 선생님께 이 책을 권해 드리는 이유입니다.

_교사 천경호

『교사의 말공부』, 『날마다 조금씩 자라는 아이들』,

『리질리언스』의 저자

통합교육은 '재봉틀'이다.
모든 학생에게 자신에 꼭 맞는 옷을 만들어 줄 수 있기 때문이고,
재봉틀을 다루려면 배워야 하듯이 교사도 통합교육을 하기 위해서는 배워야 하기 때문이다.

경인교육대학교 4학년 학생들이 수업시간에 함께 만든 통합교육의 정의입니다. 예비교사들이지만 정확히 통합교육의 핵심을 짚어냈습니다.

아주 좋은 건물, 높은 전문성을 갖춘 열정 있는 교사, 검증된 프로그램이 있어도 통합교육 환경이 아니면 일어날 수 없는 것이 있습니다. 바로 그것 때문에 우리는 통합교육을 말합니다.

통합교육이 소소한 감동을 안겨주는 낭만적인 것은 아닙니다. 현실과는 동떨어진 이상이거나, 준비가 덜 된 시기상조의 그 무언가도 아닙니다. 이 책의 이야기꾼인 선생님들처럼 교실이라는 공간에서 하루하루 아이들과 관계 맺으며 채워나가는 시간이고 구체적인 현실입니다. 교사라면 누구나 이 시간을 채워나갈 준비가 되어 있습니다. 하지만 어떤 학생이 특수교육대상이라는 것을 아는 순간 두려움이 앞서고 시간이 멈춘 것처럼 느껴진다고도 합니다. 저자 선생님들은 모두 '소통'의 어려움으로 인한 두려움을 말하고, 또 이를 없애나갔던 귀한 경험을 나누어 주셨습니다. 모든 일의 시작에서 두려움은 가장 큰 장벽이지만, 멈추지만 않는다면 혁신으로 나아갈 수 있게 하는 실마리라고 생각합니다.

통합교육에 대한 두려움은 선생님들 역시 학창 시절 제대로 된 통합

교육을 받아보지 못한 것도 큰 이유일 것입니다. 이제 자라나는 우리 아이들에게는 그 두려움의 고리를 끊어줘야 할 때입니다. 통합교육이 공식적으로 시작된 지 30년이 다 되어가니 말입니다. 선생님들은 특수교육대상학생을 한 번도 가르쳐본 경험이 없다고, 그 아이와의 특별한 소통 방법을 모른다고, 거창하게 '통합교육'을 시켜야 할 것 같은 부담감에 미리 걱정할 필요는 없습니다. 그냥 나중에 교직생활을 뒤돌아봤을 때 가장 기억에 남을 것 같은 아이라고 생각하면 어떨까 싶습니다.

가끔 어떤 선생님들은 특수교육대상학생에게 아무것도 해준 것이 없다고, 통합교육에 실패했다고 하십니다. 선생님은 실패했다고 결론냈지만 실제로 그 반 학생들은 장애인에 대한 두려움이 없는 사람으로 자라날 수도 있습니다. 매 순간 잘되지는 않았더라도 특수교육대상학생이라고 해서 회피, 단절, 배제가 아니라 어떻게든 소통하려고 애썼던 그 시간을 학생들이 함께했기 때문입니다. 통합교육의 질이 상향 평준화되고 누구라도 가장 가까운 학교에 가는 것이 당연해지면, 특수학교를 더 지어야 한다느니 안된다느니 하는 말도 안 되는 실랑이는 더는 쓸모없을 것입니다. 통합교육에, 아니 '그냥 매일매일 만나는 모든 아이'의 교육에 온 정성을 쏟아부어야 합니다. 저자들의 통합학급 경험과 시행착오는 많은 독자들이 자신만의 통합교육 매뉴얼을 만드는데 충분한 길잡이가 될 것입니다.

_경인교육대학교 특수(통합)교육학과 교수 김수연

통합교육의 열쇠는 이미 당신에게 있습니다

교실 문을 열고 들어오는 아이의 표정이 밝습니다. 밝은 표정으로 특수학급의 문을 열고 큰 소리로 저를 찾는 날은 통합학급에서 좋은 일이 있었다는 뜻입니다. 담임선생님께 뭔가 인정받거나 친구들과 함께 즐거운 무언가를 했다는 의미입니다. 특수학급에서 아무리 재미있게 수업을 하고, 현장학습을 자주 가고, 날마다 칭찬을 해주어도 통합학급에서 담임선생님이 인정해주고, 친구들과 함께 지내는 경험과는 비교가 되지 않습니다. 특수학급 교사로서는 섭섭하지만 인정해야 할 부분입니다.

멀리서 통합학급 선생님이 저를 보고 반갑게 다가옵니다. 제게 할 말이 있나 봅니다. 아마도 우리 반 아이가 아침에 담임선생님께 인사를 잘했거나, 혼자서 줄넘기를 했거나, 음악시간에 노래를 따라 불렀거나, 특별실로 이동할 때 줄을 잘 서서 갔거나 뭔가 대견한 일을 했음이 분명합니다.

통합학급 아이들이 하굣길에 우리 교실 문을 열고 고개를 내밉니다. 뭔가 궁금하거나 전할 말이 있어서 입니다. 특수학급에서 공부하는 자기 반 친구에 대해 할 말이 있거나, 때로는 왜 그렇게 행동하는지 궁금해 묻거나, 다른 반 친구가 장애인이라고 놀렸다고 이르러 오기도 합니다.

이렇게 통합교육이 많이 정착되어 가고 있다고 생각할 때쯤 초등 선생님들과 모임을 하게 되었습니다. 교육에 대한 열정이 남다른 선생님들이었지만 통합학급 담임은 쉽지 않다고 했습니다. 수업시간에 돌아다니거나 계속 소리를 내면 수업을 진행하기 어렵다고 했습니다. 저학년 때는 친구들과 잘 지내지만 고학년이 되면 또래관계에서 어려움을 겪거나 갈등이 생기는 경우가 많은데 이때는 중재도 쉽지 않다고 했습니다. 통합학급 운영에서 장애학생이 싫다거나 안 하겠다고 하면 그냥 두어야 하는지, 학급 규칙을 모두 다 적용하기에는 어려움이 있는데 그 학생만 예외로 해도 되는지, 부모님의 요구를 어디까지 수용해야 하는지에 대한 고민도 많았습니다. 생각보다 많은 선생님이 통합학급 담임을 맡는 것에 두려움이 여전하다는 것을 알게 되었습니다.

신기한 것은 그러한 고민에 대해 몇 번 잠깐 이야기를 나눴을 뿐인데 한 달이 지나고 두 달이 지나면서 선생님들이 한결 나아 보였습니다. 처음과 달리 웃으면서 저를 찾고, 뭔가 하고 싶은 이야기가 있는 표정으로 반갑게 맞아 주셨습니다. 반 아이가 드디어 보조 선생님 없이 친구와 특수학급에 가게 되었다고도 하고, 이제는 특별실에 갈 때 안 가겠다고 하지 않고 자발적으로 가고, 갑자기 화를 내는 대신 하고 싶지 않다고 먼저 말로 의사표현을 했다며 기뻐하셨습니다. 작은 변화에도 행복해 보였습니다. 통합학급 1년을 마친 후 특수교육대상학생이 자신의 교직생활에 큰 전환점이 되었다고 말씀하시는 분도 계셨습니다.

선생님들과 만나면서 통합학급에 대한 막연한 두려움의 원인이 무엇일까 생각해 보았습니다. 우선 장애학생에 대해 선생님이 참고할 수 있는 정보가 너무 없다는 생각이 들었습니다. 이사를 하면 동네가 낯설고 야밤엔 무섭기도 하지만 익숙해지면 편안해지는 것처럼 통합학급도 그렇다는 생각이 들었습니다. 통합학급 담임을 해보지 않았거나, 몇 년에 어쩌다 한 번 맡는다면 익숙하지 않아 두려울 수 있겠다 싶었습니다. 또는 과거 통합학급을 맡았던 경험이 좋지 않아서 두려울 수도 있습니다. 너무 고생해서 다시 통합학급 담임을 하려니 엄두가 나지 않는 것이었습니다. 가장 크게는 함께 상의하고 문제를 해결할 사람이 없다는 것입니다. 학교에 특수학급 교사가 없는 경우도 있고, 있어도 특수교사가 너무 바빠 보여서 묻기 어렵다고도 했습니다. 마지막으로 장애학생은 특수교육을 전공한 특수교사가 잘 알고, 알아서 잘할 것 같다고 생각하는 분들이 많았습니다. 특수교육에 대해 스스로 아는 것이 별로 없어서 아이들에게 무얼 해줘야 할지 모르겠다고 했습니다.

두려움을 가르칠 용기로 바꾸는데 도움이 되고 싶었습니다. 그래서 이 책을 기획하게 되었습니다. 이 책은 통합학급 경험이 있는 4명의 교사와 1명의 특수교사가 함께 썼습니다. 아이들뿐 아니라 교사도 다양합니다. 통합학급을 맡는 계기나 접근 방법, 학급 운영 방식도 다릅니다. 그러다 보니 저자들의 글의 구성이나 문체가 다양합니다. 하지만, 그 안에는 일관되고 공통된 메시지가 있습니다.

1장에는 통합학급 경험이 거의 없는 교사가 1년 동안 통합학급을 운영하면서 겪은 일들과 변화를 담았습니다. 통합학급에서 함께 지내며 혼란스럽고 힘든 일들도 있었지만, 서로를 이해하게 되는 과정에서 아이들뿐만 아니라 교사도 함께 성장하는 이야기입니다.

2장은 어쩌면 당찬 통합학급 도전기입니다. 우연히 만난 아이에게 매력을 느껴 통합학급을 맡고, 아이가 반 친구들과 자연스레 교감하고, 그러다 반의 '핵인싸'가 된 발달장애 학생과 함께한 생생한 이야기들입니다. 거창한 비법이 아니라 아이에 대한 너그러운 애정이 있다면 누구나 밝고 활기찬 교실이 가능하다는 것을 보여줍니다.

3장에는 여러 해 통합학급을 맡으면서 마주한 다양한 아이들과의 경험을 담았습니다. 아이에 대한 소문이나 어려운 환경, 아이의 성장과 학교의 역할, 학생들 사이의 관계, 학부모와의 소통과 신뢰 등 이를 통해 교사의 역할과 한계 등 한 번쯤 고민해볼 것들에 대한 이야기입니다.

4장은 장애아이의 부모가 된 교사가 특수교육을 공부하고 통합교육에 도전하는 이야기입니다. 교사이자 특수교육 박사이고, 장애학생의 부모이자 통합학급 교사라는 다양한 입장에서 모든 학생을 위한 통합교육은 가능한가? 어떻게 만들 수 있는가를 실천하는 과정을 담았습니다.

5장은 특수교사가 통합학급 선생님께 보내는 글로 처음 통합학급을 맡고 막막할 때 무엇부터 시작하면 좋은지, 말로 의사소통이 어려운 학생과는 어떻게 통(通)할 수 있을지, 수업시간에 어떻게 도와주면 좋을지 등 통합학급 운영의 기초를 예를 들어 안내하고 있습니다.

운이 좋게도 저는 좋은 통합학급 선생님들과 함께 하는 기회가 많았습니다. 처음에는 어려워하지만, 학기가 시작되고 아이와의 만남이 시작되면 저보다 더 좋은 아이디어로 아이의 마음을 사로잡는 선생님들이 많았습니다. 그분들은 특수교육을 따로 공부하거나 뭔가 특별한 비법이 있었던 것은 아닙니다. 자신이 가지고 있는 많은 열쇠 중에서 아이에게 맞는 열쇠를 찾은 분들입니다. 어떤 분은 경청의 열쇠로, 어떤 분은 그림책 읽기로 마음을 사로잡았습니다. 어떤 분은 유머와 열정으로 아이와 교감했고, 어떤 분은 차분하게 기록하고 살피며 아이를 만났습니다. 그분들의 공통점은 아이를 유심히 바라보고, 길게 보고, 하루하루에 절망하지 않고, 아이를 특별히 생각하기보다는 학급의 아이들 가운데 하나로 생각했다는 것입니다. 통합학급 1년이 걱정으로 시작해 우여곡절을 겪었지만 많이 배우고 즐거웠다고 하십니다. 그리고 통합학급이 장애학생뿐 아니라 반의 모든 아이와 교사 자신까지 변화하고 성장하게 한다고 이야기합니다.

통합교육의 열쇠는 이미 선생님 손에 있습니다. 두려움의 커튼을 열어젖히면 그 열쇠를 찾을 수 있을 것입니다. 이 책이 열쇠를 찾는 데 도움이 되면 좋겠습니다.

_저자들을 대표하여 이종필 올림

차례

3장 내가 만난 아이들, 나를 키워준 아이들

4장 나의 통합교육 연대기

5장 통합교육으로 떠나는 여행

일러두기

본문에 등장하는 인물의 이름은 특별한 경우를 제외하고 모두 가명입니다.

1장

통합학급 담임으로 보낸 1년

신상미

초등학교에서 20년간 아이들을 가르치고 있습니다. 해마다 다른 아이들을 만나면서 저마다의 방식으로 성장하는 모습을 가까이서 보고 있습니다. 교사는 그 성장을 지지하고 함께 하는 사람이라고 생각합니다. 그 경험의 한 과정을 이 글에 담았습니다.

수년간 교사로 아이들과 함께 지냈지만 통합학급을 맡아 보낸 지난 1년은 세상에 대한 다양한 관점들을 갖게 해주었다. 통합학급을 맡지 않았다면 또 맡았더라도 그저 어떻게든 1년만 보내고자 생각했다면 얻을 수 없는 것들이었다.

용기를 내어 통합학급을 맡겠다고 했지만 처음부터 학급 운영을 잘할 수 있다는 자신이 있던 것은 아니었다. 평소 특수교육에 관심이 있거나 통합학급 경험이 있던 것도 아니었다. 사람들이 공교육에 대해 한탄하고 좋지 않은 시각으로 교사들을 바라볼 때마다 스스로 작아지는 느낌이 싫었다. 교육 문제에서 입시와 사교육 관련 이야기만 오가는 것도 탐탁치 않았다. 정작 아이들에게 필요한 것은 그런 것들이 아니었다. 점점 사라지고 있는 아이들의 목소리에 집중하며 지내고, 온전하게 교사의 역할을 고민하고 싶었다. 나 자신에게 부끄럽지 않은 교사이고 싶었다.

앞으로 펼쳐질 나의 통합학급 이야기에는 어떤 교사라도 이 반을 맡았다면 겪었을 법한 고민과 갈등이 있다. 잘 몰라서 당황했던 일들과 학급에서 일어나는 작은 사건들로 채워져 있다. 나는 그 과정에서 수많은 시행착오를 겪었다. 그렇다고 시행착오 끝에 얻은 대단한 솔루션 같은 것들은 없다. 다만 수많은 일을 겪고 시간이 흐르면서 아이들과 교사인 나에게 생긴 작은 변화들은 담겨있다. 아이들의 성장도 교사와 부모만이 알아차릴 수 있는 작은 것이고, 교사인 나의 변화와 성장도 자신만이 알 수 있는 것들이다. 처음엔 몰랐지만 결과적으로 이 작은 변화들이 많은 것을 달라지게 했다.

이 이야기가 통합학급이나 '힘든 아이'라고 불리는 아이들을 맡게 될 많은 교사에게 작은 힘이 되었으면 좋겠다. 혼자서 학급을 운영하는 일은 만만치 않다. 한 해를 어렵게만 보내거나 몸과 마음이 지치지 않았으면 좋겠다. 누구나 겪을 법한 나의 경험들이 도움이 되었으면 좋겠다. 무엇보다 통학학급 1년의 시간 동안 교사 자신의 성장을 중요하게 여겼으면 좋겠다. 통합학급에 아이를 보내는 부모님이라면 교실 안에서 아이들이 어떻게 성장하는지 보고 느낄 수 있길 바란다.

통합학급은 우리 주변 어디에나 있고, 아이들은 모두 다 다르다. 그 다름을 받아들이고 함께 지내다 보면 아이들은 예상하지 못한 놀라움을 선사한다. 통합학급을 시작하면서 두려움에 위축되기보다 놀라움을 기대하며 출발한다면 좋겠다. 1년이 지나면 아이들과 교육을 보는 또 다른 밝은 눈이 생길지 모른다.

01 제가 맡겠습니다

새 학년이 시작될 때면 교사는 이번에는 어떤 아이들을 만날까, 아이들과 무슨 활동을 하면서 보낼까, 어떻게 하면 자신과 아이들 모두 즐거운 한 해가 될 수 있을까, 새봄을 맞이하는 것처럼 기대에 가득 차서 새로 만날 아이들을 상상한다. 아이들과 행복한 한 해를 보낼 수 있기를 꿈꾼다. 우리 반 아이들이 다투지도 않고 웃으며 사이좋게 지냈으면 좋겠다. 예의 바르며 친근하게 다가오는 명랑한 아이들이었으면 좋겠다. 수업시간에 적극적으로 참여하여 하나를 가르치면 열을 깨우치는 아이들이었으면 좋겠다. 학교생활의 규칙도 잘 지키고 어려운 점이 있으면 서로 도우며 풀어가면 좋겠다. 가정에서 사랑을 듬뿍받고 행복하게 살아온 아이들이었으면 좋겠다는 등. 물론 이런 그림 같은 반은 없다. 알면서도 그런 반을 꿈꿔 보게 된다.

2월을 전후로 학교는 매우 분주하다. 긴장감마저 돈다. 해마다 동료 교사나 함께 일하는 사람들이 적어도 한둘 이상 바뀐다. 교사는 담당할 학년과 학급이 바뀌면서 가르쳐야 할 내용도 달라진다. 2월의 며칠 사이에 앞으로 맡게 될 반, 같이 일할 선생님들, 업무들이 결정되는 셈이다. 학습과 학급 운영에 관해 차분히 생각하고 정리할 겨를도 없이 새 학년이 시작된다. 3월을 전후로 업무들은 물밀 듯이 밀려오고 각종 회의와 제출해야 할 서류들이 산더미같이 쌓인다. 정작 반 아이들 특성을 하나하나 들여다보는 일은 3월 학부모 총회가 끝나고 나서야 시작된다고 할 수 있다.

밖에서 보면 학교는 해마다 늘 비슷한 일들이 반복되는 것처럼 보인다. 어느 곳이나 월별로 이루어지는 교육활동이 비슷하기 때문이다. 학교만큼 느리게 변하는 곳도 없다고도 한다. 교육 경력이 점점 쌓이면서 보니 학교는 그 어느 곳보다 변화무쌍하고 다양한 요인들의 영향을 받는다. 아이들이 있기 때문이다. 비슷한 듯하지만 아이들은 모두 다르다. 백인백색이다. 아이들은 학교에 와서 가만히 앉아 학습만 하고 가는 것이 아니다. 매일 여러 사람과 어울려 지내면서 무수히 많은 관계가 교차하며 만들어지고 변화한다. 예상한 일들보다 생각하지 못한 일들이 훨씬 많이 일어난다. 그래서 교사는 그 무엇보다도 일 년 동안 맡게 될 아이들이 어떤 아이들인가를 가장 중요하게 생각하게 되고 또 기대하게 된다.

교실은 서로 다른 아이들이 매일 만나 지식을 배울뿐만 아니라 함께 지내는 법을 익히는 곳이다. 교사에게는 지식을 가르치는 일만큼 중요한 것이 학급을 운영하는 것이다. 아이들의 특성을 파악하고 아이들이 원하는 것, 필요한 것들을 중심으로 학급 운영 계획을 세운다. 중요시하는 가치와 활동에 더하여 교사 자신의 특성 역시 중요하다. 자신의 강점을 교육활동에 적용할 때 교육 효과가 더 커지기 때문이다.

학교가 일 년 단위로 모든 것들이 재정비되다 보니 교사의 특성이나 의견과 관계없이 학급을 맡게 되는 경우가 잦다. 충분히 의견을 나누며 학년과 학급을 정하면 좋겠지만 현실은 그렇지 못하다.

학급에서 어떤 일이 생기면 그 일은 오롯이 담임교사의 몫이 된다. 어떤 학생의 문제 상황은 단지 담임교사나 친구들의 말, 행동 하나 때문에 일어나는 것은 아니다. 학생을 둘러싼 가족, 학교, 사회적 상황이나 양육방식들이 모두 연결되어 있다가 어떤 상황에서 문제로 드러난다. 하지만 학교 안에서 문제나 갈등 상황이 생기면 이런 다각적인 접근이 아니라 담임교사가 어떤 말과 행동을 하고 조치했는지에 초점을 둔다. 아이나 학부모와 문제가 생겼다면 담임교사는 고립된 상태에서 신체적, 심리적으로 갈등을 겪게 된다. 심하면 병가까지 내는 경우도 종종 보았다. 이렇게 되면 교사뿐만 아니라 아이들에게도 좋지 않은 영향을 줄 수밖에 없다.

다른 사람들과 적응하는데 어려운 아이나 특수교육대상학생이 있는 경우에는 담임을 맡은 일이 더 부담스럽다. 담임을 누가 맡을 것인가를 합리적으로 정하는 일은 생각보다 복잡하다. 가르치는 주체인 교사의 의견이 반영되기보다는 상황에 따라 담임 배정이 되는 경우가 많으니 힘들다고 하는 학년은 꺼리게 된다. 쉬운 일만 하고 어려운 일은 피하겠다는 마음보다는 갈등이나 문제들이 생길 것에 대한 우려 때문이다. 이런 상황에서 누구나 어렵다고 하는 학년이나 학급을 선뜻 맡겠다고 하는 일은 어려운 일이다.

그런데 발령받아 새로 근무하게 된 학교에서 힘들다고 하는 학급을 '제가 맡겠습니다'라고 말하는 교사를 만나게 되었다. 선뜻 스스로 맡겠다고 하는 그 모습이 매우 낯설었다. 맡겨지면 어쩔 수 없이 해야 하겠지만 왜 굳이 자신이 하겠다고 할까. 그렇게 궁금한 마음으로 그 교사와 함께 일하는 동료가 되었다.

뭔가 특별한 지도 방법이 있지 않을까라는 생각을 한동안 했다. 그런데 옆에서 지켜보니 방법이라야 이미 우리가 교육에 대해 알고 있는 것들이었다. 그 교사는 아이들의 문제를 아이들과 함께 들여다보고 고민하면서 1년의 시간을 보냈다. 아이들을 믿어주고 함께 나은 방향을 찾아가도록 이끌어주었다. 그러는 사이 자세히 들여다보아야 보일 만큼이지만 아이들이 조금씩 성장하는 것이 보였고, 교사와 아이들 사이에 신뢰가 보였다. 누구나 다 '문제아'라고 여긴 아이의 마음이 조금씩 움직이는 것을 보았다. 무슨 대단한 교육 방법을 썼다기보다 아이들을 관찰하고 아이들과의 대화를 그 누구의 대화보다 중요하게 여겼다. 교사 스스로 필요한 것들을 찾아 꾸준히 공부하고 무엇보다 일관성 있게 학급을 운영했다.

그런 동료 교사를 보면서 어려운 상황을 피하려고만 했던 나 자신을 반성하게 되었다. 나도 조금씩 아이들의 마음을 들여다보고자 했다. 아이들을 보는 관점을 달리하니 힘든 아이, 가르치기 편한 아이가 따로 있는 것은 아니었다. 그냥 모두 다 다른 아이들이었다.

그렇게 한 해가 지나고 다시 새 학년과 반을 정하는 시기가 왔다. 이번에도 선뜻 희망하는 교사가 없는 학급이 있었다. 그렇다고 새로 부임하는 누군가가 맡는다면 낯선 학교와 아이에 적응하는 시간이 두세 배 걸릴 수도 있는 일이었다. 누가 그 반을 맡을 것인가에 대해 이야기가 오고 갔다. 평소 동료 교사를 보며 대단하다고 말했는데 막상 새 학년을 정하는 시기가 오자 피하려고 한다는 것이 부끄러워졌다. 통합학급을 운영할 능력이나 기술이 충분히 준비되지는 않았지만 더는 누군가에 의해 떠밀려 맡고 싶지도 않았다. 그래서 몇 번의 고민 끝에 이번엔 나도 이렇게 말하게 되었다. "제가 맡겠습니다"

그렇게 자폐 학생이 있는 통합학급을 맡게 되었다. 늘 복도가 울리도록 울던 아이. 살면서 비슷한 성향이나 특성이라도 가까이서 본 적이 없는 아이. 많은 선생님이 힘들어했던 아이, 호진이. 막상 맡게 되었으나 앞으로 어떤 일들이 펼쳐지고 호진이를 포함한 3학년 우리 반 아이들과 내가 어떤 한 해를 보내게 될지 전혀 예상할 수 없었다.

02 당신은 누구십니까

3월 개학 첫날 잔뜩 긴장한 채 교실에 들어섰다. 어떤 첫 만남이 될까? 미리 부모님도 만나 뵙고 이야기를 듣긴 했지만 호진이를 만나는 것은 처음이었다. 우리 반 교실에는 나만큼 새 학년 첫날에 긴장한 여러 아이의 눈동자가 교실을 서성이는 나를 따라다니고 있었다.

"안 돼!"

호진이는 교실에 들어서자마자 가방만 놓고 창가로 가서 '안 돼! 안 돼!'를 반복했다. "호진아, 안녕?" 하고 웃으며 인사할 예정이던 나는 당혹스러웠다. 이런 첫 만남이라니…. 무엇이, 왜 안 된다는 것인지, 무엇을 말하려는 것인지 알 수가 없었다. 창가로 가 호진이를 달래서 자리에 앉혔다. 나의 말이나 행동과는 상관없이 호진이는 수시로 일어나 무어라 말을 했다. 같은 말을 계속 중얼거렸다. 다른 친구 옆에 바싹 붙기도 했다. 아무 때나 소리를 지르고 책상을 두드리며 돌아다녔다. 첫날 새로 맡은 반을 위해 준비한 것과 학급 운영 계획도 반밖에 하지 못한 채 마쳤다. 순탄치 않은 한 해가 되겠구나…. 두려움이 밀려왔다.

바뀐 교실이 익숙치 않아서인지 호진이는 쉬는 시간에 다른 교실로 들어가기도 했다. 점심시간에는 작년 교실에 가서 막무가내로 밥을 먹으려고 해서 몇 번이나 데려와야 했다. 또 불안한 표정으로 옆의 친구나 나의 옷깃, 팔을 잡았고 한번 붙잡으면 잘 놓지 않았다. 그럴 때는 과정에서 실랑이를 하게 되고 그러면 옆에 있는 사람을 세게 꼬집었다. 우리 반 아이들은 매일 이런 호진이와 선생님의 모습을 불안하게 지켜보고 있었다.

가장 당황스러운 것은 갑자기 우는 것이었다. 심하면 얼굴이 벌겋게 되도록 크게 울었다. 조용한 수업시간에 옆 교실까지 울음소리가 울려 퍼졌다. 그럴 때면 내가 할 수 있는 일은 아이 뒤로 가서 달래는 것이었다. 앞으로 가면 팔과 옷을 붙잡고 늘어지고 그 과정에서 손톱으로 꼬집혔다. 목이 쉴 정도로 우니 걱정이 되었다. 도대체 왜 저렇게 힘겹게 우는 걸까, 무슨 말이 하고 싶은 것일까, 답답했다. 우는 아이에게 "선생님, 기분이 안 좋아요", "울고 싶어요" 등의 말을 따라 하게 했다. 우는 이유를 알 수 없는 나로서는 이렇게라도 다가가야 했다.

그렇게 한두 주를 보내며 문득 호진이는 학교에서 어떤 마음일까라는 생각이 들었다. 내가 호진이라면? 사회생활을 하는데 사람들이 나의 말을 거의 알아듣지 못한다면? 말을 걸어도 잘 들어보지도 않고 "안 돼,

지금은 아니야"라고만 대답한다면? 같이 있고 싶어서 옆에 앉았는데 상대가 피하고, 움직일 때마다 "거기 가면 안 돼, 만지지 마"라고 한다면? 슬퍼서 우는데 아무도 곁에 오지 않고 도망간다면? 너무도 힘들고 어디론가 숨고 싶을지도 모르겠다. 다른 사람들이 자신의 말과 행동을 이해하지 못하니 얼마나 답답할까라는 생각이 들어 안타까웠다.

호진이의 진짜 마음과 생각이 궁금해졌다. 왜 매일 창밖을 보며 '안 돼!'를 외치는 걸까. 왜 바닥을 두드리고 손뼉을 치며 알 수 없는 말들을 하는 걸까. 뜬금없이 하는 말은 무슨 의미일까. 나의 말을 어디까지 이해하는 것일까. 사소한 지시 같은 것은 알아듣고 따라 하는데 왜 어떤 것은 전혀 알아듣지 못하는 걸까. 이 아이가 이해하는 수준은 어디까지인가. 나를 향하지 않은 눈동자는 어디를 바라보고 있는 걸까. 가끔 아주 평온한 표정으로 앉아 있는데 그때는 무슨 생각을 하는 걸까. 학교에는 어떤 마음으로 오는 걸까.

매일 같은 말을 반복하고 갑자기 소리를 지르며 우는 호진이의 행동도 어쩌면 담임인 나에게 자신의 이야기를 하려는 신호인지도 모른다는 생각이 들었다. 그렇지만 나 역시 호진이가 소리를 지르거나 크게 울면 다가가기 두려웠다. 내가 적절히 대처하지 못하여 더 크게 울지도 모른다는 생각도 들고 호진이를 진정시키려다가 손톱에 꼬집히는 것도 걱정되었다. 다른 아이들이 담임인 나의 행동을 보고 어떤 생각을 하며 무엇을 배우게 될지도 신경이 쓰였다. 통합학급을 운영한다는 것은 그저 장애로 진단받은 한 아이를 별탈 없이 잘 데리고 있는 것만의 문제가 아니었다. 다르다고 제외하거나 그 아이에게만 맞춰 학급을 운영할 수도 없는 일이었다. 다 같이 함께 잘 지내야 하는데 도대체 이 아이에 대해 아는 것이 없으니 어떻게 해야 하나 고민이었다.

천천히 지켜보고 자세히 관찰하고 다가가기로 했다. 어떤 문제행동 하나에 파묻혀 지치지 않고 시간이 걸리더라도 이유를 찾아보자고 생각했다. 자폐스펙트럼에 대해 경험했거나 미리 공부하고 배운 것도 아니니 지금부터 함께 알아가자고 마음먹었다. 그렇게 생각하니 앞으로 남은 통합학급이 그리 어둡지만은 않아 보였다.

나는 호진이의 모습에서 실마리를 찾아야 했다. 우선 호진이가 하는 말에 귀를 기울였다. 뭔가 하고 싶은 이야기가 있는 듯 말이나 행동을 하면 내가 듣고 있다는 반응을 했다. 얼마간 호진이를 지켜보니 통합학급에서 생활하려면 다른 사람과 함께 지내는 법을 익히는 것이 가장 중요했다. 호진이는 뭔가 표현할 때 상대방에게 바싹 다가갔는데 아이들은 그렇게 갑자기 다가가면 놀라 몸을 움츠렸다. 물론 위협하려는 의도가 아니라 습관적인 행동이었지만, 함께 생활하려면 말을 걸고 다가가는 과정을 익혀야 했다. 그래서 호진이가 뭔가 말을 할 때 약간의 거리를 두고 서서 이야기하게 했다. 또 다른 사람을 대할 때 손을 자꾸 올렸는데 이는 의사소통이 잘 안 되면 팔을 붙잡고 늘어지는 것으로 이어졌다. 그래서 말할 때는 두 손을 배꼽에 가지런히 모으고 '선생님'이라고 부른 뒤 말하도록 반복해 교육했다. 처음엔 말하기 전에 '선생님'하고 따라 해보라고 했더니 느닷없이 "선생님…. 안녕히 계세요."라고 하여 웃기도 했다.

호진이를 보며 '너는 어떤 사람이니, 도대체 누구니?'라는 생각이 가득했다. 돌아보니 그때 교사인 나 혼자만 혼란스럽고 호진이에 대해 알아가려고 애쓰고 있던 것은 아니었다. 호진이 역시 '당신은 누구신가요', '여기는 어디인가요'라며 당황해하고 새 학년에 적응하려고 애쓰던 중이었다. 학급의 다른 아이들도 마찬가지였을 것이다.

장애, 비장애라는 이름으로 구분하고 있지만 통합교육은 넓게 보면 결국 학교라는 공동체에서 생각이 다른 여러 사람과 어떻게 어울려 지낼 수 있는가의 문제였다. 서로 잘 지내려면 우선 다른 이에 대해 이해하려는 마음이 있어야 했다. 이것은 호진이뿐 아니라 다른 아이들, 그리고 나까지 모두에게 필요한 것이었다.

03 나의 언어를 읽어주세요

호진이는 뜬금없이 내게 다가와 "피자 먹고 싶어"를 반복했다. 그러면 나는 "여기는 학교야, 피자 없어. 지금은 안 돼"라고 답했다. 그러면 더 큰 소리로 "피자 먹고 싶어"를 외쳤다. 처음에는 그 피자라는 말에 의미를 두어 어떻게 대답을 해야하는지 고민이었다. 피자 모형이라도 준비해야 하나 생각이 들 정도였다. 그러나 나의 답과 상관없이 호진이는 매일 같은 말들을 반복했다. 이것이 '반향어'라는 것도 나중에야 알았다. 자폐아가 가진 가장 큰 특성은 의사소통 방식이 다르다는 것이었다. 그런데 대체 왜 '피자'일까?

그러다 이 표현은 다른 의미가 있지 않을까 하는 생각이 들었다. 말로 표현할 수 있는 문장이 많지 않으니 하고 싶은 다른 말을 이것으로 대신하는 것이 아닐까? 그래서 "피자는 어디 있어?"라고 질문을 되던

졌더니 "집에"라고 했다. "누가 해줘?"라고 물으니 "엄마가. 전화해"라고 했다. 그 이후 이렇게 질문과 답을 주고받으며 "그래, 집에 가서 먹자"라고 마무리했다. 한번 시작하면 같은 말을 수십 번 반복해서 억지로 멈추게해야 했는데 이렇게 주고받자 짧게 끝났다. 그렇다고 집에 가서 피자를 사달라고 조르지 않는다고 했다. 여하튼 진척이 있었다. 호진이는 진짜 피자를 원하는 것이 아니라 사람들과의 대화를 원한 것이었을까? "안 돼, 그만"이라는 말보다 "그래, ~하자"라는 말을 듣고 싶었던 것이었을까? 생각해보니 호진이가 학교에 와서 선생님이나 친구들에게 듣는 대부분 말은 "안 돼", "그렇게 하는 거 아니야", "그만" 같은 것이었다. 호진이의 행동을 제지하거나 통제해야 한다고 생각하니 이런 말들을 자주 할 수밖에 없었다. 그럴수록 호진이는 자기 생각이나 의지가 전해지지 않아 답답하니 같은 말을 계속 반복하게 되고 그래도 안 되면 나중에 소리 지르며 우는 것이었다. 결국, 의사소통의 문제였다.

호진이의 말이 무슨 의미인지는 모르지만 부정적으로 대응하기보다 긍정적인 말을 해주고 싶었다. 호진이의 모든 행동을 내게 뭔가 말을 거는 것으로 받아들이기로 했다. 울고, 꼬집고, 옷을 찢거나 손뼉을 치는 모든 것이 온몸으로 자신의 의견을 표현하는 것이니 나는 거기에 반응을 보이기로 했다. 그래서 호진이의 말과 행동 하나하나에 귀기울이는 것으로 방향을 맞췄다.

호진이는 분명 피자가 아니라 다른 사람과의 대화를 원하고, '안 돼'라는 부정이나 금지보다 '~하자'라는 긍정과 참여를 원했을 것이다. 적극적으로 호진이의 이야기에 귀 기울이고, 질문해 의사를 확인할 필요가 있었다. 실제로 부정적이거나 제지하는 표현보다 긍정적으로 받아들이려는 표현이 훨씬 효과적이었다. 따져보니 아이마다 표현방식이 다르고 아이에게 맞는 표현방식을 찾는 것이 효과적인 접근이었다. 의사소통이란 내 생각을 전달하는 것뿐 아니라 상대의 의사를 이해하고 수용하는 쌍방향이었다. 이 당연한 사실을 우리는 잘 알고는 있지만 실제로 쌍방향이 되려면 어떤 경우에는 의식적인 노력이 필요했다.

리코더를 배우는 음악시간이었다. 호진이는 리코더를 불지 않겠다며 그냥 책상 위에 내려놓고 있었다. 아이들이 한창 음계 연습을 하고 있는데 호진이가 갑자기 "곰 세 마리, 곰 세 마리"라고 소리쳤다. 나는 "호진이가 곰 세 마리 노래를 듣고 싶구나. 그럼 우리 모두 곰 세 마리를 연주해볼까?"라며 연주를 시작했다. 그런데 연주를 하다 보니 조금 전까지 우리가 연습했던 음계와 이 곡의 음계가 거의 비슷한 것이 아닌가. 호진이는 반 친구들이 연습하던 음계를 듣다가 이 노래를 떠올린 것이다. 교실에 같이 있어도 마음은 다른 곳에 가 있을 것이라고 여겼는데 음악시간에 함께 참여하고 있던 것이었다. 그리고 서툴지만 자신의 생각을 '곰 세 마리'로 표현했다. 만약 이를 무시했다면 우리 반의 함께하는 경험은 없었을 것이다. 호진이는 만족스러운 표정으로 친구들의 '곰 세 마리' 연주를 들었다. 이제 막 리코더를 배우기 시작한 다른 아이들도 친구가 듣고 싶어 하는 곡을 연주하면서 신이 났다. 처음으로 뭔가 함께하고 소통한다는 느낌을 받은 수업시간이었다.

04 적응할 시간이 필요해요

아이들이 3학년이 되면서 달라진 것 중 하나가 몇 과목은 교과 교실로 이동해야 하는 것이었다. 교실은 호진이에게 어려운 문제였다. 쉬는 시간에 엉뚱한 교실로 들어가는 일이 잦았고 점심을 먹기 전 화장실에서 손을 씻고 나면 작년 교실로 들어가 그 반의 음식을 먹기도 했다. 그 반 선생님께서 너희 반으로 가자고 해도 움직이지 않는다고 몇 번이나 전화를 받아 직접 호진이를 데리고 왔다. 그때마다 호진이는 '여기서 밥을 먹어야 하는데 왜 나가라는 거지?'라는 표정으로 나를 바라보고, 나는 '왜 너는 자꾸 다른 교실로 들어가니?'라는 표정으로 호진이를 바라봤다. 학기 초에 이런 일들이 여러 번 반복되니 하루가 정신없이 지나갔다. 나중에 깨닫게 되었지만, 호진이에게 교실을 이동하는 까닭과 사용하는 화장실의 변경 등을 반복적으로 설명하고 이해시키는 것이 적응기간에 필요한 일이었다. 그저 친절하게 다가가려고만 애썼지 일정이나 학교생활 규칙들에 대해 세세히 알려주지 못했다.

교과 전담 시간에 영어실, 과학실 등 수업 장소와 선생님이 바뀌면서 호진이는 낯설어했다. 교사가 바뀌더라도 학교에서 교사가 아이에게 하는 말이나 방향은 일관성이 있어야겠다는 생각이 들었다. 교과 선생님들과도 협의가 필요했다. 먼저 반향어를 반복할 때 선생님들의 대답과 대응책을 통일했다.

체육을 좋아하는 호진이는 수업 중에 자주 운동장에 나가고 싶다고 했다. 그러면 누구는 "지금은 안 돼!" 그랬고, 누구는 "그래? 그럼 기다려봐." 하면서 특수교사나 실무사에게 도움을 요청했다. 나는 호진이가 수업시간과 쉬는 시간에 할 수 있는 일이 다르다는 것을 이해하기를 원했다. 그래서 "지금은 수업시간이야. 놀이시간에 나가자."라고 답해주기로 했다. 또 자주 음식 이야기를 했는데, 그때도 선생님마다 대답이 달랐고 원하는 답이 아니면 결국 소리를 지르며 울었다. 선생님들과 협의하여 호진이가 "○○ 먹고 싶어."라고 하면 그것이 어디 있는지, 누가 해주는지 물어보고 집에 가서 먹거나 학교 끝나고 먹으라는 등 비슷하게 대응해 답하기로 했다.

잠을 못 자서 피곤하다든지, 상당히 더워한다든지, 직전 수업시간에 크게 울었다든지, 혹은 아주 기분 좋게 활동했다든지 등 그날그날 몸 상태나 특별한 변화가 있을 때는 수업 시작 전에 교과 선생님과 짧게 이야기를 나누었다. 고맙게도 여러 교과 선생님들께서 매우 적극적으로 맞춰 대해주셨다. 나 역시 자폐 학생에게 어떻게 하는 것이 최선인지는 모르지만 여러 선생님과 함께 이야기를 나누면서 방향을 찾아갈 수 있었다. 그러다 보니 틈날 때마다 선생님들과 아이에 대한 이야기를 나눌 수 있었는데, 이는 자칫 지칠 수도 있는 통합학급 운영에 큰 힘이 되었다.

중간 놀이시간과 점심시간은 또 다른 고민이었다. 호진이는 날이 춥던 비가 오던 쉬는 시간이면 운동장에 나가 놀고 싶어 했고 놀다가 다음 수업 시작종이 울려도 교실로 들어오려 하지 않았다. 결국엔 특수교사가 나가서 억지로 데려오곤 했다. 종종 강당에서 체육수업을 했는데 운동을 좋아하는 호진이는 쉬는 시간에 슬쩍 강당에 들어가 있기도 했다. 호진이가 안 보이면 나는 온 학교를 찾아다녀야 했고 호진이를 발견하면 철렁 내려앉은 가슴을 쓸어내렸다. 점심시간이 끝나 시간을 넘겨 들어오는 날도 잦고 그렇게 들어오면 수업시간에 자주 울었다. 학교생활을 하면서 정해진 시간을 지키는 것도 중요한 배움인데 이렇게 자주 늦게 들어오는 것은 어떻게 대처해야 하나? 운다고 그냥 두어야 하나? 함께 놀던 다른 아이들까지 호진이와 함께 오다가 늦어지기도 하는데 어떻게 해야 하나? 적응기간 내내 고민이었다.

통합학급을 맡은 후 발달장애학생을 어떻게 대해야 하는지 몰라 당황할 때가 많았다. 특수교사처럼 장애의 특성을 바로 파악하고 대처하기가 쉽지 않았다. 아이에게 어떤 것을 세세하게 설명을 해주어야 하고 보조를 해주어야 하는지, 어떤 것을 스스로 하도록 안내해야 하는지는 아이를 보고 바로 알 수 없었다. 함께 지내며 관찰하는 시간과 다른 사람들의 이야기도 듣는 것이 필요했다. 서로에 대해 적응의 시간을 가져야 알 수 있는 일들이었다.

학급 규칙도 적응이 필요한 일들 중 하나였다. 세세한 학급 규칙은 아이들과 정하기도 한다. 그러나 지내다 보면 규칙이 맞지 않거나 문제점이 발견되어 바꾸기도 한다. 이 과정에서 아이들은 학급 친구들과 의견을 교환하고 갈등하며 또 적응하고 어울리는 법을 배운다. 이는 그야말로 함께 부딪치고 지내면서 몸소 익히는 수밖에 없다. 책으로 배워 알거나 그대로 현실에 적용하기 어렵다. 그런 의미에서 이 과정은 여러 번의 시행착오를 겪는다고 해도 매우 중요한 교육활동이고 이때 담임교사는 아이들의 행동과 태도에 방향을 잡아주는 역할을 한다. 학급 운영 규칙에 자폐 학생이 어떻게 충분히 수용되고 함께 하도록 만드느냐는 호진이에게도 아이들에게도 그리고 나에게도 매우 중요했다. 그리고 그 규칙이 적용되고 적응하도록 만드는 과정은 세심한 주의가 필요했다.

학기 초 통합학급을 운영하면서 미처 생각하지 못했던 부분이 바로 이 적응의 시간이었다. 특수학급 학생은 '적응기간'이라는 이름으로 소속된 통합학급에서 적응하는 1~2주의 시간이 주어진다. 나는 그 기간에 장애학생도 다른 아이들과 함께 지내면서 자연스럽게 여러 가지를 익힌다고 생각했다. 혹은 어떤 점은 당연히 교사나 다른 아이들의 도움을 받으면 할 수 있으라고 생각했다. 그러나 통합학급에서 호진이와 함께 지내야 하는 일상은 하나하나가 적응한다기보다 모두 새로 익혀야 하는 과제로 다가왔다. 어느 부분에서 다른 아이들과 똑같이 적용해야 하고, 어느 부분에서는 차이를 두어야 하는지 판단이 어려웠다. 왜 쟤는 안 하는데 우리는 해야 하느냐고 말하는 초등학생들에게 이런 '다름'을 어떻게 설명하고 이해하도록 할 수 있을까? 적잖이 고민되었다. 딱히 기준이나 표준 답안이 있는 것은 아니었다.

학년이 바뀌면 교사뿐 아니라 아이들도 새 시간표에 적응해야 한다. 생각보다 학년 초 아이들이 익히고 적응해야 할 것들은 많다. 시간표뿐만 아니라 바뀐 선생님, 학급 친구들과 적응하는 데도 어느 정도 시간이 필요하다. 매일 반복되는 일들이라도 자리 잡기까지는 꽤 시간이 걸린다. 등교해서 가방을 정리하고 아침 시간에 해야 할 일, 자주 쓰는 학급의 물건들과 위치, 쉬는 시간에 할 수 있는 놀이, 등하교 인사말 등을 익혀야 한다. 과제 방법, 일주일 또는 한 달 주기로 스스로 확인해야 할 일 등 적응해야 하는 것은 한둘이 아니다. 호진이에게도 이는 만만찮은 일이다.

적응기간은 호진이에게만이 아니라 우리 반 모든 아이, 담임교사인 나에게도 필요한 시간이었다. 통합학급은 변화무쌍하다. 이처럼 유동적인 '교실'에 철저히 준비된 출발이란 없었다. 학급 규칙과 교사의 계획대로 따르며 행동하는 아이들도 없었다. 적응기간 동안 몸으로 부딪치고 느끼며 아이들을 세밀하게 들여다보는 것이 무엇보다 중요했다.

05 함께 지내는 방법을 찾아보자

학년 초에는 호진이의 행동에 대해 이전에 같은 반이었던 아이들의 목소리가 컸다. 작년에는 어떻게 했다든가, 누구누구는 호진이를 잘 도와준다거나, 호진이는 원래 그런 행동을 한다고 했다. 어떤 아이는 나보다 먼저 나서서 호진이의 행동을 제지하기도 했다. 이럴 때 초등학생들은 선생님께 무슨 고급 정보라도 알려주듯 눈빛을 반짝이며 서로 질세라 큰 소리로 이야기한다.

한 아이가 내게 이번에 호진이 도우미는 누구냐고 물었다. 장애가 있으면 도우미가 필요하다는 말이었다. 아이의 말은 누군가 어려움이 있으면 도와야한다는 선의였을 수 있지만, 늘상 누군가 도우미라고 붙어있는 것은 맞지 않아 보였다. 중요한 것은 누구라도 온전하게 독립된 존재로 살아가도록 교육하는 것이었다. 나는 따로 도우미 친구를 정하지 않는다고 했다. 도움을 주고받는 것이 정해진 일은 아니라고 했다. 누구든 도움이 필요하면 가까이 있는 사람에게 요청하는 것이고, 누군가에게 도움이 필요하다고 느낀다면 아무나 도울 수 있는 일이라고 했다. 오늘은 자신이 도움을 줄 수도 있지만, 내일은 도움을 받을 수도 있고, 그것은 호진이뿐만 아니라 누구에게나 마찬가지라고 했다.

이 '아무나' 도와줄 수 있다는 생각은 그리 쉽게 이해되고 실천되는 일이 아니었다. '친구를 도와줘요.'라고 배운 문장이 일상생활에서는 '왜 제가 해야 하는데요?'라는 말로 먼저 나오기도 했다. 가까이 있으니 도와준다는 것도 실천하기 어려웠다. 짝이니까 도와주라고 하면 짝이 된 것을 싫어했고 저 아이에게 도움을 받은 적이 없으니 자기도 도와주지 않겠다고 했다. 반대로 아무도 자신을 도와주지 않아 힘들다며 속상해하는 경우도 있었다. 아이들과 일상에서 서로 돕는 일의 의미를 찾아가는 것은 일 년 내내 걸리는 일이었다.

호진이와 노는 것은 동생을 돌보는 일과 같지 않다는 것, 선생님의 역할인데 마치 자신들이 해야 하는 일인 것처럼 간섭하는 것도 좋지 않다는 것, 도움을 준다는 핑계로 다른 상황을 모면하려는 것도 안 좋다는 것, 등을 일이 일어날 때마다 아이들과 이야기를 나누었다. 여러 상황들을 겪으면서 아이들이 서로에게 진심으로 다가가길 바랐다.

반 아이들이 호진이를 대하는 태도는 다양했다. 호진이에게 어느 정도 익숙해지니 몇몇 아이들은 매번 서로 돕겠다고 나섰다. 어떤 아이들은 마치 동생을 돌보듯 무슨 일만 있으면 얼른 호진이 옆으로 가서 도왔다. 개중에 일부는 "내가 해 줄 거야."라며 자기들끼리 실랑이를 벌이기도 했다. 한번은 학년 전체가 강당에 모여 강연을 듣는데 호진이가 손뼉을 치며 여기저기 돌아다녔다. 우리 반 아이들은 강의는 제쳐두고 즐겁게 강당을 돌아다니는 호진이를 보며 "호진아, 이리 와.' 하며 서로 챙기려고 했다.

어떤 아이는 낯선 호진이의 행동을 보며 가까이 가기 꺼려했고 멀찌감치 거리를 두었다. 함께 있어야 할 때는 살짝 거리를 두고 서서 시선만 가 닿았고 호진이가 울거나 예상 밖의 행동을 하면 떨어져서 지켜보기만 했다. 어떤 아이는 가끔 호진이가 울거나 꼬집으려고 할 때 정말 무섭다고 했다. 돌발 상황에서 아이들은 어찌 할 줄 몰라 "선생님! 호진이가요~"를 외치며 다급하게 나를 불렀다. 언젠가는 한 아이에게 호진이 손 씻는 데 같이 가라고 했더니 "제가 왜 같이 가야 하는데요"라며 투덜거렸다. 매 상황에 아이들이 호의적이지는 않았다. 이 아이들도 친구와 관계 맺는 경험을 하며 시행착오를 겪고 배우는 중이기 때문이었다.

몇몇 아이들은 자신과는 전혀 상관없다는 듯 호진이에게 가까이 가지도 멀리 가지도 않았다. 평소에 관심도 없고 먼저 말을 거는 일도 없고 굳이 자신이 다가갈 필요성도 느끼지 않았다. 이 아이들은 갑자기 호진이가 자신의 옷깃이라도 붙잡으면 어쩔 줄 몰라 했다. 놓으라고 말도 못하고 옆에 있는 다른 친구들에게 어떻게 해야 하느냐고 물었다. 좋고 싫고의 문제가 아니었다. 모두 다 낯선 행동을 하는 호진이와 소통하고 상호작용하는 방법을 알지 못해서 나오는 반응이었다.

아이들은 처음 겪는 일을 접할 때면 그 상황을 대하는 누군가의 방식을 보면서 배우고 체득한다. 통합학급에서의 경험들이 '장애' 또는 '다름'에 대한 인식과 태도를 만들어가는 데 크게 영향을 줄 수 있는 일이었다. 나는 통합학급 운영에서 '자신과 다른 사람을 이해하며 함께 지내는 방법'에 중점을 두어야 했다. 어른인 담임교사의 태도는 아이들이 보고 배우는 데 중요한 역할을 하는데 나 역시 자폐스펙트럼에 대한 이해가 부족했다. 내가 호진이를 제대로 이해하고 대하기 위해서는 전문가와 경험자들의 글과 말이 필요했다. 학교에 특수교사가 있었지만 많은 이야기를 나눌 여건이 아니었다.

우선 책을 찾아보고 알게 된 것부터 아이들에게 보여주며 하나씩 설명했다. '호진이는 돌봐야 하는 어린 친구가 아니라 표현 방식이 다른 친구다', '수시로 손뼉을 치는 것은 자신의 감정을 조절하는 시간이니 기다려주자', '같은 문장을 반복해서 말하는 것은 우리에게 말을 거는 것이거나 자신의 이야기를 하는 것이다', '잘 들어주고 비슷한 방향으로 대답을 해 주자', '호진이의 표현은 우리와 다르지만 속뜻이 있을 것이다'라고. 언젠가 한 아이가 "선생님은 그 뜻을 다 아세요?"라고 물었다. 아니라고 했더니 그럼 어떻게 알아내느냐고 했다. 선생님도 하나씩 알아가는 중이니 함께 찾아보자고 답했다. 나 자신에게 하는 말이기도 했다.

쉬는 시간, 몇몇 아이들이 모여 보드게임을 하고 있었다. 호진이는 게임을 같이 하지 않지만, 쉬는 시간이면 어김없이 아이들이 노는 곳에 가서 끼어 앉아 있었다. 같이 있는 것이 즐거워 보였다. 문제는 어느 한

팀이 결정적으로 이긴 순간 생겼다. 이기고 지는 것이 세상 어느 때보다 중요한 10살의 아이들은 팀이 이기면 교실이 떠나갈 정도로 환호를 질렀다. 그러자 호진이가 괴성을 지르며 울기 시작했다. 자신이 앉아 있는 바로 뒤에서 갑자기 소리를 지르니 그렇지 않아도 소리에 민감한 호진이가 두려움을 느낄 만했다. 얼른 가서 달랬으나 진정시키기까지 시간이 걸렸다. 아이들은 뜬금없이 우는 호진이를 멍하니 쳐다보았다.

말하고 행동하는 방식이 다른 사람과 어울려 지내는 것은 쉽지 않다. 아이들에겐 즐거운 상황이었으나 호진이에겐 두려운 상황일 수 있었다. 반 아이들과 함께 이런 문제에 대해 이야기를 나누었다. '쉬는 시간에 잘 놀고 있는데 누군가 갑자기 운다면 그 아이를 이상하다고 생각할 수 있어. 그런 일로 왜 우는지 이해가 안 될 수도 있지. 그런데 반대로 호진이라면 환호성이 어떻게 들렸을까, 어떤 느낌이 들었을까, 울만큼 견디기 힘든 것은 무엇이었을까, 호진이가 울 수 있는 그런 상황이라면 다음부터는 어떻게 하는 것이 좋을까?' 아이들과 자주 이야기를 나누었다. 그렇게 함께 지내면서 서로를 받아들이는 방식을 찾아갔다.

몇 달이 지나면서 아이들은 서로 조금씩 적응했다. 호진이도 소리를 지르거나 다른 사람의 손을 잡아 뜯는 일이 서서히 줄었다. 처음에 썼던 애착 인형도 안 꺼내는 날이 늘었다. 놀이시간에 호진이와 함께 나가 놀고 싶어 하는 아이들도 많아졌다. 호진이도 점심을 먹고 나면 친구들과 놀겠다는 말을 내게 자주 했다. 그러면 호진이에게 직접 친구에게 다가가 "나랑 같이 놀래?"라고 따라 말하도록 했다. 상대 친구가 "그래"라고 대답하면 손을 잡고 함께 놀고 오라고 했다. 친구들과 어울려 노는 것이 좋아진 호진이도 학교 오는 것을 즐거워했다.

그런데 그렇게 잘 어울리는 듯 보이는 사이에서도 새로운 일들은 생겨났다. 아이들이 친구 관계를 맺기 시작하면서 크고 작은 갈등이 서서히 드러나기 시작한 것이다. 즐거운 마음으로 호진이와 놀기는 하는데 의사소통하는 방식이 다르다보니 받아들이는 것도 달랐다. 한 친구가 점심시간에 호진이 손을 잡고 운동장에 나가는데 어떤 아이의 눈엔 그것이 끌고 가는 것처럼 보인다고 했다. 알고 보면 데리고 같이 나간 친구와 감정이 상해서 속상한 마음을 표현하는 것이었다. 또 귀엽다고 호진이 얼굴이나 볼을 쓰다듬기도 했는데 정작 호진이의 표정을 잘 읽지 못했다. 어떤 아이들은 호진이를 서로 데리고 나가 놀겠다며 실랑이를 벌였다. 그땐 그 두 아이의 관계에 문제가 있었다. 호진이와 논다고는 하나 진심으로 함께 노는 아이들이 많지 않았다.

호진이를 대하는 아이들의 모습을 자세히 관찰해봤다. 특히 놀이시간, 점심시간에 아이들의 마음이 잘 드러났다. 어떤 때는 아이들이 착한 아이가 되고 싶은 듯 "제가 같이 나가 놀게요."라면서 함께 '놀아'주었다. 다른 아이와 놀 수도 있었지만 특별히 같이 놀아준다는 마음이 보였다. 어떤 아이는 다른 친구와 다투어 혼자라고 느낄 때 한동안 호진이에게 다가갔다. 다른 아이들과 적응하는 것이 어려울수록 호진이 옆에 자주 있었다. 어떤 아이는 친구들과 잘 지냈으나 가끔 호진이와 있는 것이 좋다고 했다. 호진이는 자신에게 투덜대지도 않고 속이지도 않고 기분 좋을 때면 정말 환하게 웃어주어 좋다고 했다.

친구를 어떻게 대하고, 조금 더 특별한 친구라면 어떻게 대해야 하고, 노는 것과 도와주는 것이 어떻게 다른지를 가르치는 것은 쉽지 않은 숙제였다.

학년이 높아질수록 친구와의 관계에서도 목적이 보일 때가 있다. 어떤 아이는 누군가와 함께 놀기만 해도 자신이 더 높은 그룹에 들어간 듯 생각한다. 어떤 친구와는 별로 같이 있고 싶지 않은데 다른 아이들 때문에 어쩔 수 없이 같이 놀기도 한다. 자신이 친하게 지내고 싶은 친구가 다른 아이와 더 친한 것 같으면 속상해하거나 외로움을 느낀다. 가끔 어떤 아이는 혼자 있는 친구를 보면 자신의 놀이에 끼워주려고 애쓴다. 그래야 좋은 사람이라고 생각한다. 아이들은 수많은 관계에서 갈등과 혼란을 경험하며 우정을 배운다. 있는 그대로 상대방을 인정하고 받아들이는 방법을 조금씩 알아가는 과정이었다.

나는 아이들이 호진이를 '도와주어야만 하는 같은 반 친구'라는 생각에서 벗어나길 바랐다. 아이들에게 세상에 도움이 필요 없는 사람이 있을까, 오직 혼자서만 살아갈 수 있을까? 질문을 던졌다. 누구나 어떤 순간에는 도움을 받을 상황이 생기는데 우리의 도움은 '그 순간'뿐이다. 일방적으로 도움만 받는 사람도, 돕기만 하는 사람도 없다. 그러니 도와주었다고 하여 상대방에게 무언가를 바랄 수 없다. 그런데 아이들은 때때로 이것을 혼돈했다. 난 도와주었으니 수업시간에 조금 늦게 들어와도 되고 규칙을 조금은 어겨도 된다는 생각을 드러냈다.

편견 없이 '차이와 차별'을 아이들이 몸소 느끼게 하는 것은 어려웠다. 아이들의 말로 이해되어야 하기 때문이다. '호진이는 동생도 아니고, 매번 옆에 누군가가 따라다니며 다 해주어야 하는 친구도 아니다. 호진이를 대할 때 어떻게 해야 할지 잘 모를 때면 그냥 우리 반 친구라고 생각하면 된다'고 꾸준히 이야기했다.

어느 순간부터 내게 "선생님, 호진이랑 놀아도 돼요?"라고 묻는 아이들이 늘었다. 함께 놀고 싶다는 아이들에게 내가 아닌 호진이에게 직접 가서 물어보라고 했다. "같이 운동장에 나가서 놀래?", "내가 너랑 같이 가도 될까?", "나랑 손잡고 걸어갈까?"라고 말을 걸어보라고 했다. 물론 의사소통이 어려운 호진이는 상황에 맞게 답을 하지 않았다. 그래도 공손히 상대방의 의견을 물어보는 것은 일방적으로 "이리 와. 운동장에 나가자."라는 말보다 훨씬 존중이 담기고 크게 공감할 수 있다. 호진이에게도 매 상황마다 알맞은 말을 청유형으로 따라 하도록 하며 연습했다. "나랑 화장실 같이 가 줄래?", "고마워", "점심 먹고 운동장에 가자.", "학교 끝나고 놀이터 가서 같이 놀래?"라고. 어느새 호진이 언어 속에 "친구랑 같이"라는 말도 점점 늘어났다.

함께 지내는 방법을 찾아보는 일은 학급에 장애학생이 있어서만은 아니었다. 넓게 보면 아이들은 성격이나 성향, 말투나 태도가 모두 달랐다. 이렇게 다른 사람들이 모여 일 년 동안 교실에서 서로 부딪치고 갈등을 겪는다. 아이들은 누구나 친구 관계 때문에 고민하고, 자신의 행동을 후회하기도 하고 예상하지 못한 친구들 반응에 힘들어도했다. 대부분 그런 과정을 거치면서 마음이 단단해지고 성장했다. 각자의 성향에 맞게 함께 지내는 방법을 찾아갔다. 일 년이 지나고 나면 우리 반 아이들은 어떤 모습으로 서로를 이해하고 대하게 될까? 궁금했다.

06 당하고도 그냥 있어야 하나요?

아이를 키우면서 부모가 느끼는 불안 중의 하나는 제때에 무엇인가 해주지 못해 아이가 더 잘 되지 못했다는 생각이다. 장애아를 둔 부모라면 이런 마음이 더 크다. 통학학급 담임을 하면서 장애 아이의 부모님들은 아이를 키우는 것보다 주변 사람들의 시선 때문에 더 힘들어한다는 것을 알게 되었다. 부모가 잘못해서, 혹은 아이 엄마가 뭔가 문제가 있어서 장애가 있다거나 또는 신이 감당할 수 있는 아픔을 주신 것이니 견디라거나, 얼마나 힘들지 이해한다는 등의 말은 상처가 되어 쌓이는 것이었다.

호진이의 부모님은 학년이 시작되기 전부터 새 담임이 어떤 사람인지 매우 궁금해 하고 내게 아이에 관한 많은 정보를 알려주시려고 했다. 이해된 부분도 있었고 어떤 것은 아이와 함께 생활해야 알 수 있는 것들이었다. 일반 학교의 통합학급에서 생활해야 하는 아이가 선생님의 이해 속에서 잘 지내길 바라는 마음이 와닿았다. 아이를 학교에 보내기까지 세상에서 받은 상처들은 무척 커 보였다. 학교에 대해서도 관리자, 특수교사, 담임교사와 크고 작은 갈등 상황에서 서운함을 느끼고 계셨다. 아이에 대한 이해와 소통이 부족해 다른 학부모와 생긴 문제들도 있었다. 특수교육 정책과 제도에 대한 비판도 있었지만 무엇보다 사람들이 아이를 대하는 태도를 힘들어하셨다.

자주 만나 이야기를 나누어야겠다고 생각했다. 불편한 부분을 덜어드리고 싶었다. 아이를 학교에 보내는 시간만이라도 마음 편히 지내셨으면 하는 바람도 있었다. 등하교 때 만나 간단히 이야기를 나누기도 하고 편지가 오가기도 했다. 알림장에 쪽지를 적어 보내기도 했다. 부모님도 여러 이야기를 전해오셨다. 부모님의 양육 태도와 관점을 이해하는 것이 아이를 이해하고 의사소통하는 실마리를 찾는 데 도움이 될 것이라 생각했다.

시간이 지나면서 호진이도 전에 없이 반 아이들과 같이 어울려 놀았다. 그러다 보니 크고 작은 일들이 하나둘 생겼다. 한번은 하교 후 친구들과 놀다가 호진이의 얼굴에만 모래가 잔뜩 묻어 있는 것을 보신 어머님께서 한참 지나 내게 이야기하셨다. 어머님은 그날 같이 있던 아이들이 왜 그런지 모른다고 다들 얼버무려서 의심이 커진 상태였다. 함께 놀던 친구가 해를 가한 것은 아닌지 의심하면서도 아이가 상황을 설명하지 못하니 더 속상해하셨다. 크면서 더 큰 괴롭힘을 당해도 자폐가 있는 아이가 상황을 말하지 못할 수도 있겠다며 크게 걱정을 토로했다.

그런데 얼마 후 호진이의 물건이 없어지는 사건이 생겼다. 나도 호진이가 있었던 일을 제대로 설명하지 못하니 어찌 되었는지 알 길이 없었다. 물건은 바로 나타나지 않았고 부모님은 장애가 있는 아이가 괴롭힘을 당했을 것으로 짐작하셨다. 부모님은 늘 호진이의 행동 때문에 다른 학부모와 아이들에게 사과하고 미안해하면서 살고 있는데, 막상 아이의 물건을 누가 가져갔는데도 즉, '당하고도 가만히' 있어야 하냐며 잘못한 아이를 찾아내 벌을 주어야 하는 것이 우선이라고 하셨다. 그러나 나는 학급 운영에서 당장 처벌하기보다는 시간이 걸리더라도 아이들과 함께 지내면서 스스로 깨우치도록 지도해야 한다고 생각했다. 그동안 겪었을 일을 생각하면 나도 마음이 아팠지만 통합학급에서라도 서로를 이해하는 과정이 필요했다. 비장애 아이의 부모님들이 같은 학교에 있는 장애아이의 특성을 이해하고 받아들이는 것이 필요한 것처럼, 장애아이의 부모님도 성장 과정에 있는 또래 아이들을 이해하는 것이 필요하다. 아이를 둘러싼 주변 친구들이 앞으로 함께 살아갈 세대이고 사회를 이루는 구성원이기 때문이다. 어느 한쪽이 아니라 장애학생, 비장애학생, 학부모, 교사, 사회, 모두의 일이어야 한다. 없어진 물건은 한참 지나서 돌아왔는데 결과적으로 호진이를 괴롭히거나, 관계에 문제가 있어서 벌어진 것은 아니었다. 그러나 이 일을 계기로 부모님과 담임교사인 나와의 거리는 매우 멀어졌다. 안타깝게도 부모님과의 거리는 더 이상 좁혀지지 않은 채 일 년이 지나갔다.

호진이의 물건뿐 아니라 다른 아이들의 소소한 물건들이 없어지는 일들이 생겼다. 연필, 스티커, 구슬 같은 것이어서 물건의 주인도 없어진 줄 모르고 자신이 어디에 떨어뜨렸나보다 하고 넘어가기도 했다. 그러다 내가 책상 서랍에 넣고 쓰던 사무용품들이 하나둘 없어지기 시작했다. 어느 날 정현이의 사물함에서 내 물건을 발견하고 고민에 빠졌다.

학급에서 물건이 없어지는 일은 풀어가기가 정말 어려운 문제다. 물건을 가져갔으니 그에 알맞은 벌을 받고 끝날 일도 아니다. 동료 교사와 이런 문제에 대해 이야기를 나누다가 내가 놓치고 있는 것 한 가지를 깨달았다. 바로 정현이의 마음이었다. 호진이를 바라보던 것처럼 정현이 마음도 다시 바라보았어야 했다. 정현이를 불러 마주 앉았다. 왜 가져갔냐고 묻는 대신 친구들과 선생님의 물건을 가져가 그동안 얼마나 떨리고 긴장되었는지 물었다. "학교 오는 것이 그다지 즐겁지 않았겠구나"라고 말을 건넸다. 늘 꾹 입을 다물고 있던 정현이는 그동안 학교 오는 게 힘들었다고 털어놓기 시작했다. 자기가 가져갔던 물건들에 대해서도 말하고, 호진이의 물건도 다른 친구와 다투고 나서 기분이 상해 옆에 있어서 그냥 가져간 것이라고 했다.

"정현아, 선생님은 네가 그동안 들킬까 봐 두려운 마음으로 학교에 왔다는 것이 안타까워. 또 앞으로 계속 너를 보면서 혹시 물건을 가져가지 않을까 의심하게 되는 것도 정말 속상하다. 선생님은 너와 그런 사이로 지내고 싶지 않아."

그날 이후 정현이는 자신에게 진심으로 다가갔던 나의 마음을 받아들였다. 더 이상 교실에서 물건이 없어지는 일도 생기지 않았다. 정현이는 호진이를 포함하여 친구들에게도 조금씩 편안하게 다가갔다. 예전 같으면 삐치거나 화를 낼 일도 그냥 지나가고 다툼도 서서히 줄어들었다. 수업시간에도 예전처럼 아무것도 안 하고 내가 와서 봐주길 기다리고만 있는 것이 아니라 못 하는 것도 어떻게든 해서 들고 나왔다. 그동안 거의 매일 투덜대고 싸워서 힘들었는데 나도 점점 정현이의 장점들이 보이기 시작했다. 가만히 보니 다른 사람에게 베풀기 좋아하고 정이 많은 아이였다. 정현이는 교실에서 만나는 친구들, 선생님, 자기 자신에게, 적어도 이전보다 좋은 사람이 되려고 노력하고 있었다.

교실은 생각보다 많은 사건이 일어난다. 한창 자라는 아이들이 모여 함께 지내면서 말을 함부로 하기도 하고 불편한 감정을 쉽게 드러내기도 한다. 뛰면 안 되는 곳에서 뛰기도 하고 규칙을 어기면서 놀이를 한다. 자신이 하고도 천진난만한 얼굴로 안 했다고 말하기도 한다. 아이들은 싸우면서 큰다고도 하지만 싸움이 성장이 되려면 그것을 잘 이끌어주는 성숙한 어른의 존재가 필요하다. 엄하게 지도한다고 아이들이 바른 행동을 하는 것도 아니다. 믿고 지켜보고 기다려주는 과정에서 아이들은 바르게 성장한다. 겉으로 드러나는 행동보다 그 속에 숨은 이유를 찾아내는 것이 변화의 시작이고, 그것을 성장으로 이끌어가는 것이 교사의 역할이었다. 호진이와 정현이의 문제 역시 마찬가지였다.

물건이 없어진 사건은 통합학급 담임으로서 많은 것을 돌아보게 했다. 사건을 해결하느라 그동안 온통 호진이에게 집중된 마음을 잠시 내려놓고 보니 다른 아이들이 하나둘씩 보이기 시작했다. 내가 본 것만이 전부가 아니었다. 통합학급은 자폐 학생과 그 외에 일반학생이 있는 교실이 아니라 모두가 연결되어 있다는 것이 보였다.

그제야 자폐 학생이 있어서가 아닌 서로 다른 아이들이 모인 통합학급으로 반 아이들이 동시에 보이기 시작했다. 그러자 우리 반이 마치 거대한 세상처럼 느껴졌다. 새 학년이 시작된 이후 그동안 나는 매일 호진이를 관찰했었다. 호진이의 행동 하나하나에서 이유와 의미를 찾으려고 했고 적절한 대응과 언어를 고민했다. 이렇게 한 사람을 집중적으로 관찰하고 들여다보려는 관점은 다른 아이들을 바라보는 시선까지 그대로 확장되었다. 한 명의 아이 뒤에 그의 가족이 있고 지역사회가 있었으며 아이들에게서 멀어진 어른들의 사회가 보였다. 아이들의 행동에는 이유가 있었고, 아이들의 문제행동과 크고 작은 일들은 이런 연결고리 속에서 나타났다.

물건을 가져갔던 정현이는 힘든 가정환경과 애착 부족 등 심리적인 요인들로 인해 문제행동을 보였던 아이였다. 평소에는 조용히 있는 듯했으나 친구들과 갈등도 많고 잘 어울리지 못했다. 친구들을 무척 좋아했지만 다가가는 방법을 몰랐다. 그래서 잘 놀다가도 순간 화를 내거나 자기 마음대로 안 되면 다른 사람 탓을 하며 혼자 시무룩하게 있었다. 수업시간에 개별적으로 학습을 지도할 때면 스스로 할 수 있는 것도 어떻게 하는지 모르겠다며 들고 나왔다. 선생님이 자신에게 개별지도를 해주는 것이 과제를 해결하는 것보다 더 중요한 아이였다. 조용하고 말이 없었으나 인정욕구가 강했다. 관심과 애정을 요구하는 아이였다.

관심과 애정을 보이자 우리의 관계는 부드러워졌다. 관계는 항상 변화를 일으키고 성장을 촉진한다. '원래 그런 아이'라고 울타리를 치는 순간 성장은 멈추거나 더딜 수밖에 없다. 바람직한 변화는 관심 속에서 나타났다. 또 그것은 장애 유무와 상관없었다.

약자이고 의사표현이 어려운 호진이가 일방적으로 피해를 입었다고 부모는 느낄 수 있다. 아이를 보호하려는 부모의 마음을 이해 못할 것은 아니었다. 그러나 아이들 사이에서 생긴 문제는 벌어진 사실이나 결과뿐 아니라 아이들을 둘러싼 상황과 맥락, 관계를 살펴 세심히 다뤄야 하는 것이었다. 특정 아이나 부모의 입장을 중심에 둘 것은 아니었다. 문제와 해결과정도 모두 교육과 배움의 과정이고, 당사자만이 아니라 학급의 구성원 모두가 배워야하는 것이기 때문이다.

07 누가 도와주었으면 좋겠다

아이들이 모여 있는 교실은 해맑은 표정과 말, 들을수록 행복한 아이들의 웃음, 왁자지껄 떠들며 노는 모습으로 명랑하고 활기차다. 교실에서 배움이 일어나고 아이들이 성장하기 위해서 교사는 이 밝은 모습과 함께 아이들을 둘러싼 어두운 환경에 대해서도 관찰과 이해가 필요하다. 교실 안에는 다양한 사회가 공존한다. 조손가정, 다문화와 같은 다양한 가족 형태도 늘어나고 무기력, 과도한 스트레스, 불안, 자존감 하락, 학습 부진 등 여러 문제를 겪는 아이들도 많다. 이에 대한 이해 없이 아이들에게 다가가기는 어렵다. 통합학급 운영도 넓게 보면 모두 다른 아이들, 복잡한 현 사회에 대한 이해와 같은 맥락이었다.

이렇게 다양한 아이들은 매일 학교에 와서 크고 작은 일들을 만들어 낸다. 개중에는 내 힘만으로 감당하기 벅찬 것도 있다. 동시에 해결하기 힘든 일이 생기기도 한다. 아이들이 바른 태도로 앉아 질문에 적극적으로 대답하고 모둠 활동도 각자 역할에 맞춰 잘 해내는 그런 그림 같은 날들도 있지만 교실은 맑다가도 갑자기 비 오고, 흐리고 눈이 오다 순식간에 더워지기도 한다. 갑작스런 교실의 기후변화에서 비가 오고 눈이 오는 이유를 찾아내 아이들이 안정감을 느낄 수 있게 하는 것이 교사의 역할이기도 하다.

그런데 그런 변화무쌍한 날들이 계속되면서 나는 서서히 지쳐갔다. 호진이와 익숙해진듯 느껴지다가도 여전히 모든 것이 감당하기 힘들다고 느껴지기도 했다. 학년 초에 비하면 가끔이지만 종종 감정 조절이 안 되어 얼굴이 빨개지도록 소리를 지르며 울었다. 달래다 손을 심하게 긁히기도 하고 한참이 지나서야 상황이 진정이 되었다. 그러고 나면 맥이 풀렸다. 그사이 수업시간은 반이 훌쩍 지나갔다. 한동안 그런 행동이 사라졌다고 생각했는데 그건 아니었다. 울음을 그친 호진이는 상처가 난 내 손을 보고는 얼굴 가까이 가져가 호호 불어주었다. 그 모습을 보며 생각이 복잡해졌다.

점점 늘어나는 호진이의 식사량은 감당이 안 됐다. 없는 반찬도 더 내놓으라고 떼를 쓰고 자주 식판을 바닥에 쏟았다. 내가 부랴부랴 식사를 마치고 양치하러 잠깐 교실을 비우면 나를 찾아 우리 반 아이가 다급하게 달려왔다. 교실에는 호진이 옷과 책상, 교실 바닥에 음식물이 마구 떨어져 있었다. 그걸 다 치우고 나면 점심시간도 끝나고 이미 5교시가 시작되기도 했다. 수시로 바닥에 떨어진 식판과 음식을 닦아야했다. 교실 바닥에 앉아 일어나지 않는 호진이를 보며 생각했다. 이대로 계속 담임을 할 수 있을까, 수업시간에 호진이 하나 진정시키느라 시간을 보내고 있는데 다른 아이들은 어떻게 해야 하나, 진정한 통합학급은 어떤 것일까? 그때 내 손등에 시선이 갔다. 호진이가 꼬집어서 미처 아물지 못한 상처들이 아주 크게 보였다.

앞으로 남은 날들이 많았다. 반 아이들 때문에 힘들어하며 병가를 냈던 여러 선생님들이 떠올랐다. 나는 2학기까지 무사히 우리 반 아이들과 잘 보낼 수 있을까? 좀 더 공부를 하고 호진이를 맡겠다고 했어야 했나 하는 생각도 밀려왔다. 나의 능력이 부족하여 이렇게 힘들고 지치는 것만 같았다. 교실에 들어설 때마다 오늘은 호진이가 심하게 울지 않았으면 하고 바라며 심호흡을 했다. 호진이와 잘 소통하지 못하면서 다른 아이들에게도 제대로 된 학급 운영을 못하고 있다는 불안한 마음도 컸다. 누가 도와주었으면 좋겠다. 그런데 누가, 어떻게 도와주면 좋을까? 어디에 어떻게 도움을 요청해야 하나? 그것마저 혼란스러운 시기였다.

어떤 상황이 호진이를 불안하게, 혹은 긴장하게 만드는 것일까? 내 예상이 맞을까? 그런 행동을 줄이거나 막을 방법이 있을까? 나의 지식이 부족하고 관찰이 더 세심하지 못해서 알아차리지 못하는 것일까? 이렇게 맥이 풀린 상황에서도 평온하게 호진이를 대하고 수업까지 차분히 하려면 어떻게 대처해야 할까? 또 호진이에게 교실은 어떤 곳이어야 하나? 온갖 자책과 물음이 밀려왔다.

나는 자폐에 대한 전반적인 지식보다는 지금 당장 호진이가 울거나 수업시간에 갑자기 돌아다닐 때 어떻게 해야 하는지 알고 싶었다. 호진이가 원하는 것을 어디까지 들어주어야 하고 어떻게 답하여 이해시켜야 하는지 알고 싶었다. 내가 하는 대응이 맞는 방향인지도 궁금했다. 책을 찾아본다고 나오는 것이 아니었다. 나의 구체적인 이야기를 들어주고 풀어줄 전문가와의 대화가 필요하다고 느꼈다. 학생의 학습활동을 보조해주는 실무사의 지원보다 나는 자폐 학생을 대할 때 어떤 방향으로 나아가야 하는지에 대한 조언과 수업시간에 도움이 되는 교구나 기기들, 함께 할 수 있는 프로그램 등 구체적인 지원을 받고 싶었다. 무엇보다 통합학급 담임으로 학급 운영에 대한 고충을 이야기하고 상담할 자리가 간절히 필요했다.

08 우리 담임선생님이시군요

우연한 자리에서 한 특수교사를 만났다. 옆자리에 앉은 분이 특수교사란 말에 반가웠다. 나는 지푸라기라도 잡고 싶은 심정이었고 궁금한 게 한두 가지가 아니었다. 통합학급을 운영하며 힘들었던 것, 호진이의 특성들, 내가 대처한 것이 적절했는지 등 물어야 할 것들이 많았다. 그 특수교사는 나의 이야기와 고민을 한참 듣고는 몇 가지 조언을 해주었다. 이야기를 들으며 내가 놓치고 있던 부분이 무엇인지 분명해졌다. 나의 시각이 아니라 호진이의 상황과 시각에서 봐야 했다. 나의 시각으로만 보니 호진이가 '할 수 있는 일들'을 놓친 것이다.

다음 날 학교에 가서 당장 간단한 몇 가지부터 바꾸었다. 호진이가 해야할 것들을 쉽게 인지하고 이해하도록 시각적 지원부터 시작했다. 우선, 의자에 동그랗게 시트지를 붙여 표시해두고 수업시간에 자리에 앉도록 안내했다. 호진이는 아무 때나 교실 바닥에 앉거나 누웠고 바닥에서는 긴장감 없이 자세가 흐트러졌었는데, 쉬는 시간에는 편하게 앉아 쉬고 수업이 시작되면 자리에 앉는 것이라고 분명히 했다. 두 번째는, 아침에 학교에 오면 그날의 일정에 대해 이야기를 나누었다. 학년이 올라오면서 교실 이동이 많은데 생각해보니 그 과정에 대해 설명하지 않고 "여기 가자, 저기 가자"며 호진이를 마냥 데려갔었다. 사전에 일정을 알리자 교실 이동을 안 하겠다고 계속 버티던 호진이의 행동이 사라졌다. 하다 보니 언젠가 특수교육 연수 때 들었던 방법들이었다. 그러나 한 번도 해본 적이 없었고, 배운 지식을 실제 교육에 적용하지 못하고 있었던 것이다.

구체적으로 안내하기 시작하자 호진이는 많은 것들을 스스로 지켜나갔다. 수업 중 놀이터에 가겠다고 하면 지금은 수업시간이니 점심 먹고 가자고 답해주니 순순히 자리로 돌아갔다. 그 전에는 '지금은 못 가.' 이런 식으로 대응하면 호진이는 '놀이터, 놀이터'를 여러 번 반복했다. 그러면 억지로 자리에 가게 해야 했다. 교실 바닥에 앉을라치면 쉬는 시간에 앉자고 하면서 수업시간에는 의자에 앉아 있도록 했다. 바닥보다 의자에 앉으니 바닥을 두드리며 소리를 지르거나 뒹굴며 우는 횟수도 서서히 줄었다.

점심시간이 되면 끝날 때까지 엄청난 양을 먹었는데, 호진이에게 밥을 먹는 시간과 양에 대해서도 이야기를 했다. 밥 먹고 정리하는 일을 순서대로 설명해주니 저절로 식사량도 조절이 되었다. 일주일이 지나자 다 먹고 남은 반찬을 버리고 정리하는 일까지 규칙대로 했다.

간단한 과제를 주고 해결하면 하이파이브를 하며 칭찬을 해주고 스티커를 붙여 주었다. 호진이는 스티커에는 별 관심이 없었지만 하이파이브는 매우 좋아했다. 몇 주 뒤에는 스티커 판은 없애고 하이파이브 한 가지로 통일했다. 나중엔 자신이 과제를 다 수행하고 나면 하이파이브를 하자며 먼저 손을 들어 올렸다. 얼굴엔 만족감이 가득했다. 손만 마주쳤을 뿐인데 이것은 호진이와 나 사이에 서로에 대한 믿음을 심어 주었다. 상대방의 행동과 노력을 인정해준다는 느낌이 오갔다.

오늘 과제는 무엇을 하고 내일은 어디까지 할 것인지 함께 정하려고 했다. 우리 반이 지금 무엇을 배우고 있는지도 이야기했다. 호진이는 학습에 대한 거부가 심해 공부할 것 같은 상황이 느껴지면 바로 "안 해!"라며 펼쳐진 책을 덮었다. 그래서 일방적으로 무엇을 하라고 하기보다 "이런 것도 있네. 같이 해볼까?"라고 접근법을 바꿔 다가갔다. 하다가 힘들어하는 날엔 과제의 양을 조절했다.

아이들은 정말 교사를 보고 따라 배운다. 반 아이들은 나와 호진이 사이에 오고 가는 규칙과 약속들을 유심히 지켜보았다. 쉬는 시간에 호진이와 놀 때면 내가 하는 것과 비슷한 방식으로 호진이를 대했다. 어떤 부분을 호진이 스스로 할 수 있는지도 고려했다. 나도 아이들에게 내가 했던 방법을 제시하며 그렇게 시도해보라고 했다. 어떤 아이가 예전처럼 호진이 물건을 꺼내 들어주자 몇몇 아이들이 "얘도 혼자 할 수 있어."라면서 호진이가 필요한 물건을 꺼낼 때까지 지켜봤다. 통합학급을 운영하면서 내가 호진이에게 하는 말을 듣고 아이들이 그대로 따라 하는 것을 보며 놀란 적이 많다.

이렇게 호진이와 몇 가지 규칙을 정하여 지내는 것은 큰 도움이 되었다. 그전까지는 잘 해주려는 감정이 앞서 에너지가 빨리 소진되었었다. 하지만 함께 일정을 정하며 생활하다 보니 조금씩 호진이가 '할 수 있는 것'들이 구체적으로 보이기 시작했다. 여유도 생기고 에너지도 고갈되지 않았다. 호진이는 생각보다 학교생활 규칙을 잘 지키고 반 아이들과 같이하는 활동을 좋아했다. 혼자 특별한 과제를 하는 것보다 반 전체의 활동에 적극적이고 잘 따랐다. 돌발행동으로 보였던 것들에서 이유를 찾을 수 있었고, 이유를 들여다보니 상황과 앞뒤 관계를 살필 수 있게 되었다. 호진이와 반 아이들, 그리고 나 이렇게 함께 한 교실에 있는 것이 점점 편안해졌다.

호진이에 대한 나의 시선도 바뀌었다. 그동안은 호진이를 이해하려고 하기보다는 불안하게 바라보고 호진이의 행동을 은연중에 '문제행동'이라고 생각해 제재하려고 했다. 나의 처지에서만 호진이를 보았고, 교사이니까 늘 뭔가 고쳐주어야 한다고 생각했다. 우연히 만났던 특수교사의 말은 일 년 내내 머릿속에서 떠나지 않았다. "이 아이들도 존중받은 경험이 있어야 다른 사람들을 존중할 수 있습니다."

그렇게 며칠이 지나고 어느 순간 나를 바라보는 호진이의 표정이 편안하다는 것을 느꼈다. 나의 말을 들을 때 몸을 앞뒤로 흔들면서도 시선은 내 눈에 고정되었다. 한번은 내 이야기를 듣는 호진이의 눈빛이 이렇게 말하고 있는 듯했다.

'우리 담임선생님이시군요.'

비로소 호진이에게 내가 담임선생님이 된 것이었다. 이전까지 나는 매일 아침 호진이가 올 때쯤이면 긴장하여 벌떡 일어나 교실 문에 서있었다. 호진이는 내가 긴장하며 우려의 시선으로 보는 것을 감각적으로 느끼고 있었고 이제는 달라졌다는 것도 알아차렸다. 그날 이후 호진이와 나는 진정한 '같은 반'이 되었다. 호진이와 나 사이에 '신뢰'가 생긴 것이다. 신뢰를 쌓는 데 한 학기가 걸린 셈이었다.

교육은 칠판이 아니라 사람 사이의 관계에서 시작되었다. 아이들을 대하는 태도는 그 어떤 교재보다도 강하게 아이들에게 영향을 준다. 누군가가 자신을 신뢰하고 있다고 느낄 때 비로소 그 사람을 통한 배움을 받아들인다. 호진이는 내게 그걸 보여주었다. 점점 내가 하는 말에 귀를 기울였고 나의 얼굴을 바라보는 횟수가 늘었다. 호진이가 나를 믿는다고 느끼는 순간부터 호진이가 울거나 마구 돌아다녀도 예전처럼 불안하거나 지치지 않았다. 호진이의 행동에서 호진이의 마음이 조금씩 보였다.

09 모든 행동에는 이유가 있습니다

2학기가 시작되었다. 담임선생님과 신뢰가 쌓인 호진이는 교실 생활에 비교적 잘 적응해갔다. 여전히 힘들면 울고 손뼉을 치며 돌아다니긴 해도 학교생활의 규칙들은 잘 지켰다. 아침에 교실에 들어오면 인사를 하고 알아서 자기 자리로 가 앉았다. 수업시간에는 자리에 앉아 수업을 듣고 쉬는 시간이 되어서야 돌아다녔다. 이동 수업을 할 때도 자리를 정해 주면 앞뒤 친구의 얼굴을 확인해 익히고 줄을 섰다. 점심시간에는 스스로 식판을 들어 밥을 받고 다 먹으면 잔반, 숟가락, 젓가락 정리까지 혼자서 하기 시작했다.

1학기까지는 힘들었던 일이었다. 당시엔 호진이에게 뭔가 해보라고 할 여지가 없었다. 그러나 점점 규칙과 학교생활의 패턴을 익혀가면서 여러 가지 변화가 맞물려 일어났다. 우선 하루 일과를 자세히 설명해주고 나니 지금은 무엇을 해야 하고 자기가 원하는 것을 언제 할 수 있는지 파악했다. 수업시간에는 조용히 앉아 있는 것을 익히고, 어떤 일은 때가 있어 기다려야 한다는 것도 적응했다. 매번 수업 시작종이 울리면 친구와 함께 들어오자고 약속했고 점점 무리 없이 지켰다. 놀이시간이 끝나면 아쉬워도 친구들과 함께 교실로 왔다. 2학기 중반부터는 나와 친구들의 손을 꼬집어 상처를 내는 일도 사라졌다.

몇 배로 힘들었던 점심시간의 변화는 놀라웠다. 1학기에는 평온한 점심시간을 예상할 수 없었다. 좋아하는 반찬을 끊임없이 먹으려고 했고 배식하는 음식 중 맛있는 것이 있으면 근처에 있는 것을 가져가 순식간에 두세 개씩 먹었다. 점심시간이 끝날 때까지 계속 먹어 배식 정리가 매일 늦었다. 호진이는 김은 먹지 않고 달걀은 아주 좋아했는데, 공교롭게도 어느 날 점심 반찬으로 김을 넣어 돌돌 만 달걀말이가 나왔다. 호진이는 식판 앞에 서서 "김 빼, 김 빼"를 계속 외치며 버티고 서 있었다. 나는 한쪽으로 가서 달걀말이를 일일이 풀어 김을 남김없이 뺐다. 한참 만에 호진이는 김을 뺀 달걀말이를 만족스럽게 받아들고 갔다. 그러고 나서야 나는 다른 아이들의 배식을 살펴볼 수 있었다.

2학기 들어서는 좋아하는 음식에 한없이 집착하지 않았다. 어느 날 떡볶이가 다 떨어졌는데 호진이가 더 달라며 식판을 들고 나왔다. 나는 빈 반찬통을 보여 주며 "친구들과 다 같이 나누어 먹어 이제 없어."라고 했다. 전에는 더 원하면 바로 급식실에 가서 가져다주어야 했다. 그런데 호진이는 잠시 생각하는 듯 서 있더니 떡볶이를 포기하고 조용히 다른 반찬통을 가리키며 "김치 더 주세요."라고 했다. 막무가내로 요구하는 모습이 아니었다. 그 이후 반찬은 먹을 만큼 받고 차분히 점심 식사를 마쳤다. 마냥 길어지던 식사 시간도 자연스럽게 조절되었다.

서로에 대한 신뢰는 학교생활 곳곳에서 긍정적으로 드러났다. 이제는 선생님이 자신의 말에 귀를 기울이고 도와주려 한다고 믿는 듯했다. '다 하면 선생님 책상 위에 올려놓으세요.', '가위를 쓰면 제자리에 놓으세요.' '블록을 정리하세요.' 등 간단한 말로도 어느 정도 의사소통이 되었다. 새로운 활동을 하게 되면 상황을 설명해주었고 호진이는 잘 받아들였다. 울고 소리 지르거나 알 수 없는 반향어들을 쏟아내던 것들이 줄고 조금씩 대화를 하게 되었다. 호진이가 등교하면서 "놀이터 가고 싶어."라고 하면 나는 "2교시 끝나고 중간 놀이시간에 가자." 혹은 "오늘은 비가 와서 놀이터가 다 젖었으니 내일 비 그치면 놀자."라고 답했다. 그러면 알았다는 표정으로 들어갔다. "국수 먹고 싶어."라고 하면 급식 식단표를 함께 보며 "오늘은 순두부국이구나, 국수는 집에 가서 먹자."라고 말해주었다. 생각해보니 대화란 이런 것이었다. 말하는 사람의 마음을 읽고 답을 하는 것이다. 그동안 호진이의 행동에는 다 이유가 있었고 행동은 그 이유를 표현하는 것이었다. 자신의 말을 들어주지 않는다고 생각했을 때 울음이나 반향어로 계속 요구했다. 그걸 이제야 서서히 깨닫게 된 것이다.

줄어들긴 했어도 조용히 있다가 갑자기 힘겹게 울기도 했다. 이럴 때면 1학기 때는 당황해 어찌할 바를 몰라 그저 "힘들구나, 슬프구나." 하면서 울음을 그치기만을 안타깝게 기다렸다. 지금은 뭔가 이유가 있어서 운다는 생각을 한다. 호진이는 무언가를 표현하는 것이고 나에게 어떤 것을 전달하려는 것이라고 받아들이며 어느 정도 거리를 두고 지켜보았다. 옆에 가까이 붙어 있지 않으면 울면서 붙잡거나 꼬집지 않는다는 것도 알았다. 호진이를 보며 당황스럽거나 두려운 마음이 사라졌다.

수업 중 누군가가 울면 같은 공간에 있는 사람들은 울음소리 때문에 불안하거나 두려움을 느낀다. 왜 우는지 모르기 때문에 아이들도 호진이에게 가까이 가기 어려워했다. 나는 반 아이들에게 호진이가 지금 뭔가 힘든 일이 있어 우는 것이라고 설명했다. 우리는 주로 말로 표현하지만 호진이는 표현 방식이 좀 달라 울면서 감정 표현을 하기도 한다고 알려주며 "이럴 때는 어떻게 하는 것이 좋을까" 라고 물었다. 한 아이가 이렇게 대답했다. "속상하고 힘들어서 울 땐 그냥 두는 것도 좋아요. 저도 한바탕 울고 나면 속이 시원해질 때가 있거든요."

생각보다 아이들은 타인의 낯선 행동을 더 잘 공감했다. 이제는 호진이가 갑자기 울어도 아이들은 괜히 쳐다보거나 동요하지 않고 기다려주었다. 쉬는 시간에 진정된 호진이에게 다가가 괜찮은지 말을 거는 아이도 생겼다.

자폐스펙트럼이라고 해서 전혀 예상하지 못한 행동만 하는 것은 아니었다. 아이가 몸으로 표현하는 신호를 빨리 읽는 것이 중요한데 함께 지내면서 자세히 관찰하면 파악할 수 있는 것들이었다. 교실을 이동하려고 줄을 서 있는데 아이들이 소란스러웠다. 중간 놀이시간이 끝난

다음 시간도 체육이라 더 신이 나서 줄 서는 것도 잊은 채 떠들고 있는 아이들이 많았다. 줄을 서 있던 호진이가 갑자기 얼굴을 찡그리고 귀를 막고 어떤 소리를 반복했다. 그동안의 경험에 의하면 이럴 때는 빨리 교실 환경을 조용히 만들어주는 것이 좋다. 그렇지 않을 경우 호진이가 손뼉을 치면서 뛰고 소리를 지를 수 있다. 이 행동은 뭔가 불편하다고 나에게 신호를 보내는 것이다. 반 아이들을 얼른 집중시키고 아이들이 차분해지자 호진이도 더는 소리를 내지 않았다. 이런 신호와 의미를 알아가는 데 많은 시간이 걸렸다. 이를 몰랐을 때 이 상황은 '체육시간이라 이동해야 하는데 아이들은 줄도 안 서고 떠들고 있고, 오늘따라 호진이는 소리를 지르며 뛰고 우는 힘든 날'이 되는 것이다.

학교생활을 잘 적응하게 되자 이번엔 수업이 고민이었다. 내가 하는 말을 듣고는 있는지, 교과서를 펼쳐 놓기는 했는데 시선은 늘 어딘가 멀리 향해 있는 이 아이에게 뭐라도 가르쳐야 하는 건 아닌지 고민하게 되었다. 아이에게 수업시간은 어떤 의미일까? 국어와 수학 시간에는 특수반에 가서 공부하지만 내가 가르치는 다른 과목은 어떻게 해야 할까? 이 아이에게 교과 수업의 목표는 어디에 두어야 할까? 지금 하고 있는 이 수업 방법 말고 다른 적절한 방법은 없을까? 고민이었다.

우선 수업시간에 함께 참여하도록 만드는 것이 필요했다. 성취감을 주기 위해 시작한 하이파이브는 수업시간에도 효과적이었다. 호진이에게 간단한 과제물을 주고 다 하면 하이파이브를 했더니 거뜬히 해냈다. 힘들어하면 학습량을 줄이고 하이파이브로 마무리를 했다. 얼마만큼을 해내든 아이가 하고자 하는 것이 중요했다. 개별적으로 학습지도를 해야 하는 수업시간엔 호진이에게 확인 도장을 찍어주는 역할을 맡겼다. 호진이는 개별학습이 끝난 친구들이 공책을 들고 오면 신나서 도장을 찍어주었다. 받으러 가는 아이들도 놀이처럼 재밌어했다. 호진이에게도 도장을 다 찍고 나면 내게 가져오게 했고 하이파이브도 잊지 않았다. 이렇게 서서히 수업시간에 호진이와 우리 반이 함께 하는 활동들을 늘려갔다.

2학기 들어서 변화된 것 중의 하나는 종종 반 전체 수업 때 교사의 말에 귀를 기울인다는 것이었다. 1학기 때는 아침 자습시간에 반 아이들에게 책을 읽어주기가 힘들었다. 호진이가 계속 말을 걸거나 소리를 지르고 박수를 치며 돌아다녔기 때문이다. 그런데 이제는 내가 책을 읽어 줄 때 가만히 앉아서 귀를 기울였다. 책 내용에 빠져드는 것일까, 아니면 나의 말에 집중하는 것일까, 아마 담임교사인 나의 목소리와 하는 말에 관심과 주의를 기울이는 것 같았다.

학교 도서관에서 수업을 하던 어느 날, 아이들이 책을 찾아 읽고 자료를 모으는 동안 한쪽에서 호진이 옆에 앉아 그림책을 펼쳤다. 평소보다 차분했던 호진이에게 "오늘은 같이 책을 읽어 볼까?" 말을 걸었다. 호진이는 더듬더듬 한 글자씩 읽어 나갔다. 내가 손으로 짚은 문장들에 집중하며 진지하게 읽었다. 편안하게 앉아 열심히 책 읽는 모습이 인상적이었다. 이렇게 그림책 한 권을 소리 내어 다 읽은 것은 처음이었다. 책을 다 읽고 그림을 보며 호진이에게 질문을 했는데 질문에 맞게 손으로 적당한 그림을 짚었다. 잘했다고 칭찬하자 무척 뿌듯한 표정이었다.

도서관에서 수업이 끝나고도 호진이는 쉬는 시간에 여러 번 “책 읽어요, 책 읽어요.”라고 말했다. 학습의욕이 느껴졌다.

수업에 대한 실마리가 보였다. 그때부터 함께 참여하며 활동하는 방식으로 수업을 구성했다. 국어시간에 한 명씩 일어나 책을 읽을 땐 순서를 주어 읽게 했다. 모두 돌아가면서 발표를 할 때면 호진이도 무조건 발표하게 했다. 스스로 한 마디라도 하길 기다렸고 어려운 것은 나의 말을 따라하게 했다. 생각보다 거부하지 않고 잘 참여했다. 연극과 같은 모둠 활동에서도 반드시 역할을 주었다. 같이 하는 모둠원이 누군지 한 명씩 얼굴을 보며 확인하고 다른 아이들에게 호진이와 역할을 나누라고 했다. 몇 번 반복되다보니 아이들은 자연스럽게 호진이를 모둠원으로 받아들였다.

호진이의 참여가 가장 높았던 것은 음악시간이었다. 한번은 아이들과 합주 연습을 하느라 계이름으로 노래를 부르고 있었다. 그런데 호진이가 뭐라고 중얼중얼했다. 평소에 듣던 반향어나 손뼉을 치며 하는 말들이 아니었다. 궁금한 마음에 가만히 다가가 들어보니 지금 부르고 있는 노래를 계이름으로 따라 부르고 있었다. 담임교사가 개별적으로 지시하지 않았는데 함께 부른 것은 처음이었다. 반 친구들이 하는 것을 스스로 함께 하고 있던 것이다. 인상적이었던 것은 무엇인가 열심히 해보려고 노력하는 모습이었다.

합주에서 호진이가 무엇을 하면 좋을까 고민하다가 리듬막대를 주었다. 친구들이 멜로디언, 리코더로 연주를 하면 리듬막대로 일정한 리듬을 치게 했다. 나중에는 나의 시범을 보지 않고도 어느 정도 박자를 맞출 수 있었다. 열심히 모둠 친구들과 연습을 했고 모둠별 합주 발표를 할 때도 함께 연주했다. 호진이 역시 한 명의 합주자가 되어 성취감을 느낀 듯했다. 이런 일들을 겪으면서 우리 반은 점점 하나로 통합되어가고 있었다.

수업에 대해 고민했던 것들을 다시 짚어보니 호진이에게 무엇을 가르치고 어느 부분까지 학습하도록 목표를 세우는 것보다 더 중요한 것이 있었다. 인간의 능력에 대해 한정하지 않고 성장할 수 있다는 생각으로 아이를 믿고 지지하는 교사의 태도였다. 믿는 만큼 자란다는 말이 있듯이 아이들은 더 나은 사람이 될 것이라고, 더 좋아질 것이라고 믿어주고 지지하면 그 방향으로 노력하며 성장하였다.

이렇게 한 사람을 자세히 들여다보는 경험은 반의 다른 아이들을 바라보는 시선까지 달라지게 했다. 우리 반 아이들 하나하나 생생하게 눈에 들어왔다. 무기력, ADHD 성향, 불안, 도벽, 낮은 자존감, 기초학습부진, 불안정한 가정환경과 양육, 다문화, 조손가정 등 들여다볼수록 아이들을 둘러싼 세계가 넓고 복잡했다. 한번은 어떤 아이가 내게 선생님은 호진이가 조금만 잘해도 칭찬해주고 자주 웃어주고 못해도 그냥 넘어가는데, 우리한테도 그랬으면 좋겠다고 말한 적이 있었다. 돌아보니 다른 아이들에게는 상대적으로 칭찬이 적었고 규칙들이 많았으며 이야기를 자주 들어주지 않았던 것이다.

자세히 보니 반 아이들 하나하나 다르고 모두 나름의 이유와 표현

방식들이 있었다. 우리가 같은 언어를 쓴다고 생각하지만 같은 말도 각자 다르게 표현하고 뉘앙스도 달랐다. 그동안은 그걸 못 보고 일방적으로 나의 기준으로 아이들을 바라봤기에 이해되지 않는 것이 한둘이 아니었던 것이다.

어떤 아이는 해야 할 일이 있을 때 왜 이걸 해야 하느냐며 항상 부정적으로 말했다. 칭찬하는 말조차 자신을 비웃는 것 같다고 했다. 낮은 자존감이 보였다. 스스로 열심히 한 일에 대해 지속적으로 칭찬을 해주고 잘 하는 일들을 짚어주었다.

놀이를 할 때마다 자신이 원하는 것을 하지 못하면 안 한다며 자주 화를 내는 아이도 있었다. 자신의 요구를 들어주지 않는 친구들을 원망하고 속상해했다. 친구들과 함께 놀고 싶으면서도 기분이 나쁘면 친구들에게 안 좋은 말들을 했다. 예전 같으면 그냥 친구 관계가 원만하지 않는 아이 정도로만 생각해 사이좋게 지내라고만 했을 것이다. 자세히 들여다보니 가정에서도 많은 것들을 부모님에게 의존하는 분위기였다. 스스로 할 수 있는 일들이 많은 아이였기에 어려운 일이라도 쉽게 포기하지 않고 해보도록 격려했다. 자주 불러 속상한 마음을 들으며 친구들의 마음을 들여다보는 대화를 많이 했다.

무엇을 물어보면 입을 꾹 다물고 고개만 끄덕이는 아이는 발표하는 것을 힘들어했다. 조금이라도 틀린 듯하면 하던 것을 바로 멈추었다. 가정 환경과 복합 요인으로 인한 학습 부진이었다. 자신감도 많이 낮았다. 가정 환경을 바꿀 수는 없지만 자신감과 학습부진은 극복 가능한 것이었다. 다행히도 전문가와 연결되어 꾸준히 치료를 받고 학기 말엔 연극 발표도 훌륭하게 마쳤다. 학년이 끝날 무렵에는 국어시간에 책 읽기를 아이들의 박수를 받을 정도로 실감나게 잘 해냈다. 여전히 학습을 어려워했지만 수업시간에 점점 적극적으로 참여하고 친구들과도 예전보다 잘 어울렸다. 아이들도 친구들의 변화를 보며 함께 응원했다. 반 아이들과는 일 년 내내 서로 다른 점들을 인정하고 존중해주는 말들을 의도적으로 많이 하게 했다. 그러자 평소 같으면 다툴 수 있는 상황에서도 조금씩 상대방의 이야기에 귀를 기울였다.

이 모든 것은 통합학급을 맡지 않았다면 알기 어려웠을 것이다. 또 아이들을 개별적으로 살펴보지 않았다면 그저 힘든 반이라고 생각했거나 아이들의 특성을 이해하지 못한 채 한 해를 보냈을 것이다. 자신의 행동에 대해 누군가 이해해주면 아이는 마음을 연다. 마음을 열면서 성장한다. 아무 이유 없이 행동하는 '이상한 아이'는 없었다. 그 이유를 알아내 방향을 안내하는 것이 부모와 교사의 역할이었다.

통합학급을 운영하면서 깨달은 것은 장애, 비장애를 구별하는 것이 큰 의미가 없다는 것이다. 이전에는 특수교사와 일반교사의 분야가 전혀 다르다고 생각했다. 특수교육은 아이들 개개인이 지니고 있는 독특한 특성들을 자세히 파악하고 그에 맞는 교육에 집중하는 것이었다. 결코 일반교육과 동떨어져 있지 않았다. 우리는 모두 다 '다른' 사람들이고 또 변화의 과정에 있기 때문에 교육은 개개인의 특성을 자세히 들여다보고 '성장'이라는 큰 틀에 맞추는 것이 중요한 것이었다.

10 우리 모두 아주 조금씩 달라졌어요

2학기 들어서 정기적으로 바이올린을 배우는 시간이 있었다. 호진이는 첫 수업 때 바이올린 소리를 듣고 괴성을 지르며 바닥에 뒹굴고 울어서 특수반으로 갔다. 그런데 두어 번 특수반으로 가던 호진이가 반 친구들과 같이 바이올린 수업을 하겠다고 했다. 모두 바이올린 수업을 위해 교실을 이동하는데 그때마다 자기만 특수반으로 내려가는 게 싫었는지 '친구랑 같이'라고 말하며 반 아이들과 함께 있기를 원했다. 나는 첫 수업 사건도 있었고 호진이가 소리에 예민한 탓에 당연히 바이올린 수업을 함께 하기 힘들 것이라고 생각했다. 긴장하며 살펴보는데 호진이는 바이올린 자체에는 별 관심을 두지 않고 아이들과 선생님의 연주에 주의를 기울였다. 가끔 창밖을 바라보며 편안한 표정으로 있기도 했다. 어쩌다 선생님이 곡을 연주하면 호진이는 시선을 멈추고 바이올린 연주를 들었다. 그렇게 호진이는 반 친구들과 함께 나머지 바이올린 수업을 모두 같이 했다.

자폐스펙트럼이 있는 사람은 혼자 있기 좋아하고 소리에 민감하며 자기만의 세계에 들어가 있다고 한다. 그러나 통합학급을 맡아보니 꼭 그런 것은 아니었다. 호진이는 사람을 좋아하고 누군가와 함께 있고 싶어 했으며 음악에 관심이 많았다. 학교의 여러 행사 때도 즐겁게 참여했다. 호진이의 몇몇 행동이 일반적인 사람들보다 조금 크거나 작게, 또는 다른 방식으로 나타나기 때문에 문제행동처럼 보였을 뿐이었다. 이상한 소리를 낸다고 하여 의사소통을 하지 않는 것이 아니었다. 표현방식이 다른 것이었다. 무엇보다 혼자만의 세계에 들어가 있는 것이 아니라 다른 사람과 소통하기를 바라고 노력하고 있다는 것을 조금씩 그러나 분명히 알게 되었다.

올해 동아리 활동은 두 시간 동안 음악을 틀어놓고 춤을 배우는 것이었다. 부모님은 호진이에게 의미 없는 활동이니 특수반으로 가 있기 원하셨다. 그런데 호진이는 반 아이들과 함께 있고 싶어 했다. 바이올린 수업도 참여하고 있었으므로 부모님께 동의를 구해 동아리 활동 시간을 다른 아이들과 함께 보내기로 했다. 선생님의 시범 동작을 보고 음악에 맞춰 동작을 익히는 수업이었다. 음악에 따라 동작을 해야 하니 소리가 꽤 컸다. 호진이가 혹시 큰 소리에 긴장하여 소리를 지를까 지켜보고 있는데 의외로 두 시간을 잘 보냈다. 반 아이들과 섞여 선생님 지시에 따라 팔을 올렸다 내렸다 움직였다. 힘들면 창밖을 보기도 했고 구석에 앉아 아이들이 춤추는 모습을 바라보기도 했다. 이 시간엔 표정이 편안하고 여유 있어 보였다. 어느 날은 선생님 지시에 따라 여러 춤 동작을 따라 해보기도 했다.

학기를 마칠 무렵 동아리 발표회가 있었다. 학년별로 강당에 모여 그동안 배운 춤을 발표하는 날이었다. 아이들에겐 즐거우면서도 긴장된 날이다. 발표회 날 아침, 호진이에게 일정을 알려주면서 우리 반이 무대에 올라갈 순서와 동선을 여러 번 설명해주었다. 평소와는 다르게 긴장한 듯 보였다. 그러나 불안해 보이지 않고 적당히 기분 좋은 긴장 같았다. 호진이는 강당에 오면 늘 벽을 따라 주변을 몇 번 돌아다니고 창틀이나 바닥을 손으로 쳤다. 그날은 다른 때보다 더 오래 앉아 있어야 했는데 돌아다니지도 않고 차분히 잘 앉아 있었다. 무대에서 발표하는 다른 아이들을 조용히 지켜보았다. 특별한 날인 것을 아는 듯했다.

드디어 우리 반 차례가 되었다. 호진이는 무대에 올라 자리를 찾느라 몇 번 왔다갔다했지만, 친구들의 도움으로 곧 제자리를 찾았다. 나는 관객석에서 아이들의 모습을 영상으로 찍으며 보고 있었다. 음악이 나오고 춤이 시작되었다. 아이들이 음악에 맞춰 열심히 무대를 옮겨 다니며 배운 춤을 췄다. 자리에 서 있던 호진이도 친구들을 보며 대형을 따라 이동했다. 그런데 갑자기 호진이가 친구들을 바라보면서 스스로 춤 동작을 같이 하는 것이 아닌가. 나는 순간 깜짝 놀랐다. 수업 중엔 팔을 올려라 하면 올리고 앉아라 하면 앉는 정도만 했었다. 이날은 무대 발표라 교사가 따로 지시할 수도 없었다. 그런데 호진이 스스로 친구들을 보며 춤동작을 한 것이다.

공연이 끝나고 아이들이 나란히 서서 인사를 했다. 호진이는 눈을 찡긋 감으며 몸을 좌우로 흔들고 머리를 긁적이며 특유의 쑥스러운 표정을 지었다. 호진이가 긴장하고 무대에 섰고 최선을 다했다는 것을 직감했다. 무대에서 내려오는 호진이에게 다가가 하이파이브를 하고 꽉 안아주었다. "잘했다, 잘했어."라고 말해주면서.

발표회를 마치고 교실에서 함께 공연 영상을 보았다. 호진이가 무대에서 춤동작을 한 것을 보고 아이들은 환호성을 지르며 박수를 쳤다. 호진이는 만족스러운 표정으로 웃고 있었다. 반 아이들은 자신들이 무사히 공연을 마친 것과 더불어 호진이가 한 동작에 열광했고 놀라워했다. 모두의 성공적인 무대였고 박수 받을 만한 일이었다.

안타깝게도 이 감동의 순간을 부모님은 걱정 가득한 눈으로 보셨다. 다른 부모나 아이들이 무대에서 왔다갔다하는 호진이를 비웃을 것이라고 여기신 듯했다. 감동의 순간마저 소통하기 어려웠다. 이러한 간극은 어떻게 좁혀야 할지, 통합학급 담임교사로서는 다가가기 정말 어려운 부분이었다.

외부 강사의 특별수업이 있던 어느 날이었다. 강사는 수업 시작 전 아이들에게 사탕을 하나씩 나누어주고 이야기를 풀어갔다. 수업이 한창 진행되고 있는데 조용히 앉아 있던 호진이가 일어나더니 교실 뒤에 있는 내게 슬며시 다가왔다. 가만히 서서 나를 바라보며 "선생님!" 하고 말을 걸었다. 늘 다짜고짜 다가와서 반향어를 반복적으로 말하던 아이였는데 조용히 나를 부르며 알 수 없는 눈빛을 보내고 있으니 도대체 무슨 말을 하려나 궁금했다. "그래, 왜?"라고 물어도 "선생님…" 하며 가만히 있었다.

"선생님…"

몇 번을 이렇게 말을 하고는 몇 초 동안 애매모호한 표정으로 나의 얼굴을 바라보다가 마침내 입을 열었다.

"선생님……. 마…"

"응?"

…

"마……."

…

"이"

…

"쭈"

아까 수업 시작 때 강사 분이 나누어준 그 사탕을 더 먹고 싶다는 말을 하고 싶었던 것이다. 그 이야기를 하려고 박수를 치거나 소리를 지르지도 않았고 가서 막무가내로 과자 봉지를 찾지도 않았다. 뭐라고 말할지 '선생님'을 대여섯 번씩이나 부르며 생각을 했고 적절한 방식을 찾았고 조용히 내게 말을 건 것이다.

호진이가 지금 나와 의사소통을 하려고 무척 애쓰고 있구나 하는 생각이 들었다. 그리고 그렇게 말을 걸어와서 정말 고맙고 마음이 뭉클했다. 교사인 나만 호진이와 의사소통하기 위해 애쓰고 있었다고 생각했는데, 호진이도 나와 우리 반 아이들과 소통하기 위해 노력을 하고 있던 것이다.

호진이는 교실에서 청소시간에 1인 1역할도 충분히 해냈다. 책상 닦기, 줄 맞추기가 호진이의 역할이었다. 시간이 되면 따로 말하지 않아도 다른 아이들과 함께 자기 역할을 했다. 간단한 심부름도 하고 다른 아이들과 함께 물건을 다른 교실에 전해주는 일도 했다.

학년 말에는 다음 학년을 대비하여 몇 가지 변화를 주었다. 우리 반은 한 달에 한 번 자리를 바꾸는데 일 년 내내 같은 자리에 앉았던 호진이의 자리도 바꾸어 보았다. 바꾼 후 첫날엔 예전 자리로 갔으나 둘째 날부터는 바뀐 자리로 가서 앉았다. 과제물도 "다 하면 선생님 책상 옆에 올려놓자."라고 안내했더니 잘 가져다 놓았다. '사물함에 넣어 놓으세요.', '모두 자리에서 일어나세요.' 등 반 전체에 지시하는 내용도 다른 아이들처럼 듣고 행동했다. 모두 몇 달 전까지 하지 않았던 일들이다. 한번은 과학실에 가기 위해 줄을 서야 할 시간이었는데 호진이가 먼저 책을 들고 자기 위치에 바르게 줄서 있어서 칭찬을 해주기도 했다.

호진이가 식판을 엎고 나의 팔을 꼬집고, 자신의 옷을 물어뜯으며 울던 순간들도 있었다. 반 아이들이 불안한 표정으로 호진이를 바라보던 날이 있었다. 반면 반 친구들과 함께 어울려 뭔가 해보려고 애쓰는 순간들도 있었다. 나와 반 친구들을 바라보며 아주 행복하게 웃던 순간도 있었다. 다른 사람의 마음마저 웃게 하는 환한 웃음이었다. 뜬금없이

"괜찮아, 괜찮아!"를 외쳐 직전에 그림을 망쳤다고 투덜댔던 아이와 우리 모두를 웃게 한 때도 있었다. 수업 중 슬그머니 교사용 의자에 앉아 세상에서 가장 재미있는 놀이기구라도 탄 듯 신나해서 모두 함께 웃었던 날도 있었다. 호진이의 울음이 듣는 사람을 불안하게 했었다면 호진이의 웃음 역시 힘이 셌다. 보는 이 모두의 마음을 환하게 해주는 웃음이었다. 이 모든 순간이 '변화'였다. 이런 과정을 겪으며 반의 다른 아이들도 호진이를 반 친구로 바라보게 되었다. 챙겨주고 데리고 다녀야 하는 아이, 갑자기 우는 이상한 아이가 아니라 어떤 면에서 조금 독특한 친구로서 말이다.

이 모든 '변화'를 통합학급에서 우리 반 아이들과 함께 겪었다. 한 학년을 마칠 쯤 아이들과 3월에 비해 서로 달라진 것들에 대해 이야기를 나누는데 아이들은 자신의 키가 더 컸다고 했고, 수학 문제를 더 풀 수 있게 되었고, 책을 더 많이 읽어 알게 된 것이 늘었다고도 했다. 발표할 때 들리지 않는 목소리로 말하던 아이가 이제 큰 소리로 발표를 잘한다고 했다. 친구들과 점점 싸우는 일이 줄어들었다고 했다. 화가 나면 좀 참게 되었다고 했다. 말하기 전에 친구 기분도 생각해본다고 했다. 급식을 골고루 먹게 되었다고 했다. 누구나 한두 가지씩은 있었다. 다른 친구에 대해서는 호진이의 변화를 가장 많이 이야기했다. 이젠 거의 꼬집지 않고 매일 울던 것이 줄었으며 수업시간에 조용히 함께 있게 된 것을 놀라워했다. 더이상 호진이가 무섭지 않다고도 했다.

이야기를 나누면서 아이들은 자신이 어떤 면에서 조금씩 자라고 있다는 사실을 알아가고 주변의 친구들도 자라고 있다는 것을 발견했다. 서로의 성장에 대한 발견이 통합학급을 하면서 얻은 가장 큰 힘이었다. 작은 변화는 알아차리기 어렵다. 그러나 그 작은 변화가 일상의 많은 부분을 바꾸었다. 이 모든 것을 아이들 스스로 해냈다. 무엇인가 성취한 경험들이 쌓여 아이들을 단단하게 자라게 했다. 통합학급 일 년 동안 서로의 변화를 보며 우리 모두 아주 조금씩 달라져 갔다.

아이들이 이렇게 스스로 성장하는 동안 담임인 나도 함께 성장하고 있었다. 누구도 맡기 꺼려하는 아이를 맡겠다고 하고 난 뒤 처음 겪는 일들은 혼란스러웠다. 힘든 한 해를 보내겠구나 생각했다. 나에게 호진이는 모든 것이 다 새로웠다. 의사소통 방식이 달랐고 내가 생각하거나 예상한 대로 행동하지 않았다. 책을 찾아보고 사람들과 이야기를 나누고 혹시 이것이 아닐까, 내가 생각한 것과 반대는 아닐까, 계속 스스로에게 질문을 던져야 했다. 질문을 던지는 과정에서 세세하게 사람을 들여다보는 경험을 했다. 처음에는 정말 어찌해야 할 줄 몰라 계속 시선이 갔지만 꾸준히 관심을 갖고 지켜보았다. 좋은 교사가 되기 위해선 어떤 놀라운 방법들이 있는 것은 아니었다. 중요한 것은 학생들, 즉 인간에 대한 탐구였다. 해마다 힘든 아이가 우리 반이 되면 어떻게 하나 걱정했던 마음이 통합학급을 직접 경험하면서 사라졌다. 장애 유무를 떠나 어떤 아이들이나 다 마찬가지였다. 아이들의 마음을 들여다보고자 하는 그 과정이 교사의 길이었다. 통합학급에서 내가 정말로 고민해야 하는 일은 아이 안에 있는 어떤 능력을 '발견'하고 이끌어야 하는가에 대한 것이었다.

☆ ☆ ☆

학교는 아이들을 둘러싼 거대한 사회의 일부다. 학교는 사회의 문제들과 밀접하다. 아이들의 어려움과 문제의 상당 부분은 사회와 가정에 민감하게 맞물려 있다. 좋은 교육이 되려면 좋은 사회가 필요한 이유다. 학교에서도 교사가 아이들을 둘러싼 환경을 봐야 할 이유이기도 하다. 우리는 아이들이 지금보다 더 나은 세상에서 살아가길 바라지만 그 '사회'라는 것이 절대 혼자서는 만들 수 없다는 것은 분명하다.

결국 학교에 답이 있다는 생각이 든다. 학교에서 아이들은 자신과 다른 사람들을 만나 시행착오도 겪고 잘못도 하고 갈등을 겪기도 한다. 학교는 그런 경험이 성장의 밑거름이 될 수 있게 하는 울타리다. 자신과는 다른 사람들과 어울리며 성장할 수 있도록 이끌어가는 것이 바로 교사의 역할이며 사회에서는 어른들의 역할이다. 자신을 알아가는 동시에 자신과는 다른 사람들을 이해하면서 그렇게 아이들은 자란다. 내가 본 통합교육은 타인을 이해하고 받아들이고 함께 살아가도록 만드는 강력한 힘이자 역할이었다.

아이들은 교실에서 사회를 보고 배우며 성장했다. 좋은 통합교육은 누구 한 사람이 희생을 하거나 능력이 많은 어떤 사람 혼자서 만들어갈 수는 없다. 우리는 혼자가 아니다. 서로 관계를 맺고 그 과정에서 성장하는 힘을 얻는다.

이 글을 읽는 선생님이 통합학급을 맡게 된다면 지난 시간 내가 느낀 두려움보다는 기대감을 가졌으면 한다. 어떤 아이들과 한 해를 보내게 될지, 미지의 세계에 대한 궁금함, 기대감을 갖고 시작했으면 좋겠다. 또 통합학급에 아이를 보내는 학부모님들은 학교에 대한 불안과 걱정보다 신뢰를 보내주셨으면 좋겠다. 둘러보면 드러나지 않는 곳에서 애쓰는 교사들이 있고 무엇보다 우리의 옆에는 어른들의 사회를 보고 자라는 아이들이 있다.

통합학급을 맡아 보낸 시간동안 던진 질문들은 교사인 나 자신을 향한 것이었다. 나는 어떤 교사인가, 교사는 어떤 역할을 해야 하는가. 질문을 할수록 내가 해야 할 일들이 많아졌다. 이 질문은 아이들을 만나는 동안 계속 이어질 것이다. 자라면서 아이들의 색이 선명해지는 것처럼 교사로서 나의 색도 찾아가고 있는 중이다. 통합학급을 통해 더 많은 세상이 보이고 함께 어우러지는 더 넓은 세상을 본다. 이것이 통합교육, 그리고 학교의 의미이기도 할 것이다.

2장

핵인싸
김동우

이원란

초등학교에서 12년째 학생들을 만나고 있습니다. 경인교육대학교에서 초등교육을 전공하고 숙명여자대학교 교육대학원에서 상담교육을 공부했습니다. 국립특수교육원에서 주관하는 『장애공감문화 확산을 위한 교육자료(초등학교1-2학년)』 집필에 참여하였으며 통합교육이 나아가야 할 방향에 대해 고민하고 있습니다.

01 첫 만남

"선생님, 떡볶이 드시러 해오름반으로 오세요."

떡볶이는 나의 소울 푸드다. 하루 세 끼 떡볶이만 먹고 살라고 해도 그럴 수 있다. 30여 년을 먹었지만 질리지 않았고 앞으로 30여 년은 더 먹을 것이다. 기분이 좋을 때도 나쁠 때도, 비가 와도 날이 쨍쨍해도 나는 떡볶이가 당긴다.

해오름반은 우리 학교의 특수학급이다. 혁신학교는 학급 이름을 한글로 짓는 경우가 많은데 해오름은 '새해 아침에 힘차게 떠오르는 해처럼 살자.'는 뜻이 담겼다. 그동안 특수반이나 도움반 등 부정적 인식을 줄 수 있는 이름만 접하다가 해오름반이라고 해서 참 따뜻하고 좋은 이름이라고 생각했다. 이름뿐 아니라 볕이 잘 들고 여기저기 이동하기도 편한 학교에서 가장 좋은 위치에 있고, 교실 내부도 아름답게 꾸며져 있다. 그래서인지 많은 아이들은 한 번쯤 들어가 보고 싶어 하고 장애 학생들이 해오름반에 가는 것을 부러워하기까지 한다. 이름과 공간의 작은 변화가 어쩌면 아이들의 장애인식과 친근감을 변화시키는데 큰 도움을 주고 있는 것이 아닐까?

학교 축제 주간, 해오름반 선생님이 아이들과 함께 나누어 먹을 떡볶이를 만들고 메시지를 보내셨다. 양이 많으니 시간이 되시는 분들은 함께 먹자는 것이다. 학교에서 이러한 메시지를 받을 때면 "선생님, 수고하십니다. 맛있게 드세요."같은 의례적인 답장을 보내고 가지 않는 것이 예의라고 생각해왔으나 이번에는 좀 달랐다. 내가 좋아하는 떡볶이인 데다가 해오름반 선생님은 음식 솜씨가 좋기로 소문나 있었다. 맛있는 떡볶이를 먹을 수 있겠다는 생각에 한걸음에 달려갔다. 교실에서는 해오름반 학생들이 옹기종기 모여앉아 떡볶이를 먹고 있었다.

"더 줘."

떡볶이에 심취해 있는 나에게 동그란 얼굴에 바가지 머리를 하고 볼이 포동포동한 남자아이가 접시를 들이밀었다.

"떡볶이 더 먹고 싶어?"

"응!"

"여기 있어."

"고맙습니다!"

너무 우렁차게 "고맙습니다!"를 외치는 아이의 반응에 웃음이 났다.

"선생님, 얘는 누구에요?"

"김동우. 1학년이고 자폐아이에요."

"자폐요? 저와 눈맞춤도 되고 말도 주고받았는데요?"

"하고 싶은 말만 해요. 그리고 먹을 것을 너무 좋아해요."

나는 10여년의 짧지 않은 교직생활에서 한 번도 장애학생을 맡아본 적이 없었다. 장애학생이 없는 학교도 있었고, 있더라도 한 학년에 1~2명이어서 내가 뽑힐 확률이 적었다. 한 번은 선배 선생님이 스스로 통합학급을 맡겠다고 하셔서 참 멋지다고 생각했었다.

나는 얼마 전 졸업한 대학원에서 상담교육학을 전공했는데 많은 선택과목 중에 알 수 없는 이유로 특수아와 관련된 수업을 두 개나 선택했었다. 〈특수교육학 개론〉과 〈특수 아동상담〉이었다. 그때 배운 자폐아의 특징과 동우는 조금 달랐다. 자폐스펙트럼이 워낙 다양하다고 하니 동우도 스펙트럼의 어디쯤에 있겠구나 생각하며 조금 더 지켜보았다. 음식에 집중해서 오물오물 떡볶이를 먹고 있는 모습이 너무 귀엽게 느껴졌다. 그러다 불현듯 '내가 이 아이의 담임이 되면 어떨까'라는 생각이 스쳤다. 마치 이런 나의 마음을 눈치챈 듯 해오름반 선생님이 동우에게 물었다.

"동우야, 여기 선생님 두 분이 계시지? 내년에 동우는 머리가 긴 선생님을 만났으면 좋겠어? 아니면 머리가 짧은 선생님(나)을 만났으면 좋겠어?" 그러나 동우는 아무런 관심도 없이 떡볶이에만 집중하고 있었다. 선생님은 다시 동우의 주의를 끌어 물었다.

"동우야, 내년에 담임선생님이 바뀔 거야. 머리가 긴 선생님이 할까, 머리가 짧은 선생님(나)이 할까?"

그제야 동우는 나와 동료 선생님을 번갈아 쳐다보았다. 오랜만에 설렘이 느껴졌다. 이렇게 누군가의 선택을 기다렸던 순간이 언제였더라? 대학시절에 미팅에서 호감 가는 사람이 나를 선택하기를 기대했던 순간이 마지막이었나? 두근두근…. 그 짧은 선택의 순간이 어찌나 길게 느껴졌는지 모른다. 내심 나를 골랐으면 좋겠다고 생각했다.

"머리가 긴 선생님."

동우가 단호하게 대답했다.

"아이들은 원래 긴 머리 선생님을 좋아해요." 실망한 내 표정을 눈치채고 해오름반 선생님과 동료 선생님이 웃으셨다.

그 만남 이후로 동우가 내 마음속으로 들어왔다. 나는 6학년 담임을 하고 있었기 때문에 학교의 학년 결정 규칙에 따라 원하면 내년에 2학년을 맡을 수 있었다. 나는 동우와 함께해 보기로 했다. 우선 2학년을 지원하고 예전 그 선배님처럼 통합학급을 맡겠다고 자원해야겠다. 경쟁이 치열하다면 어쩔 수 없지만 가능하다면 내가 한번 동우를 맡아보자. 그렇게 결심을 하고 나니 마음속에 묘한 기대와 설렘이 차올랐다.

잠시 마주친 동우의 사랑스러운 모습을 떠올리며 다시 대학원 특수교육 관련 교재를 꺼내 자폐와 관련된 부분을 읽었다. 자폐를 이해하는데 도움이 되는 블로그를 찾고, 유튜브 영상도 보고, 영화를 감상하며 이미 담임이 된 것처럼 동우를 맞이할 준비를 하는 나의 모습은 누군가를 사랑하기 시작할 때 모습과 닮아 있었다. 나는 동우에게 첫눈에 반한 것이다!

02 내가 너의 담임선생님이야

어김없이 3월 2일이 오고야 말았다. 이 날은 교사에게도 학생에게도 매우 중요하고 긴장되는 날이다. 내가 학생일 때는 선생님들도 3월 개학 첫날 떨고 긴장할 것이라고는 상상도 못했다. 초등학교부터 고등학교까지 12년 동안 이날이면 '친절한 담임선생님이었으면, 친한 친구와 같은 반이었으면, 반에 좋은 친구들이 많았으면…' 같은 바람을 가지고 교실에 들어섰었다. 교사가 된 후 나의 3월 첫날 기도는 달라졌다. '올해 우리 반에 나와 잘 맞는 학생들이 많았으면, 나를 힘들게 하는 학생들이 적었으면, 마음이 넓은 학부모님들이 많이 계셨으면…' 내가 얼마나 긴장하며 첫날을 맞이하는지 우리 반 아이들은 아마 상상도 못할 것이다. 최대한 친절하고, 모든 것이 완벽하게 준비된 담임선생님의 모습으로 아이들 앞에 서는 연습을 마친 다음이기 때문이다. 3월 첫날을 위해 2월 학년말 방학 동안 이미지 트레이닝을 하며 준비한다. 하지만 이번에는 조금 달랐다. 도무지 어떻게 반응할지 상상조차 되지 않는 동우가 있어서다.

첫날 나는 온풍기를 돌려 따뜻한 온기로 교실 안을 가득 채웠다. 교실 한쪽에는 봄 느낌이 물씬 나는 계절테이블[1]을 꾸몄다. 테이블 위에는 무지개빛 꼬마 요정들이 아이들을 기다리고 있다. 나는 잔잔한 음악이 흘러나오는 교실 앞문에 서서 잔뜩 긴장한 얼굴로 새 교실을 찾아온 아이들에게 방긋 웃으며 반가운 아침 인사를 건넨다.

"안녕? 2학년 보담반이에요! 반가워요. 신발과 가방 정리하고 교실로 들어오세요. 자기 이름이 적혀 있는 책상에 앉으면 되요."

아이들은 낯선 교실에 들어와 주변을 살핀다. 작년의 교실과 무엇이 다른지 틀린그림찾기를 하듯 진지하고 꼼꼼하게 교실을 둘러보며 긴장을 풀려고 노력한다. 그러나 친구들이 다 도착하고 선생님이 첫 이야기를 시작할 때까지도 긴장은 쉽게 가시지 않는다.

드디어 엘리베이터의 문이 열리고 할머니의 손을 잡은 동우가 교실로 걸어왔다.

"동우, 안녕하세요?"

"머리 짤랐어!"

---

1 발도르프 교육에서는 교실 한 켠에 아이들이 계절의 흐름과 변화를 느낄 수 있는 공간으로 테이블을 배치한다

"동우야, 내가 너의 담임선생님이야."

"머리 짤랐어!"

곁에 서 계시던 할머니가 민망한 표정을 지으신다.

"동우야, 선생님 안녕하세요? 해야지." 하니 그제야

"선생님, 안녕하세요?"라며 또 "머리 짤랐어!" 한다.

"동우야. 맞아. 선생님 머리 짤랐어. 선생님 기억나? 해오름반에서 같이 떡볶이 먹었잖아."

자기가 반복하던 "머리 짤랐어!"에 대답해주니 이제 자기 할 말은 끝났다는 듯 교실로 휙 들어가 버렸다.

그러고 보니 3월 첫날을 위해 내가 준비하는 것이 한 가지 더 있다. 바로 머리를 새로 다듬는 것이다. 처음 만나는 아이들에게 좋은 인상을 주기 위해 2월 말이면 미용실에서 예쁘게 머리를 다듬고 염색도 꼭 다시 한다. 그날 내 머리는 작년에 동우가 본 것보다 더 짧아진 것이 분명했다. 동우가 작년에 만났던 나를 기억한다는 의미인지, 그냥 하는 말인지 알 수가 없었다. 첫인사부터 역시 나의 예상과는 전혀 달랐다.

나중에 알게 된 사실이지만 동우는 사람들에게 관심이 많은 아이였다. 반 아이들 중에 머리를 자르고 온 아이가 있으면 꼭 "○○이 머리 잘랐어."라고 얘기한다. 여자아이들 중에 머리를 묶었다가 풀고 온 아이를 보면 "○○이 머리 풀렀어."라고 말한다. 누군가 결석을 하면 아파서 안 왔는지 여행을 갔는지 꼭 물어서 확인한 뒤에야 안심하고 자기 할 일을 한다. 아마 동우는 3월 첫날, 나를 한눈에 알아본 것 같다. '작년에 해오름반에서 만나 본 선생님이시네. 정말 반갑다!'는 말을 자기 만의 언어로 표현한 것이 아닐까?

자폐스펙트럼 장애가 있는 사람과 대화를 하다 보면 그 사람이 어떤 단어나 구, 문장을 되풀이해서 말하는 경우를 흔히 볼 수 있는데 이를 반향어(echolalia)라고 한다. 자폐스펙트럼 장애가 있는 아이들은 의사소통을 제대로 하지 못해서 답답해하고 힘들어하지만 기억력이 좋고 자신에게 들리는 말을 듣고 되풀이하며 언어를 배운다고 한다. "머리 짤랐어요?"라로 물어보는 것이 더 자연스러우나 동우의 표현 방법은 "머리 짤랐어!"였다. 얼마 지나지 않아 "밥 먹어!"라든지 "강당 가!" 라고 동우가 말하더라도 내 귀에는 "밥 먹으러 가요?", "강당 갈까요?" 라고 들렸다. 개떡같이 말해도 찰떡같이 알아듣는 것, 누군가를 사랑하게 되면 그 사람이 어떤 말을 해도 이해가 되고 그 사람의 단점까지도 포용할 수 있게 된다. 동우가 올바른 문장을 말할 수 있도록 고쳐주는 것이 통합학급 교사로서 해야 할 역할이었을지 모르겠으나 고쳐주어야 한다는 생각보다 동우의 모습을 있는 그대로 이해하려고 노력하는 것이 먼저였다. 그래서인지 동우와 나는 일 년 동안 별 어려움 없이 많은 대화를 주고받았다.

작년까지 동우에게는 수업지원 보조원이 교실에 매시간 함께 있었다. 동우가 수업시간에 방해되는 말이나 행동을 하면 보조원이 옆에서 바로 제지하고 수업에 참여할 수 있게 도와주는 역할을 했다고 한다. 새 학년이 되면서 새로운 선생님, 친구들과 적응하는 것이 장애학생에게도 쉬운 일은 아닐 것이다. 그러나 해오름반 선생님과 긴 논의 끝에 동우는 2학년 첫날부터 보조원이 교실에 들어오지 않기로 결정했다. 동우가 몸이 불편한 것도 아니고 수업을 방해하는 행동이 어느 정도인지, 교사와 반 학생들에게 어느 정도 영향을 끼치는지 등을 살펴보고 추후 다시 의논하자고 했다. 동우는 다른 아이들과 동일하게 책상에 혼자 앉았다. 선생님과 친구들이 인사를 나누고, 자기소개를 하고, 노래를 부르는 동안 동우는 불안했는지 의미 없이 반복해서 소리를 내고 강렬하게 머리를 흔들며 박수를 치는 행동을 보였다. 이는 '스팀(stim)' 또는 '스티밍(stimming)'[2]이라고 불리는 자폐아이들의 특징 중 하나로, 자기 자극을 통해 스스로를 진정시키는 행동을 반복적으로 하는 것이었다. 이름을 부르면 잠시 멈추기는 했으나 곧 다시 이어졌다. 그런데 반복되는 말 중에 무엇보다 나를 당황시킨 말이 있었다.

"개새끼!"

동우의 한마디에 교실이 한순간 얼어붙었다. 이 말은 누가 들어도 욕이다. 첫날부터 선생님 앞에서 '개새끼'라니…. 아이들은 웃을 수도 울 수도 없는 난감한 표정으로 나를 쳐다보았다. 선생님이 크게 혼내시지 않을까? 저 아이는 대체 누구일까? 아이들은 불안한 눈으로 나의 눈치를 살필 뿐이었다. 나 역시 머릿속이 복잡해졌다. 욕을 했다고 볼 수도

---

2 자기 자극 행동. 머리를 계속 치거나 손을 계속 터는 것 같은 행동으로, 자신을 진정시켜주는 반복적인 행동이다.

안 했다고 볼 수도 없는 상황이었다. 학생들이 집에 돌아가서 이 이야기를 전하면 학부모님들은 또 얼마나 걱정을 하실까, 첫날부터 동우에 대해 부정적으로 생각하시지 않을까, 그 짧은 순간에 별의별 생각이 다 들었다. 그때 문득 동우가 욕을 할 상황이 아닌데 이 말이 튀어나왔다면 동우의 머릿속에 무엇이 떠올랐을까 생각이 들었다. 강아지!

"애기 강아지? 동우야, 그거 말하는 거야? 개의 새끼는 애기 강아지 잖아?"

"아~ 맞다! 선생님, 애기 강아지 맞는 거 같아요!"

나의 의견에 몇몇 아이들이 안심한 듯 동의하는 의견을 냈다. 그때부터 동우가 시도 때도 없이 "개새끼!"라고 외치면 우리 반 학생들 모두 "애기 강아지!"라고 동시에 외쳤다. 의도하지 않았으나 동우의 말을 바꾸는 일이 자연스레 반 아이들 모두가 함께하는 놀이가 되었다. 아이들은 게임을 하듯 말 바꾸기 놀이를 좋아해 주었다. 한 달 정도 지나자 동우도 그 말이 무슨 말인지 알았다는 듯 "개… 애기 강아지!"를 거쳐 "애기 강아지!"라고 외치게 되었다. 그 후 또 언젠가는 "할아버지 꼬추"라는 당황스러운 말을 반복해서 우리는 여러 차례 논의 끝에 그 말을 발음이 비슷한 "할아버지 꽃향기"로 바꾸어 주었다. 동우가 어떤 말을 외치든 좋은 말로 바꿔주겠다는 마음을 가진 친구들이 곁에 있어서 참 다행이었다. 친구들이 고쳐서 말해주고 나면 얼마 지나지 않아 동우는 더 이상 그 말을 외치지 않았다. 교과서나 책에서 전문가들이 반향어로 의사소통해보라고 하지만, 나는 다른 말로 바꾸라는 말을 보거나 듣지 못했다. 그렇지만 우리 반 아이들은 아주 자연스레 해냈다. 자폐스펙트럼을 가진 사람들이 말하는 반향어를 다른 말로 바꿀 수도 있는 것인지 알 수 없으나 우리들에게는 처음 하는 도전이었고 정말 신기한 경험이었다. 나는 '좋은 언어 사용하기'를 3월에 하는 다양한 학급 세우기 활동으로 매년 오랜 시간을 할애해 공을 들였다. 그런데 첫날 '개새끼'라는 동우의 과감한 단어 선택으로 인해 그 후 특별한 수업을 하지 않았는데도 우리 반 아이들 전체가 자연스럽게 나쁜 말을 하지 않도록 노력하게 되었다. 그렇게 동우와 아이들은 해도 되는 말과 하면 안 되는 말을 자연스럽게 서로 도와가며 배워나갔다.

03 선생님, 동우를 고칠 수 있나요?

국어, 수학시간이 되면 동우는 해오름반 교실로 간다. 우리 반 아이들은 처음에는 왜 동우가 해오름반에서 공부하는지 물었다. 그 물음 속에는 해오름반에 가는 것이 무척 부럽다는 뜻도 포함되어 있다. 앞에서 말했듯이 학교에서 해오름반 교실이 제일 예쁘다. 벽면은 신비로운 느낌이 드는 라주어 페인팅[3]이 되어 있고, 교실 앞에 놓인 아담한 칠판에는 여러 가지 색분필로 계절에 맞는 아름다운 시가 항상 적혀있다. 일반 교실에는 없는 새로운 교구들도 많다. 꽃, 인형, 각종 소품들로 계절의 변화를 오롯이 느낄 수 있어서 교사인 나도 교실에 들어서면 뭔가

---

3 라주어 페인팅(Lazure wall painting)은 발도르프교육의 창시자 루돌프 슈타이너의 제안에 기초하여 20세기에 발전한 페인팅 방법이다. 수채물감의 사용과 큰 붓, 스펀지를 이용하여 건물의 벽에 색채를 입힌다.

새로운 세계에 들어온 것 같은 착각이 든다. 대부분의 학생들은 1학년 때 학교 돌아보기 활동을 하며 해오름반 교실을 문 밖에서 잠시 들여다봤지만 교실 안에 들어가 본 학생들은 많지 않다. 장애학생들을 위한 특별한 교실이기 때문이다. 동우가 4층 보담반에서 2층 해오름반으로 갈 때 처음 몇 번은 길을 잃지 않을까 하는 노파심에 함께 가줄 친구를 자원받았었다. 그러면 매번 서로 자신이 함께 가겠다고 손을 드는 아이들이 있어 신기했다. 선생님께 칭찬을 받고 싶어서인지, 동우를 돕는 것이 좋아서인지, 해오름반 교실에 들어가 보기 위한 것인지 알 수 없었지만 아이들은 해오름반에 가고 싶어 했고 가끔은 실랑이를 벌이기까지 했다. 해오름반에서 수업을 마치면 스스로 보담반으로 잘 돌아오는 동우를 보며 이제 혼자 가보라고 해봤지만 동우는 늘 해오름반에 내려갈 시간이 되면 같이 가고 싶은 친구의 이름을 크게 외쳤다. 친구들이 서로 해오름반에 데려다 주겠다고 하는 것이 내심 좋았나보다.

그러나 동우는 친구들의 부러움을 한 몸에 받으며 해오름반에 다녀오지만 보담반에 있는 것을 더 좋아하는 것처럼 보였다. 교실에서 친구들과 수업을 하는 중에 혼자 활동을 않고 딴청을 부리거나 큰 소리를 멈추지 않을 때 "동우야, 지금 이렇게 하면 보담반에서 같이 공부 못해. 해오름반에서 하고 올까?"라고 하면 "보담반에서 공부해!"라면서 수업과 활동에 집중하려 노력하는 모습을 보였다. 해오름반에서도 수업에 집중하지 못할 때 선생님이 활동을 다 못하면 보담반에 가지 못한다고 하면 얼른 활동을 마무리한다고 했다. 그런 동우가 기특했다. 자폐아이의 특성상 시간표에 맞춰 규칙적으로 생활하는 것을 편안해하고 좋아했지만 학급에서 특별한 수업이 있어 "오늘은 동우가 해오름반에 안 갈 거야."라고 하면 동우도 다른 아이들도 무척 기뻐했다. 아이들의 이러한 마음을 알기에 되도록 많은 시간을 함께 있게 해 주려고 수시로 해오름반 선생님과 수업시간을 조정했다. 한번 정한 수업시간을 바꾸는 일은 수고스럽지만 그만한 가치가 있었다. 특히 중간 놀이시간, 점심식사 후 놀이시간은 아이들끼리 자연스럽게 상호작용이 일어나는 시간이어서 이 시간은 꼭 교실이나 운동장에서 우리 반 친구들과 함께 있을 수 있도록 했다. 친구들에게 동우와 같이 놀아주라는 특별한 부탁은 하지 않았다. 따로 또 같이 자연스럽게 어울리는 아이들을 믿고 지켜볼 뿐이었다. 동우는 혼자 그림을 그리기도 했고, 친구들이 보드게임을 하는 것을 멀리서 지켜보기도 했다. 토끼가 보고 싶다고 말하고 토끼장에 다녀오기도 했다. 어느 순간 동우의 그림에 관심을 가지는 친구들이 있었고, 동우가 토끼 이야기를 하며 나가면 누가 시키지 않아도 조용히 뒤따라 나가서 함께 토끼를 보고 오는 친구들이 생겨났다. 아이들은 서로의 다른 특징을 알아가고 때로는 갈등하고 때로는 양보하며 친구가 되는 과정을 거치고 있었다. 동우도 예외가 아니었다. 다만 동우가 다른 아이들보다 말로 소통하기 어려웠으므로 아이들은 동우의 대답을 듣기 위해 질문 방법을 다양하게 바꾸어가며 시도했다. 어느 날, 아이들은 동우와 쉽게 소통하는 질문법을 찾고 무척 기뻐했다.

"동우야, 치킨이 좋아, 피자가 좋아?"

"치킨!"

"동우야, 이거 해, 안 해?"

"해!"

이제 아이들은 동우에게 물어보고 싶은 것이 있으면 두 가지 보기를 들어 질문하는 방식으로 소통할 수 있게 되었다.

통합학급 학생들을 위해 해오름반 선생님이 학기 초에 특별한 수업을 해주셨다. 다른 학교에서도 장애인의 날이 되면 의례적으로 하는 장애이해교육 수업이었으나 올해 우리 반에는 동우가 있었기에 아이들도 나도 진지하게 수업에 임했다. 자폐스펙트럼을 가진 아이가 주인공인 동화를 감상하고 이야기를 나누는 수업이었는데, 아이들은 주인공과 동우가 닮은 점을 찾으며 신기해했다. 수업을 마무리하는 질문 시간에 한 아이가 조용히 손을 들고 물었다.

"선생님, 동우를 고칠 수 있나요?"

"장애는 병이 아니야. 병은 약을 먹거나 치료를 받고 고칠 수 있지만 장애는 그런 것이 아니야. 동우는 태어날 때부터 이러한 특성을 가지고 태어났어. 우리도 모두 서로 다른 특성을 가지고 태어난 것처럼 말이야. 어떤 행동이 줄어들거나 조금 변할 수는 있겠지만 지금 모습 그대로 자라 어른이 될 거야. 동우가 지금 어때 보여? 행복한 거 같아, 슬픈 거 같아?"

"행복해 보여요!"

“맞아, 선생님도 동우가 많이 웃고 즐거워하는 표정을 보니 충분히 행복해 보여. 동우는 행복하게 잘 지내왔고 앞으로도 행복하게 잘 지낼 거야.”

자폐스펙트럼은 병이 아니다. 그런데 자폐스펙트럼을 가진 아이를 아프다고 생각하고 고쳐주려고 하는 사람들이 많다. 질문을 한 아이의 눈에도 동우를 고쳐서 정상적으로 보이도록 하고 싶은 마음이 있었을 것이다. 그러나 동우를 도울 수 있는 방법은 바꾸거나 고치려고 하는 것이 아니라 있는 그대로 이해하는 것이고, 그 아이를 대하는 우리의 생각과 행동을 바꾸는 것이다. 동우는 지금도 충분히 행복하게 잘 살고 있다고 생각을 바꾸고, 의사소통하기 위해 질문 방법을 바꿔가며 동우에게 맞는 방법을 찾은 것처럼 말이다. 그런데 아이들은 누가 가르쳐주지 않아도 이미 그렇게 행동하고 있었다.

04 동우는 커서 어떻게 되나요?

서울시에서 주최한 '2019 사회문제해결디자인 국제포럼' 행사를 관람한 적이 있다. 디자인을 통해 현대사회의 문제를 해결하려는 국내·외 사례를 공유하는 자리였다. 여기에서 장애인을 위한 디자인을 개발한 다른 나라의 사례발표도 들을 수 있었다. 발표자의 내용 가운데 가장 기억에 남는 것은 복지제도가 발달하고 선진국이라는 유럽에서조차 교사들이 장애학생들은 나중에 커서 패스트푸드 가게에서 일하는 직업을 가질 것이라는 인식을 갖고 있다는 것이었다. 장애인들이 사회에 나와서 할 수 있는 직업의 한계에 대해 나는 별로 생각해보지 못했다. 그런데 그런 고정관념은 나에게 적지 않은 충격이었다. 그 충격은 자연스럽게 동우의 미래에 대한 질문으로 이어졌고 동우가 어른이 되어 어떤 직업을 가지고 어떻게 살아갈 수 있을까 생각해보게 되었다.

동우는 그림을 잘 그린다. 특히 똑같이 따라 그리기를 잘한다. 좋아하는 캐릭터인 토마스 기차, 뽀로로, 도라에몽, 라바, 엄마 까투리, 몰랑이까지 자기가 본 애니메이션 캐릭터의 특징을 잡아 똑같이 따라 그리고, 색칠할 때는 절대 선 밖을 벗어나가지 않게 집중한다. 저학년의 경우 그림을 잘 그리는 아이들이 인기가 많고 친구들의 부러움을 독차지하는 모습을 종종 볼 수 있는데 동우의 그림을 보고 대부분의 아이들은 자기보다 잘 그린다며 놀라움과 존경의 눈빛을 보내기도 했다. 동우는 한 캐릭터에 집중하면 몇 날 며칠을 그 캐릭터에 몰두해서 작업을 하고 나서야 또 다른 캐릭터로 관심이 옮겨갔다. 옆에서 지켜보니 처음에는 특정 캐릭터의 색칠공부를 출력해 달라고 해서 색칠하는 연습을 반복한 뒤 자신감이 생기면 빈 종이에 그 캐릭터를 그린 다음 색칠까지 완성하는 집중력을 발휘했다. 하나의 캐릭터를 매번 똑같이 그리고 색칠하는 것처럼 보이지만 자세히 관찰하면 한두 군데에 변화를 주기도 해서 바뀐 부분을 찾는 재미가 쏠쏠했다. 동우가 말은 하지 않았지만 스스로도 그림 그리는데 재능이 있다는 것을 알고 있고, 자랑스럽게 여기는 것처럼 보였다. 처음에 내가 동우의 재능을 발견하고 놀랍기도 하고 칭찬해주고 싶은 마음에 교실 앞 칠판 한쪽에 스카치테이프로 작품을 붙여 아이들이 모두 볼 수 있도록 게시한 적이 있다. 그랬더니 어느 날부터 자기 스스로 교실 칠판에 작품을 게시했다. 금요일쯤 되면 칠판 가득 동우의 작품이 붙어있어서 도저히 필기할 공간이 없는 웃지 못할 상황이 벌어졌다. 그래서 어느 정도 게시를 했다 싶으면 퇴근 즈음 작품을 떼서 동우의 포트폴리오에 몰래 끼워 놓았다. 칠판에서 자기의 작품이 사라지자 동우는 교실 앞쪽 빈 벽에 자기 작품을 붙여놓기 시작했다. 교실 앞에 동우만의 '갤러리'가 생긴 것이다. 그곳은 앞문을 열어 놓으면 복도에서 가장 잘 보이는 위치여서 우리 반 친구들뿐 아니라 복도를 지나다니는 다른 반 선생님과 학생들의 관심을 끌기에도 충분했다. 초등학교 2학년 교실 앞에 '뽀로로' 그림은 유치하게 느껴질 수 있었으나 우리 반 친구들은 누가 물어볼 때마다 동우가 그린 그림이라고, 정말 잘 그리지 않았냐고 자랑스럽게 설명해주곤 했다.

이런 동우의 특징을 잘 알고 있는 해오름반 선생님께서 여름 즈음 우리 반에 특별한 수업을 제안해 오셨다. 동우와 같은 장애가 있는 '김채성' 작가와 만나는 수업을 해보자는 것이었다. 그분은 어릴 때부터 유난히 물고기를 좋아하고 물고기 그림을 잘 그렸는데 현재 캐릭터를 디자인하고, 삽화, 웹툰 등을 그리며 그것을 일러스트로 표현하는 작가가 되었다. 다양한 표정을 만들어 내는 스티커를 만들어 네이버 그라폴리오 마켓에 출시하기도 했고, 거주하고 있는 경기도 시흥시의 도시브랜드 그림을 그려 시를 홍보하는데도 참여하셨다. 또 장애인식 개선을 위해 유치원, 초등학교 학생들을 만나 간단한 디자인 수업을 하고 있었다. 자신이 좋아하는 물고기 이야기를 통해 환경 보호의 중요성을 알리는 일도 하고 있어 여름에 배우는 통합교과의 내용과 잘 맞았다. '여름에 만나는 물고기들과 환경보호'를 주제로 수업을 하기로 하고 사전에 아이들에게 작가님이 가진 장애에 대해서도 설명하고 궁금한 질문을 받았다.

'언제부터 물고기 그림을 그리셨어요?'

'어떤 물고기가 제일 좋으세요?'

'왜 물고기를 좋아하세요?'

'집에 물고기를 키우고 계세요?'

'그림을 하루에 몇 시간 그리시나요?'

아이들의 질문은 작가님이 가진 '장애'에 맞춰져 있지 않았다. 작가님이 준비한 〈쓰레기 물고기〉라는 동화에서 궁금한 점, 물고기에 대해 궁금한 점들을 질문했고 작가님은 그 질문에 대한 답을 미리 생각하고 오셔서 열심히 답변해 주셨다. 작가님이 그린 거북이 그림을 색칠해서 팽이를 만들어 돌리며 함께 놀고 사진도 찍었다. 아이들은 작가님과의 만남을 충분히 즐기는 모습이었다. 작가님은 사전에 동우 이야기를 전해 듣고 동우가 좋아하는 '몰랑이' 캐릭터 그림을 캔버스에 그려서 선물로 주셨다. 그런데 부러워하는 친구들의 마음을 아는지 모르는지 동우는 그 그림에 낙서를 하려고 해서 모두를 당황하게 했다.

그 수업 이후로 우리는 어렴풋이 동우의 미래 모습을 상상할 수 있게 되었다. 동우와 같은 장애가 있는 '어른'을 만났다. 어렸을 때 그림 그리기를 좋아했던 자폐아이가 어른이 되어 동화작가가 되었고 자기만의 방식으로 세상과 소통하고 사회에 기여하며 살아가고 있었다. 동우도 성장하며 계속 열심히 그림을 그릴지 어떨지 알 수 없으나 '김채성' 작가와의 만남은 우리에게 장애에 대해 달리 보는 인식의 변화를 가져왔다. 동우가 교실에서 열심히 똑같은 그림을 그리는 모습을 볼 때마다 그 모습이 이상하게 보이는 것이 아니라 미래에 혹시 동화작가가 되는 것은 아닐까 응원하는 마음으로 바라보게 되었다. 동우는 고쳐줄 필요가 없다. 지금 모습 그대로 멋지게 성장할 테니까. 자신이 관심 있는 분야에 집중하고 가진 강점을 발휘할 테니까.

05 누가 동우한테 장애인이라고 했어요!

혁신학교의 가장 큰 특징 중 하나는 수업혁신이다. 우리 학교는 블록 타임제[4]를 도입해 블록 수업과 중간 놀이시간이 있다. 9시에서 10시 20분까지 1블록 수업이 끝나면 2블록 수업 전까지 30분간 중간 놀이시간이 있다. 초등학생들에게 80분간의 블록 수업이 적합한지에 대해서는 전문가들의 의견이 분분하다. 대학에서 초등학생의 평균 집중력이 40분정도여서 수업시간이 40분으로 정해졌다고 배운 적이 있다. 그러나 80분간의 블록 수업은 자연스럽게 학생들의 활동 중심 수업을 끌어 낸다는 것을 깨달았다. 나 역시 처음 혁신학교에 발령받아 블록수업에 적

4 40분으로 이루어지던 단위 수업을 교과 내용이나 수업 방법에 따라 2~3시간 연속으로 하는 등 탄력적으로 운영하는 방식이다.

응하기까지 오랜 시간과 수많은 시행착오를 거쳤다. 아무리 훌륭한 교사도 80분간 일제식(一齊式)으로 수업하는 것은 거의 불가능하다. 나도 자연스럽게 학생들의 활동 중심으로 수업을 재구성하게 되었는데 학생들은 충분히 활동하며 배우므로 수업에 대한 이해도와 만족도가 높았다. 나 역시 시간에 쫓겨 급히 수업을 마치는 경우가 거의 없어졌다. 이제는 가끔 특별한 사정으로 블록이 깨지는 (40분 수업을 하고 끝내야 하는) 경우 어떻게 수업을 나누어야 할지 난감할 정도로 80분간의 블록 수업에 익숙해졌다. 블록 수업은 다른 학교 선생님들에게 권유할 정도로 만족하는 수업방식이 되었다. 중간 놀이 역시 처음에는 교사와 학생 모두에게 생소했다. 쉬는 시간 10분에 익숙했던 아이들은 30분 동안 놀라고 했더니 처음에는 잘 놀지 못했다. 교사에게 놀아달라거나 가만히 앉아 있는 아이들도 있었다. 교사 역시 30분이라는 긴 시간동안 가만히 아이들을 지켜보는 것이 여간 부담스러운 일이 아니었다. 아이들이 뭐라도 놀이를 할 수 있도록 준비를 해 주어야 하는 것인지, 같이 놀아줘야 하는 것인지 고민되는 시간들이 흘러갔다. 그러나 고민의 결론은 중간 놀이시간은 아이들이 30분간 자유롭게 노는 시간이어야 한다는 것이었다. 스스로 선택하고 만드는 놀이를 통해 아이들은 자율성, 창의성, 사회성이 발달하는 기회를 갖게 된다. 위험한 상황이 아닌 이상 교사는 아이들은 놀이에 개입하지 않아야 한다. 다툼이 있어도 스스로 해결할 수 있도록 놔둬야 인간관계가 틀어졌을 때 회복하는 방법을 배울 수 있다. 아이들은 놀고 싶은 장소(운동장, 강당, 놀이터, 교실)에서 스스로 놀이를 선택해 재미있게 놀고 수업 시작하기 5분 전에만 교실에 돌아오면 되었다. 집중해서 놀다 보면 수업 시작 시간을 놓치는 아이들이 생길 수 있어서 우리 학교는 하루에 종을 두 번 친다. 1교시가 시작되기 5분 전인 8시 55분, 중간 놀이시간이 끝나기 5분 전인 10시 45분이다. 교사들에게는 수업의 흐름을 방해하지 않으면서 수업시간 조정의 자율성을 보장해주고 학생들에게는 꼭 필요한 시간만 기억하도록 알려주는 좋은 방법이라고 생각한다.

중간 놀이시간 30분간 아이들이 노는 모습을 지켜보고 있다 보면 수업시간에는 발견하지 못한 아이들의 참모습을 만나게 된다. 발표할 때 한없이 수줍어하던 아이가 놀이시간에는 목소리가 제일 크고 아이들을 리드하며 놀고 있었다. 모범생으로 보였던 아이가 친구들에게 거친 말과 행동을 해서 놀라기도 했다. 놀이하는 모습을 관찰하지 않았다면 전혀 알 수 없는 아이들의 또 다른 모습을 발견하며 그 아이를 더 잘 이해할 수 있는 계기가 된다. 또한 친구 관계의 미묘한 흐름까지도 파악하게 되어서 문제가 생기기 전에 교사가 알아차리고 개입할 수 있어 학교폭력을 예방할 수 있는 효과도 있다. 친하게 놀았던 아이들이 떨어져 다른 친구와 놀고 있다면 그 아이들 사이에 어떤 문제가 생겼다는 뜻이다.

어느 햇살 좋은 날, 중간 놀이시간에 우리 반 아이들이 놀이터에서 놀다가 우루루 교실로 달려왔다. 그 사이에 동우도 있었다.

“선생님, 누가 동우한테 장애인이라고 했어요!”

"그래?"

"바보 같다고도 했어요!"

"그랬어? 그래서 너희들은 어떻게 했어?"

"장애인이 아니라고 했어요. 형들이, 우리가 장애인이 아니라고 하는데도 계속 장애인이라고 했어요. 선생님, 동우는 장애인 아니죠?"

아이들은 아직도 분이 풀리지 않는다는 듯 상기된 표정으로 씩씩거리며 숨 가쁘게 말을 이어갔다. 뭔가 선생님이 정확히 결론을 말해주고 그 나쁜 형들을 불러 혼내주기를 바라는 마음이 느껴졌다. 해오름반 선생님이 공들여 장애이해교육까지 마쳤는데 동우가 장애인이 아니라고 믿는 아이들이었다. 통합교육의 방향이 장애이해교육에서 장애공감교육으로 전환되고 있다고 들었는데 이 아이들은 이미 동우에 대해 이해를 넘어 공감을 하고 있었다. 누군가 동우를 놀리는데 동우는 반응하지 않았지만 대신 분노를 느끼고 화를 내서 싸워 준 아이들의 모습이 자랑스러웠다.

아마 아이들은 신체 장애가 있을 때만 장애인이라고 생각한 것 같았다. 겉으로 보기에 동우는 자신들과 다른 점 없이 잘 뛰어 놀기 때문에 장애인은 아니라고 말하는 아이들에게 그래도 사실을 이야기해 주어야겠다고 생각했다.

"동우는 장애인이야. 그렇지만 잘 못 알아듣는다고 해서 장애인이라고 놀리는 것은 형들이 분명히 잘못한 거야. 그 형들을 또 만나게 되면 장애인을 놀리는 것은 비겁한 행동이라고 얘기해줘. 그리고 동우는 장애가 있지만 우리들의 좋은 친구라고 꼭 얘기해줘."

아이들의 기대와는 다른 답변이었다. 잠시 실망한 표정을 보이는 아이들에게 그들이 얼마나 멋진 행동을 했는지 칭찬해주고 동우에게도 친구들에게 고맙다고 말하도록 했다. '이제 중간 놀이시간에 동우가 놀이터에 나가더라도 더 이상 선생님이 따라 가지 않아도 되겠다. 너희들을 믿는다'고 이야기해주자 그제야 뿌듯한 표정을 지었다. 앞으로 동우와 같이 나갈 때 놀이터에서 또 그런 형들을 만날 수 있으니 누가 어떻게 보호할 것인지 의논하는 아이들을 보며 동우는 이런 친구들이 있어서 참 행복하겠다는 생각을 했다.

아는 만큼 보인다고 한다. 이제 아이들도 신체적인 장애뿐 아니라 다른 영역의 장애도 있다는 사실을 알게 되었으니 장애인을 보는 눈이 더 넓어졌을 것이다. 대학원에서 특수교육 관련 수업을 들을 때 교수님께서 여러 나라의 특수교육 사례를 언급하며 어린 시절에 학교에서 장애학생들과 어울리며 통합교육을 경험한 학생들이 나중에 어른이 되었을 때 사회적, 문화적 다양성에 대한 이해가 높다는 연구 결과를 말씀하신 적이 있다. 장애학생들의 분리 교육을 주장하는 목소리도 있지만 나의 경험에 비추어 보면 통합교육은 장애인과 비장애인 모두에게 의미가 있다. 동우는 교실에서 일반학생들의 모습을 관찰하고 따라 하면서 일 년 동안 유의미한 변화가 있었다. 교사와 단 둘이 소통했거나 소수의 장애학생들과 지냈다면 절대 이루어질 수 없는 일이었다. 일반학생들에게 동우는 평소 생활 속에서 만나보지 못한 낯선 모습일 수 있겠지만 다양한 특성을 가진 사람들과 어울려 살아가는 방법을 배우는 좋은 자극이 되었다고 생각한다. 장애인과 비장애인들이 사회에서 끊임없이 접촉하고 일정한 관계를 맺으며 더불어 살아갈 수 있도록 하는 것이 통합교육의 궁극적인 목적이라고 생각한다. 아는 만큼 보이고 보이는 만큼 느끼고 행동할 수 있으니 동우를 만나서 함께 지낸 시간들이 좋은 토대가 되어 우리 반 아이들은 나중에 사회적, 문화적 다양성을 깊이 이해하고 행동하는 어른들로 자라날 것이다.

06 좋아해, 사랑해, 생일 축하해!

장애학생과 비장애학생이 우정을 나누는 것이 가능할까? 비장애학생이 장애학생을 일방적으로 도와주다 지쳐서 포기하는 일을 종종 목격한 나로서는 동우를 맡으며 결심한 것이 있었다. 비장애학생들이 동우가 불쌍하다고 생각하지 않도록 하고, 동우에게 도움이 필요할 때는 교사인 내가 직접 돕고, 아이들에게 일방적으로 도와주라고 하지 않겠다고 결심했다. 아이들이 동우를 '귀찮은 존재, 도와줘야 하는 존재'로 느끼지 않도록 교사인 내가 한 번 더 움직이겠다는 결심이었다. 그러나 내심 장애학생과 비장애학생이 우정을 나누는 것은 불가능하다고 믿었던 것이었는지 모른다. 나의 바람대로 일 년 동안 우리 반 아이들은 동우를 '귀찮은 존재'로 생각하지 않았다. 오히려 자기 질문에 동우가 대답을 하지 않으면 대답할 때까지 질문을 바꿔가며 따라다녀서 동우를 귀찮게 하기도 했다.

그러나 교사가 개입할 수 없는 놀이시간은 고민이었다. 내가 동우와 계속 놀아주는 것은 형평성이 맞지 않다고 생각해서 놀이시간에는 되도록 곁에 가지 않았고 동우는 혼자 노는 시간이 많았다. 그림을 그리거나 복도를 왔다 갔다 하며 복도 바닥에 그려진 숫자판의 숫자를 읽으며 노는 모습을 멀리서 지켜볼 뿐이었다. 그렇다고 재미있게 잘 놀고 있는 아이들에게 동우를 끼워달라고 부탁할 수도 없는 일이었다. 놀이의 규칙을 이해하지 못해서 같이 놀이를 하면 재미가 없는데 선생님 부탁으로 억지로 같이 놀게 되면 동우를 좋게 생각할 리 없었다. 동우 역시도 그 친구들과 놀고 싶지 않은데 선생님이 같이 어떤 놀이를 하라고 하는 것을 좋아하지 않을 것 같았다. 스스로 찾아 노는 것이 진정한 놀이라고 했으니 일단 지켜보기로 했다. 늘 누가 놀아주고, 과제를 주고 하는 것에 익숙했던 동우는 혼자 놀아야 하는 시간이 당황스러웠을 것이다. 말로 표현하지 않았지만 자기도 이 시간을 어떻게 보내야 하는지 고민하는 듯이 보였다. 처음에는 교실 앞 복도를 뛰어다니며 수업시간에는 참았던 머리 흔들기나 손 흔들기 등 스팀/스티밍 행동을 마음껏 했다. 복도에서 놀이를 하는 아이들과 부딪히지 않게 돌아다니다가 그 아이들이 무슨 놀이를 하는지 한참 지켜보기도 했다. 동우는 교실과 아주 멀리 떨어진 곳으로는 잘 가지 않았지만 복도를 같이 쓰고 있는 6개 학급은 두루두루 살펴보며 다니기도 했다. 덕분에 학년 말에는 2학년 다른 반 선생님들의 얼굴과 이름을 꽤 많이 알게 되었다.

동우도 나름대로 잘 놀고 있다는 생각에 놀이시간에 대한 나의 관심이 줄어들 무렵, 교실 문 앞에서 신기한 광경을 보게 되었다.

교실 문 밖에서 "보민이 얼굴 보여줘!"라고 외치는 동우의 소리가 들렸고, 교실 문 안쪽에 있던 보민이가 폴짝폴짝 뛰었다. 앞문에 난 조그만 창으로 동우에게 얼굴을 보여주며 둘 다 즐겁게 웃고 있었다. 마치 '까꿍놀이'를 하는 것 같았다. 누가 먼저 시작했는지 알 수 없으나 아이들은 스스로 동우와 노는 방법으로 '까꿍놀이'를 찾아냈다. 늘 얼굴을 보여 달라고 외치는 쪽은 동우였다.

"준민이 얼굴 보여줘!"

"영주 얼굴 보여줘!"

"우재 얼굴 보여줘!"

귀찮을 법도 한데 아이들은 너나 할 것 없이 동우가 다른 친구 이름을 부를 때까지 땀을 뻘뻘 흘리며 폴짝폴짝 뛰었다. 자기 놀이를 하다가도 잠시 와서 '까꿍놀이'에 참여하였다. 보다 못한 내가 동우도 운동이 되도록 번갈아 뛰면 안 되겠냐고 규칙을 바꾸자고 제안했지만 받아들여지지 않았다. 오히려 동우가 이름을 불러주지 않은 아이들이 서운해할 정도였다. 학년이 시작되고 며칠 지나지 않아 반 아이들 모두의 이름을 외우고 앞에 나와서 무작위로 물어봤는데도 하나도 틀리지 않아서 박수를 받은 동우였다. 일 년이 다 되어가도 반 전체 아이들의 이름을 잘 모르는 저학년 아이들이 보기에는 정말 대단한 능력을 가진 친구였다. 동우가 자기 이름을 뻔히 알고 있는데 한 번도 불러주지 않는

다며 속상하다고 얘기하는 아이들이 있었다. 그래서 동우에게 모두 다 돌아가며 불러주면 안되냐고 물었지만 동우는 일 년 내내 자기가 부르고 싶은 아이들의 이름만 불렀다.

'까꿍놀이'를 하는 것을 보며 동우와 비장애학생들이 같이 즐겁게 놀 수 있다는 사실을 깨달았다. 비장애학생들이 장애학생을 위해 놀아주는 거라고 생각했던 것은 나의 착각이었다. 힘들면 안 해도 된다고, 정말 너희도 즐거운 거 맞냐고 여러 번 물어보았지만 대답은 늘 한결같이 '즐겁다'여서 고정관념에 사로잡힌 나를 부끄럽게 만들었다. 아이들은 곧 동우와 할 수 있는 다른 놀이들도 만들어내기 시작했다. 놀이터에 가면 동우가 가장 좋아하는 놀이는 여느 아이들과 마찬가지로 '잡기놀이'였다. 아이들은 잡기놀이를 할 때 정말 사력을 다해 뛰어서 도망가고 잡으며 논다. 하지만 동우와 하는 잡기놀이는 방식이 달랐다.

"동우 잡아라, 해요!"라고 동우가 외치면 잡기놀이에 참여하고 싶은 아이들이 삼삼오오 모여 동우를 잡기 시작한다. 처음에는 한 번에 동우를 잡아서 놀이가 쉽게 끝나버렸다. 시간이 지나자 아이들은 동우의 속도대로 자기들의 속도를 조절했다. 아이들이 주르륵 동우를 잡으러 뛰어가지만 잡을 듯 말 듯한 간격을 유지하며 누구도 잡지 않는다. 그냥 동우가 뛰다가 지쳐서 멈추면 그때 잡고 놀이를 마친다. 짧은 시간이라도 참여하고 싶은 사람은 참여하고 빠지고 싶은 사람은 부담 없이 빠질 수 있는 놀이가 만들어진 것이다.

시간이 흐르며 동우의 놀이에 스스로 자주 참여하는 아이들이 있었다. 동우도 유난히 이름을 많이 부르는 아이가 생겨났다. '김우재'였다. 우재는 우리 반에서 인기가 가장 많은 남학생이다. 남자아이, 여자아이 할 것 없이 모두 우재를 좋아했다. 자세히 지켜보니 유머 감각이 있고 의리와 정의감도 있어서 친구들과 다툼이 별로 없고 불의를 보면 나서서 중재하기도 했다. 아이들에게는 형님 같은 느낌이 드는 친구였나 보다. 동우도 어느 순간부터 우재를 좋아하는 티를 내기 시작했다. 우재의 이름을 갑자기 크게 부른다던지, 놀이시간에 슬며시 우재 옆에 가서 앉아 있었다. 수업시간에도 우재 책상 옆으로 가서 몇 번 주의를 받고 돌아오기도 했다. 짝을 선택할 수 있는 날에는 어김없이 '김우재'를 골랐다. 더 신기한 것은 우재의 반응이었다. 친구들과 즐겁게 놀다가도 동우가 부르면 별 일 아닌 것을 뻔히 알면서도 꼭 대답을 해준다. '까꿍놀이'를 요청하면 한 번도 거절하는 법이 없고 수업시간에 자기 활동이 빨리 끝나면 동우를 도와줘도 되냐고 묻는다. 그래서 도와주라고 하면 동우가 할 수 있도록 천천히 설명해주고 잘한다고 칭찬도 해준다. 여느 아이들 같으면 잘 못 알아들으면 답답해서 자기가 대신 해줄 법도 한데 동우가 할 수 있게 끝까지 기다려준다. 어쩌면 성격이 급한 나보다 나은 것 같다. 학부모 상담기간에 우재 어머님을 만나서 이런 우재의 모습을 말씀드리니 깜짝 놀라셨다. 집에서도 매일 동우 이야기를 해서 친한 것은 알고 있었으나 학부모 총회 때 참석하지 못해서 동우가 장애인이라는 것은 전혀 모르고 계셨다. 우재 역시 동우 이야기를 하며 장애가 있다는 이야기는 한 번도 하지 않은 것이다. 주말에도 동우가 보고 싶다고, 학교에 빨리 가고 싶다고 자주 말했다고 하니 어떤 이유로든 우재도 동우를 좋아하는 것이 분명했다. 우재 어머니께서도 이번 기회에 아들의 새로운 면을 보게 되어서 기쁘다며 동우와 잘 어울려 노는 것을 좋아해 주셨다. 참 다행이었다.

통합학급을 운영하며 고려해야 할 것 중 하나는 학부모의 이해와 공감을 끌어내는 것이다. 학급에 장애학생이 있다고 하면 처음에는 걱정하는 학부모들이 많다. 수업에 방해되는 것은 아닌지, 자신의 아이에게 안 좋은 영향을 미치는 것은 아닌지 부모의 입장에서는 우려할 수 있다. 다음 해에도 우연히 장애학생과 같은 반이 되면 왜 자신의 아이가 계속 같은 반이 되는 거냐고 민원을 넣는 학부모도 있다. 그런 이야기를 들을 때면 통합교육이 가야할 길은 아직 멀다는 생각이 든다.

학부모 총회에서 부모님들과 이야기를 나누는 시간에 나는 가장 먼저 우리 반이 통합학급이라는 것을 알렸다. 어떠한 장애가 있는 학생인지 자세히 설명했다. 아이들이 서로 좋은 영향을 주고받을 수 있도록 노력하겠다는 다짐과 함께 가정에서도 아이들이 장애에 대해 편견을 가질 수 있는 말은 조심해달라고 부탁도 드렸다. 아이들을 믿고 교사와 학부모가 함께 노력해야 통합교육이 열매를 맺을 수 있기 때문이다.

동우와 우재는 나름의 우정을 쌓으며 한 학기를 잘 보내고 있었다. 그 즈음 우리 반 아이들은 방과 후나 주말에 서로의 집을 오가며 점점 더 친해지고 있었다. 문득 생각해보니 동우는 다른 친구들의 집에 초대받아서 놀러간 적이 없었다. 맞벌이를 하는 부모님을 대신해 주로 할머니가 돌보고 있어 동우네 집에 다른 친구를 초대하는 일도 쉽지 않을 것 같았다. 우재와 동우를 위해 뭔가 특별한 추억을 선물해주고 싶어서 해오름반 선생님과 함께 '우정의 날' 행사를 진행하기로 했다. 방과 후에 동우네 집에 초대하는 것처럼 해오름반에 우재를 초대해서 같이 간식도 나눠 먹고 동우에게 익숙한 교구들로 놀 수 있도록 하자는 것이었다. 우재와 동우의 학원 시간과 방과 후 스케줄을 조정하여 하루를 정했다. 특히 동우 어머니는 여러 가지 사정 때문에 동우가 친구를 초대해서 놀아 본 경험이 거의 없다며 무척 고마워하셨다. 우재 역시 '우정의 날' 이야기를 듣고 무척 기뻐했다. 다른 친구들은 속상할 수 있으니 소문내지 않고 우리들만의 비밀로 하기로 했다. 동우와 의논해서 함께 먹고 싶은 간식을 정하도록 미션을 주었다. 동우와 의논하는 것이 가능한 것인지 반신반의했지만 우재는 어떻게든 의논을 할 수 있을 것 같았다. 예산은 어느 정도이고 급식을 먹고 간식을 먹을 거니까 너무 배가 부른 메뉴는 뺐으면 좋겠다고만 말해주었다. 우재는 골똘히 생각하더니 간식 목록을 만들기 시작했다. 음료와 과자 목록까지 만들어 쉬는 시간이나 놀이시간 틈틈이 동우에게 질문을 했다.

"동우야, 치킨이 좋아, 피자가 좋아?"

"치킨."

"동우야, 치킨이 좋아, 떡볶이가 좋아?"

"떡볶이"

"동우야, 떡볶이가 좋아, 치킨이 좋아?"

"떡볶이"

질문이 꽤나 전략적이었다. 시간이 지난 후에 또 물어도 떡볶이라고 하자 그제야 메뉴로 결정했다. 주 메뉴는 떡볶이, 과자는 오레오, 음료는 콜라로 정해졌다. 동우가 어떤 음식을 좋아하는지 알았다고, 자기랑 똑같은 것도 있었다고 신나서 이야기하는 우재의 모습이 너무 사랑스러웠다. 이 일을 계기로 우재는 동우와 더 길게 주고받는 대화가 가능해졌다. 선생님과도 한두 번 대화를 주고받으면 관심을 잃고 엉뚱한 말을 하거나 다른 곳으로 가버리는 동우가 우재와는 꽤 오랫동안 눈을 맞추고 이야기를 나눴다.

드디어 기다리고 기다리던 '우정의 날'이 왔다. 동우는 수업을 마치고 해오름반으로 먼저 가고 우재는 조금 늦게 해오름반으로 왔다. 친구들이 눈치채지 못하게 하려는 작전이었다. 동우는 해오름반 선생님이 미리 준비한 간식을 보고 이미 흥분한 상태였다. 일단 진정시키고 책상에 스스로 음식을 차리도록 했다. 초대한 손님을 대접하듯이 과자도 뜯고, 포크도 가져오고, 컵에 콜라도 따라놓은 다음 친구를 기다렸다. 우재가 해오름반에 들어오자 둘은 얼싸안으며 기뻐했다. 작은 이벤트였는데 무척 기뻐하는 아이들의 모습을 보니 뿌듯했다. 같이 간식을 나눠 먹고 퍼즐도 맞추고 공놀이도 하며 즐거운 시간을 보냈다.

그날 이후로 동우는 우재를 보면 자주 이렇게 말했다.

"우재야 좋아해, 사랑해, 생일 축하해!"

다른 친구의 이름은 절대 넣지 않았다. 우재를 좋아하고 사랑하는 마음은 잘 알겠는데 "생일 축하해!"라는 말을 꼭 붙이는 것을 보니 동우는 그날이 우재의 생일이라고 생각한 것 같다. 즐겁게 놀았던 그날이 생각날 때마다 이렇게 외쳐서 우재는 동우에게 무수히 많은 생일 축하를 받았다.

나는 동우와 우재를 보며 장애학생과 비장애학생이 편견 없이 서로 좋아하고 우정을 나눌 수 있다는 사실을 배웠다. 겨울방학 때 '가장 보고 싶은 친구에게 편지 쓰기'라는 주제로 우재가 쓴 일기를 보며 행복해졌다.

> 2020년 1월 3일 금요일
>
> 제목: 가장 보고 싶은 친구에게 편지쓰기
>
> 나는 지금 김동우가 가장 보고 싶다. 왜냐하면 동우는 귀엽고, 나와 친하고, 내가 동우를 많이 좋아하기 때문이다. 나는 빨리 빨리 동우를 보고 싶다. 동우랑 빨리 놀고 싶다.
>
> 나는 걸어가다 동우를 보고 싶다. 동우와 같이 놀이터 같은 재미있는데 초대해서 동우와 놀고 싶다. 개학을 하면 동우를 볼 수 있지만 방학이 많이 남았다. 그래서 아쉽다. 개학을 하면 동우에게 제일 빨리 달려갈 것이다. 나는 동우가 너무 보고 싶다.

07 화요일은 흙 놀이, 목요일은 빛 그림

"오늘은 화요일, 화요일은 흙 놀이."

"오늘은 목요일, 목요일은 빛 그림."

화요일과 목요일마다 동우가 등교해서 나를 만나면 인사도 하기 전에 외치는 말이다. 요일 개념이 어찌나 정확한지 틀리는 법이 없다. 진도가 밀려있거나 바쁜 일정이 있으면 하루쯤 빼고 싶다가도 동우가 아침마다 외치니 건너뛸 수도 없는 일이다. 동우가 나의 게을러진 마음을 다잡게 한 적이 여러 번이었음을 고백한다.

우리 반 아이들은 일 년 동안 화요일에는 흙 놀이를 하고 목요일에는 빛 그림을 그린다. 저학년 담임을 하면 좋은 점 중 하나는 내가 의미있다고 여기는 예술교육을 교육과정 안에 충분히 담을 수 있다는 것이다. 봄, 여름, 가을, 겨울에 대한 교과를 다양한 주제와 소재로 배우는데 흙 놀이와 빛 그림은 이를 반복해서 표현하기에 아주 적합하다. 이는 발도르프 교육에서 강조하는 예술 교육의 방법이기도 하다.

'어떤 선생님이 좋은 선생님일까? 나는 잘 가르치고 있는 것일까?' 교사가 되기로 결정한 순간부터 지금까지 끊임없이 되묻게 되는 질문이다. 좋은 선생님이 되기 위해 마음공부도 하고 더 잘 가르치기 위해 여기저기 배움의 자리를 찾아가서 많은 시간을 보냈다. 하지만 배우면 배울수록 내가 잘 모르는 것이 많다는 것과 배움에는 끝이 없다는 사실을 깨닫게 된다. 부모가 되는 일도 마찬가지였다. 딸을 처음 안았던 그 순간, 죽을 만큼 아팠지만 건강한 아기를 낳았다는 안도감과 함께 이 아이를 어떻게 키워야 하는지 하나도 모르고 있다는 사실을 깨닫고 갑자기 불안해졌다. 육아휴직을 하며 아이에게 온전히 집중했던 2년간, 나는 아이가 잠들고 나면 피곤한 몸을 이끌고 육아서를 읽었다. 아이를 다섯 명이나 별 탈 없이 키운 엄마는 나에게 육아는 책으로 배우는 게 아니라고 하셨지만 나는 여러 나라의 육아와 교육 관련 도서 50여 권을 읽으며 배웠다. 그제야 육아에 대한 나름대로의 철학이 생기고 불안감이 사라졌다. 그때 처음 발도르프 교육을 만났다.

발도르프 교육은 모든 아이들이 가지고 있는 '스스로 살아가는 힘'을 키우는 것에 초점을 맞춘다. 인간의 발달 단계에 맞는 자연스러운 교육을 지향하고 리듬 생활과 예술적인 감수성을 이끌어 내는 것을 중요시 한다. '교육은 예술이다.'라는 말은 발도르프 교육에 관한 많은 의미를 담고 있다. 딸을 발도르프 교육기관에 보내고 아이가 성장하는 모습을 지켜보며 그 교육방식에 대해 더욱 확신을 갖게 되었다. 이를 나의 교육으로 확장하면서 자연스레 우리 교실에도 발도르프 교육이 접목되었다. 빛 그림과 흙 놀이는 그렇게 우리 교실에 들어왔다. 엄마가 되고 난 후, 개인적인 삶뿐 아니라 교사로서의 교육철학과 방법에도 큰 변화가 생긴 것이다.

"오늘은 무슨 과목 배워요?"

"다음 시간에는 뭐 해요?"

저학년 담임을 하면 하루에도 수십 번 듣게 되는 질문이다. 발도르프 교육을 적용하기 전에는 나도 수십 번 듣고 답했었다. 칠판에 크게 시간표를 붙여놓기도 하고 하루에 그 질문은 세 번만 물어보도록 제한하기도 했지만 소용없는 일이었다. 그러나 더는 우리 교실에 그런 질문을 하는 학생이 없다. 리듬에 맞게 수업이 진행되기 때문에 아이들은 이미 이번 시간에 무엇을 할지 잘 알고 있기 때문이다.

국어, 수학 교과는 일 년 동안 2~3주를 주기로 주기집중수업[5]을 한다. 그리고 통합교과는 계절에 맞게 봄, 여름, 가을, 겨울로 이루어져 있으므로 순서대로 배우면 된다. 계절의 흐름을 중요시하는 발도르프 교육철학과도 잘 맞는 교과목이다. 아이들은 학교에 와서 두 시간은 국어나 수학을 배우고 나머지 시간은 통합교과를 배우고 집으로 가면 된다

5 주기집중수업(에포크)은 일정 시기 동안 하나의 과목이나 주제에 집중하여 심층적이고도 통합적으로 하는 수업으로 발도르프교육의 특징 중 하나다.

는 사실을 알고 있다. 외부 강사의 수업이나 특별한 학교 행사가 있으면 그것만 따로 알려주면 되고 일 년 동안 하루 수업의 리듬은 변함이 없다. 일주일 생활에도 리듬이 있다. 특히 화요일 5교시에는 흙 놀이를 하고, 목요일 5교시에는 빛 그림(습식 수채화)[6]을 그린다. 요일이나 시간에 변화를 주지 않고 늘 같은 요일, 같은 시간에 한다. 그렇지만 늘 같은 활동을 하더라도 전혀 다른 작품이 나오고 지루하지 않은 것이 예술 교육이 가진 힘이 아닐까.

학생들은 이러한 리듬 생활을 통해 안정감을 느낀다. 바쁘게 돌아가는 세상, 빠르게 변화하는 미디어 환경에서 늘 새로운 장난감이나 영상, 놀거리를 찾는데 익숙한 요즘 아이들에게 이러한 교육방법이 통한다는 사실이 놀라울 따름이다. 이러한 리듬 생활은 자폐스펙트럼 장애를 가진 동우가 학교생활에 안정감을 느끼는데도 큰 도움이 되었다. 1학년 공개수업 날, 수업을 보러 온 할머니를 보고 동우가 대성통곡을 한 일이 있었다고 전해 들었다. 늘 같은 시간에 동우를 데리러 오시던 할머니가 그날은 다른 시간에 오셨으니 갑자기 변한 상황을 받아들이지 못하고 패닉 상태가 된 것이다. 자폐 성향의 아이들은 규칙적인 것을 좋아하는데 그 규칙이 깨졌을 때 불안감을 느끼고 그 불안감을 온몸으로 표출하기도 한다. 하루의 리듬, 일주일의 리듬, 일 년의 리듬을 지키는 교육 방법이 자폐스펙트럼 장애의 특성과 잘 맞았고 일 년 동안 우리는

6 습식수채화는 젖은 종이 위에 물감으로 그리는 방법으로 발도르프 미술교육의 대표적인 기법이다.

동우가 대성통곡을 하는 장면을 한 번도 목격하지 못했다.

장애학생들에게 예술 교육은 어떠한 의미로 다가갈 수 있을까? 처음에는 동우가 흙 놀이와 빛 그림을 할 수 있을지 궁금했다. 더 솔직히는 통합교과 시간에 친구들과 어울려 다양한 활동을 하는 것이 어려운 동우에게 흙 놀이와 빛 그림 시간이 잠시나마 쉴 수 있는 탈출구가 되기를 바랐다.

다행히 동우는 흙 놀이 시간을 무척 좋아했다. 처음에는 찰흙이 손에 묻는 것을 유난히 싫어했는데 이것은 동우 뿐 아니라 다른 아이들도 마찬가지였다. 손에 묻지 않는 클레이 점토에 익숙한 아이들은 처음 찰흙을 만지는 순간 손이 더러워진다고 느낀다. 그래서 아이들과 흙 놀이를 시작할 때에는 흙과 가까워지는 시간을 먼저 갖는다. 흙덩이를 '흙 할아버지'라고 소개하고 바위 덩어리에서 흙이 되기까지 얼마나 어려운 과정을 거쳐 우리에게 왔는지 나름대로 옛이야기를 지어내 들려주고 나면 아이들은 흙에 대한 경계를 푼다. 그러면 손가락으로 조금씩 찔러 보기도 하고 주먹으로 두드려 보기도 하고 다양하게 흙 할아버지를 주무르며 안마를 해드리는 시간으로 흙 놀이가 시작된다. 어느 날인가 온도에 민감한 찰흙이 단단하게 굳어있는 것을 보고 흙 할아버지가 오늘은 스트레스를 많이 받으셨다며 더 열심히 주물러야 한다고 이야기하던 아이들의 마음이 참 예뻤다. 흙덩이가 '흙 할아버지'가 되는 순간 아이들은 흙을 함부로 대하지 않는다. 흙 놀이 시간은 온전히 자신과 흙 할아버지가 마음속으로 대화를 하는 시간이 되도록 하는 것이 중요하다. 그래서 친구와 대화하는 것도 멈추고 흙을 만지는 촉감에 집중하도록 한다.

흙은 놀이치료에서도 자주 사용하는 재료로 흙을 주무르다 보면 편안한 마음을 느끼게 된다. 반죽하는 과정에서 스트레스도 풀리고 정해진 색깔도 없고 원하는 모양도 쉽게 만들 수 있으므로 아이들의 창의성을 발달시킬 수 있는 아주 좋은 교육재료이다. 아이들에게 흙 놀이를 잘 가르치기 위해 교원학습공동체의 주제를 '도예'로 정하고 전문 강사에게 배울 기회가 있었는데 멋진 작품을 완성하지는 못했지만 흙을 주무르면서 교사들도 마음이 치유되는 시간이었다.

흙 놀이를 할 때 준비와 정리 시간을 빼면 30분 정도 흙을 만지게 되는데 그 시간 동안 동우는 놀라울 정도로 집중하는 모습을 보였고 의미 없는 소리를 내거나 손을 흔드는 행동을 한 번도 하지 않았다. 흙 놀이는 주로 자유 주제인데 동우는 '몰랑이' 캐릭터를 만들었다. 몰랑이는 손가락만한 크기의 뚱뚱한 토끼 인형인데 섬세한 표정과 의상까지 어찌나 잘 표현하는지 완성된 작품을 보고 깜짝 놀랐다. 늘 같은 모양의 몰랑이를 만드는 것 같았지만 물어보면 하트 몰랑이, 수박 먹는 몰랑이, 화난 몰랑이, 몰랑이 가족 등 주제가 다양했다. 초등학교 저학년 학생들은 아직 소근육이 잘 발달하지 않아서 찰흙으로 작고 섬세한 표현을 하는 것이 어려운데 동우가 가진 또 다른 재능을 발견한 순간이었다. 이 소식을 전해 들으신 해오름반 선생님께서는 해오름반 방과 후 교육활동에 도예수업을 개설해주셨고 일 년 동안 동우는 전문적으로 흙 놀이를 배울 수 있게 되었다.

빛 그림 수업시간이 되면 아이들은 습식 도화지판(숲), 붓(달님), 스펀지(베개), 손걸레(이불), 물을 책상 위 약속한 위치에 가져다 놓는다. 내가 도화지(무대)를 물에 적실 동안 아이들은 스펀지(베개)로 습식 도화지판(숲)을 촉촉하게 적신다. 아이들이 순서대로 습식 도화지판(숲)을 가지고 나오면 나는 그 판 위에 젖은 도화지(무대)를 올려주고 물감을 나누어 준다. 아이들은 붓(달님)을 들고 도화지(무대) 위에서 마음껏 춤을 추면 된다. 빛 그림은 젖은 도화지에 물감이 퍼지는 자연스러운 모습을 보며 아이들이 색깔을 충분히 느낄 수 있도록 하는 수업이다. 노랑, 빨강, 파랑의 세 가지 색을 주로 사용하는데 한 가지 색을 온전히 느끼는 경험을 한 뒤에는 다른 색과 만나는 경험을 한다. 결국 세 가지 색이 모두 만나면 일곱 빛깔의 무지개 색이 만들어진다. 이미 만들어진 색깔의 물감과 크레파스에 익숙한 아이들은 노랑, 빨강, 파랑의 세 가지 색이 만나며 주황, 초록, 보라색이 만들어지는 장면을 목격하고 신기해한다. 무엇보다 매번 같은 색을 쓰더라도 다른 느낌의 작품이 만들어지고, 누가 더 잘했는지 못했는지를 구분할 수 없이 모두 다 멋진 작품이 나온다는 점이 참 좋다. 그림을 그리는 시간이 되면 미술 학원을 다니며 스킬을 익힌 아이들이 돋보이고 그림에 소질이 없는 아이들은 좌절감을 느끼기 마련인데 빛 그림을 그릴 때는 그럴 일이 없다.

동우도 비장애학생들과 별반 다르지 않은 멋진 작품을 만들어냈다. 그러나 한 가지 색만 사용할 때는 괜찮았는데 두 가지 이상의 색을 섞으면서 어려움이 있었다. 동우는 물감의 색이 섞이는 것이 싫어해서 자꾸 종이를 뒤집어 다른 색을 칠하는 것이었다. 노란색 물감 위에 파란색 물감이 섞이는 것이 싫어도 참아야 하고, 또 그 위에 빨간색 물감을 칠하는 과정 자체가 큰 도전이었다. 어쩔 때는 색을 섞기 싫다는 표현으로 낙서하듯이 붓을 마구 돌려 칠해 놓기도 했으나 도화지가 마르고 나면 그것도 아름다운 작품이 되었다. 일 년이 지나고 빛 그림 시간에 더 이상 종이를 뒤집지 않고 자기가 칠하고 싶은 색을 겹쳐서 칠할 수 있게 되었으니 그것으로 충분했다.

어릴 때부터 경쟁하는데 익숙해진 요즘 아이들은 학교에서 어떤 활동을 하거나 작품을 만들 때 자기도 모르게 친구들과 비교를 한다. 자기보다 잘 하는 친구를 보면 주눅이 들기도 하고 자기가 친구보다 잘하지 못하는 과제는 중간에 쉽게 포기해 버리거나 아예 시작도 하지 않으려는 경우도 많다. 장애학생은 성장하는 과정에서 비장애학생들과 비교하며 더 큰 좌절감을 맛보기 마련이다.

흙 놀이와 빛 그림의 공통점은 '누가 더 잘했는지 알 수 없다'는 것이다. 아이들은 이 사실을 깨닫고 무척 안심하고 기뻐한다. 서로 다른 자유로운 주제로 흙 놀이를 했기 때문에 누가 더 잘했는지를 비교할 수 없다. 친구가 어떤 작품을 만들어 냈는지 궁금해하며 작품을 감상하면 된다. 흙 놀이를 하면 할수록 아이들은 독특한 작품을 만들어 내기 위해 노력하는데 그 과정에서 창의성이 발달한다. 빛 그림 역시 특별한 형태를 그리지 않아도 되기 때문에 아이들은 부담없이 색깔을 경험할 수 있고, 다른 친구와 비교하는 것이 아니라 지난번에 자신이 그린 그림과 어떻게 다르게 표현할 것인가를 고민하게 된다. 일 년이 지난 후 자기 평가서에 '내가 일 년 동안 더 잘하게 된 것'을 적는 칸에 많은 아이들이 '빛 그림'이라고 적은 것을 보고 놀랐다. 다른 친구들과 비교하고 상대적으로 평가했다면 그렇게 많은 아이들이 스스로 '빛 그림'을 더 잘 그리게 되었다고 적을 수 없었을 것이다. 누구에게 좋게 평가받기 위해서가 아니라 스스로 만족할 때까지 연습하고 또 연습하는 경험을 통해 진정한 배움이 일어난다. 흙 놀이와 빛 그림이 동우와 우리 반 아이들에게 그러한 경험이 되었기를 바란다.

08 따로 또 같이

"옛날 어느 곳에 개구리 살았네. 가난하나 마음 착한 개구리가 살았네. 하루는 개구리 쌀 한 말을 얻어오려 벌 건너 형 찾아 길을 나섰네. 개구리 또 덥적덥적 길을 떠나가노니 길가 봇도랑에 우는 소리 들렸네."

"소시랑게야, 너 왜 우니?"

"발을 다쳐 아파서 운다."

"그래? 내가 고쳐줄게."

동우가 노래를 흥얼거리기 시작하자 아이들이 하나둘씩 따라 부르고 어느새 떼창이 되어 교실에 울려 퍼진다. 놀이시간에는 그러려니 하지만 한창 '봄' 수업을 하고 있는데 동우가 그 노래를 시작하면 난감해진다. 한번 시작되면 그 뒤에 대사까지 줄줄 외기 때문에 한 편의 동화시를 마치는데 7~8분 정도 소요된다. 그렇지만 교과목을 뛰어넘는 것이 진정한 재구성이 아닌가 싶어 아이들이 함께 외는 시를 가만히 들어준다. 동우는 해오름반에서, 다른 아이들은 보담반에서 국어시간에 그 동화시를 배웠다. 동우가 처음 그 노래를 흥얼거렸을 때, 아이들은 동우도 해오름반에서 같은 동화시를 배웠느냐며 기뻐했다. 배우는 속도와 방법은 달랐지만 우리는 같은 동화시를 배웠고 반 전체가 하나의 동화시를 외게 된 것이다. 처음부터 끝까지 다 외지 못하는 아이들도 있었지만 다 왼 친구들의 도움을 받으며 각자가 기억하고 있는 부분을 합치니 동화시 전체가 완성되었다. 동우도 친구들과 함께 속도를 맞춰가며 시를 외려고 노력하는 모습에 왠지 가슴이 뭉클해져서 시도 때도 없이 그 노래를 부르는 동우를 굳이 말릴 생각이 없었다. 내가 머릿속으로 상상해왔던 진정한 '통합교육'이 실현된 순간이었다.

국어 수업을 재구성하며 선택한 첫 동화는 백석 시인의 동화시 '개구리네 한솥밥'이었다. 개구리가 어려움을 겪는 동물들을 도와주었더니 어느 날 개구리가 어려움을 겪게 되자 전에 도와주었던 동물들이 나타나 도움을 주어 결국 어려움을 극복할 수 있었다는 내용이다. 서로 돕고 사는 것이 얼마나 아름다운 세상을 만드는 것인가에 대한 메시지를 담고 있어서 장애학생과 함께 생활하는 우리 반 아이들에게 꼭 가르치고 싶었다. 아이들이 국어 수업을 통해 아름다운 동화시 한 편을 외고 연극으로 발표까지 할 수 있으면 좋겠다는 생각으로 동학년 선생님들이 힘을 합해 책의 내용을 재구성하여 대본을 만들고, 중간 중간 동요의 곡을 붙인 노래를 만들어 대사를 더 쉽게 기억할 수 있도록 했다.

노래 덕분인지 또 반복되는 표현이 많아서인지 아이들은 수업을 마친 후 그 동화시를 줄줄 욀 수 있게 되었고 1인 1마디 연극으로 부모님들 앞에서 멋지게 발표하는 기회도 가질 수 있었다. 국어 교과는 해오름반에서 배우는 동우도 같이 외고 발표할 수 있을지는 해오름반 선생님께 달려 있었다. 해오름반 선생님은 흔쾌히 동우에게도 이 동화시를 가르치겠다고 하시고 동우의 수준과 속도에 맞게 나누어 가르쳐주셨다. 특수학급 아이들은 모든 아이들이 개별화된 교육과정으로 교육을 받는다. 학년도 장애의 특성도 각기 다른 아이들을 모두 다른 교육과정과 방법으로 가르친다는 일은 일반학급에서는 상상조차 할 수 없는 일이다. 여러 어려움에도 불구하고 해오름반 선생님이 우리와 같은 내용의 수업을 해주시지 않았다면 우리 반 아이들이 모두 함께 부르는 동화시를 듣지 못했을 것이다. 정말 감사한 일이다. 하지만 우리 반 아이들이 모두 함께 부르는 동화시를 나 혼자만 들었다는 점이 끝내 아쉬움으로 남는다. 사실 나는 동우가 동화시를 이렇게 잘 욀 수 있을 것이라고 생각조차 못했다. 이 동화시를 학부모 공개수업 때 발표해야겠다고 결정했을 때도 동우가 해오름반에서 얼마나 배웠는지, 우리와 함께 발표를 할 수 있을지 점검할 생각을 하지 못했다. 동우 어머니께서는 작년에 겪은 곤란한 경험 때문에 학부모 공개수업 때 동우가 우리 반 친구들과 함께 공개수업을 하는 것을 원하지 않으셨는데 나는 그 의견을 존중해야 한다고 생각했었다. 동우가 해오름반에서 배우는 내용에 내가 조금 더 관심을 기울였더라면 동우는 멋지게 반 친구들과 함께 연극을 해냈을 것이다. 동우 어머니의 트라우마도 극복할 수 있고 동우도 더 성장할 수 있는 좋은 기회를 놓친 것 같아 미안한 생각이 들었다. 그 후로는 동우가 해오름반에서 어떤 내용을 배우는지, 잘 배우고 있는지 더욱 관심을 가지고 지켜보게 되었다. 내가 가르치지 않는 과목이라도 우리 반에서 친구들과 할 수 있는 활동을 찾아서 함께 하는 기회를 주려고 노력했다.

통합학급 교사가 특수학급 교사와 좋은 관계를 맺는 것은 무척 중요하다. 특수교사는 학교마다 1~2명 정도로 소수라 만날 기회가 적은 데다 일반학급 교사들이 특수아동을 맡는 것을 어려워하고 피하고 싶은 마음은 고스란히 특수교사와 멀어지도록 만드는 것 같다. 실제로 통합학급을 맡게 된 후 수업을 배분하는 과정 등에서 특수교사와 갈등을 겪는 사례를 종종 보게 된다. 특수교사와 라포르(rapport)가 형성되지 않으면 통합학급 교사의 입장에서는 특수아동의 학부모가 세 명 있는 것과 같은 부담감을 느끼게 된다. 그러나 반대로 좋은 관계를 맺게 되면 어려운 학부모와의 관계를 중재해줄 든든한 지원군을 한 명 얻게 되는 셈이다. 동우를 맡으면서 해오름반 선생님과 나는 한 아이를 함께 키우는 동지가 되었다. 집에서 남편과 딸 이야기를 하며 아이의 성장과정을 공유하는 것처럼 해오름반 선생님을 만나면 쉼 없이 '동우'에 대해 이야기를 나누었다. 교실에서는 볼 수 없는 모습을 해오름반 선생님을 통해 듣기도 하고 우리 교실에서 하는 새로운 행동을 전해주기도 했다. 자연스럽게 교육 내용과 방법에 대해 이야기를 나누다 동우에게 적합한 방법을 함께 찾기도 했다. 교실에서 개별적으로 지도할 수 없는 어려운 부분에 특별한 도움을 주는 동료로 특수교사를 바라본다면 통합학급 교사와 특수교사 간의 갈등은 사라질 것이다.

'받아올림이 있는 두 자리의 수'를 배울 때의 일이다. 동우는 해오름반 수업을 마치고 교실에 오면 자기가 공부한 내용을 자랑하고 싶어 했다. 중간 놀이시간에 나에게 덧셈 문제를 내달라고 해서 받아올림이 있는 더하기 문제를 내주고 어떻게 푸는지 지켜보았다. 동우는 더해지는 수만큼 동그라미를 그려서 수를 세는 식으로 문제를 풀고 있었다. 문제가 15+6이라면 15옆에 6개의 동그라미를 그리고 16, 17, 18, 19, 20, 21이라고 센 다음 21이라고 답하는 식이었다. 그런데 2학년이 되어 숫자가 커진 것이다. 76+55라면 55개의 동그라미를 그리고 일일이 수를 셀 수는 없는 일이었는데 여전히 동우는 더하는 수만큼 동그라미를 그리려고 하는 것이었다. 해오름반 선생님과 의논하여 여러 가지 방법을 시도한 후 우리는 동우에게 계산기를 쓰는 방법을 가르치기로 했다. 6학년을 지도할 때 복잡한 연산은 계산기를 주고 해결하도록 했었는데 힘 조절을 잘 못하거나 집중력이 부족해서 답을 틀리는 아이들이 많았다. 나는 동우가 한 치의 오차도 없이 계산기로 연산 문제를 정확히 해결하는 모습을 보고 감동받았다. 계산기를 쓰는데 재미를 들인 동우는 한 자릿수의 곱하기도 계산기로 하고 싶어 했지만 기본적인 구구단은 반복해서 외우도록 했다. 규칙적으로 뛰어 세는 것은 루틴에 민감한 동우의 특성과 아주 잘 맞았고 우리 반 아이들이 여러 가지 방법으로 구구단을 배우는 동안 동우도 열심히 자신에게 적합한 방법으로 해오름 반에서 구구단을 배웠다. 구구단을 다 익힐 즈음 아이들은 놀이시간에 '구구단을 외자' 놀이를 하기 시작했다. 동우는 문제를 내지는 못했지만 친구들이 내는 문제에 매번 정답을 말해 우리를 놀라게 했다. 2학년을 마칠 즈음 수업이 끝나면 책가방을 메고 교실 앞문에 한 줄로 서서 선생님이 내는 구구단 문제를 맞혀야 집에 갈 수 있도록 했다. 너무 당황하거나 아직 구구단이 완성되지 않아서 답을 틀리고 다시 맨 뒷줄로 돌아가는 아이들이 종종 있었지만 동우는 늘 한 번에 통과해서 당당하게 집으로 갔다.

아이들은 모두 다른 방식으로 배운다. 같은 수업시간에 같은 내용을 가르쳤는데도 이해한 정도가 다 다르다. 우리가 학교에서 다양한 방법으로 반복해서 가르쳐야 하는 이유다. 비장애학생들의 경우에도 개인간의 편차가 크고 배우는 방식이 달라서 이제는 수준별 교육을 넘어 모든 아이들에게 개별화된 교육이 이루어져야 한다는 주장이 대두되고 있다. 장애학생의 경우에는 개별화교육이 이미 이루어지고 있지만 그 내용이 비장애학생들과 동떨어진 경우가 많다. 장애학생은 하지 못할 것이라는 인식의 벽이 높기 때문에 조금 어렵거나 복잡한 내용은 같이 해보려는 시도조차 하지 않는 것이다. 또 교과를 나누었다는 이유로 해당 교과는 오로지 특수교사에게 맡긴 채 관심을 갖지 않는 경우도 비일비재하다. 동우를 보며 장애학생도 내가 생각하는 것 이상으로 잘 배울 수 있다는 점을 깨달았다. 한 아이의 성장을 위해 두 명의 교사가 머리를 맞대고 고민할 수 있다는 것이 통합교육의 가장 큰 장점이다. 통합학급 교사와 특수교사가 먼저 라포르를 형성하고 수시로 소통하며 함께 가르치는 기쁨을 맛볼 때 진정한 통합교육이 이루어질 수 있다. 따로 또 같이 하는 즐거움을 많은 교사들이 경험했으면 좋겠다.

09 내가 더 좋아, 해오름반 선생님이 더 좋아?

점심시간에 재빨리 급식을 먹은 동우가 서둘러 교실로 올라간다. 천천히 먹어도 될 것 같은데 늘 일등으로 받고 일등으로 식사를 마친다. 동우는 늘 밥을 먼저 다 먹고 반찬을 순서대로 하나씩 먹은 다음 국까지 마셔서 식판을 깨끗하게 비운다. 밥과 반찬을 골고루 섞어서 먹는 법을 가르쳐야 하나 잠시 고민했으나 그냥 두기로 했다. 편식도 하지 않고 정해진 양을 다 먹으니 급식지도를 할 때도 따로 손이 가지 않아 그저 고마울 따름이었다.

초등학교 저학년에게 급식지도는 무척 중요하다. 집에서는 엄마가 아무리 말해도 안 먹는 음식을 학교에서는 잘 먹는 경우가 많다. 친구들이 먹으니 따라서 먹는 효과도 있을 것이고 선생님이 이 음식은 건강에 좋으니 한번 먹어보자고 하면 십중팔구는 시도해 본다. 아이들은 그렇게 자연스레 다양한 식재료와 맛을 익히게 된다. 급식지도를 할 때도 선생님마다 철학이 다르다. 나는 조금 허용적인 편에 속한다. 처음 2학년을 맡으며 첫 급식시간에 많은 아이들이 나에게 한 질문이 있다.

"선생님, 과일 먼저 먹어도 되요?"

"선생님, 디저트 먼저 먹어도 되요?"

1학년 때 선생님들이 밥을 다 먹은 후에 과일이나 요거트 등을 먹도록 지도하셨기 때문일 것이다. 아이들은 위가 작아서 과일을 먼저 먹고 나면 밥을 남길 수도 있고, 요거트와 같은 달콤한 음식이 먼저 들어가면 밥맛이 떨어질 수도 있으니 어느 정도 이해가 된다. 그러나 어떤 의사는 과일을 밥과 함께 반찬으로 먹어야 건강에 좋다고 말하고, 어떤 나라에서는 애피타이저라는 이름으로 식전에 달콤한 음식을 먹어 식욕을 돋우기도 한다. 그래서 나는 급식을 먹을 때는 스스로 어떤 음식을 먹을지 선택할 자유가 있다고 아이들에게 설명해 주었다. 맛있는 것만 골라 먹으라는 것이 아니라 식판에 있는 여러 가지 음식의 먹는 순서를 자기 나름대로 정하라는 것이다. 음식을 먹는 순서를 선택할 자유를 가진 아이들은 급식시간이 더욱 즐거워진다. 그동안 어른이 시키는 대로 먹는 것에 익숙해져 있던 아이들은 마치 어른이 된 것처럼 뿌듯해하며 스스로 음식을 골라 먹는 자유를 누린다. 맛있는 음식을 제일 먼저 먹는 아이, 참고 있다가 마지막에 먹는 아이, 아이들의 성격이 제각기 다르듯 음식을 먹는 순서도 제각기 다르다. 이러한 급식지도 덕분인지 아이들은 동우가 남들과 조금 다른 방법으로 급식을 먹어도 이상하게 생각하지 않았다. 동우도 자기가 먹고 싶은 순서대로 급식을 먹고 있을 뿐이었으니까.

초등학교 선생님이 되어 좋은 점 중 하나는 아이들에게 무조건적인 지지와 사랑을 받는다는 것이다. 학년이 올라갈수록 덜하지만 초등학교 저학년에게 담임선생님은 거의 신적인 존재이다. 학부모 상담을 하다보면 엄마 말은 안 들어도 담임선생님 말씀은 잘 듣는다며 이런저런 부탁을 하시곤 한다. 그래서 매일 생활교육이라는 명분으로 다양한 분야의 잔소리 아닌 잔소리를 하게 된다. 밥은 골고루 먹어야 한다, 운동은 매일 하는 것이 좋다, 하루에 책 한 권은 꼭 읽어라, TV와 스마트폰을 너무 오래 보면 안 된다 등 내가 엄마로서 딸에게 하는 잔소리를 학교에서도 매일 반복하고 있다. 집에서 엄마가 말할 때는 듣는 둥 마는 둥 하는 아이들이 선생님이 말하면 꼭 지키려고 노력한다. 가끔 집에서 딸이 내 말을 잘 안 들을 때면 교실에 있는 학생들이 그립기도 하다. 같은 말인데도 엄마와 선생님은 그렇게 다르다. 아이들에게 미치는 교사의 영향력을 생각해보면 학생들에게 어떤 말을 하고 있는지 매일 스스로를 돌아보고 점검하게 된다. 나의 말 한마디가 어떤 사람의 인생을 바꿀 수도 있다는 것은 두렵기도 하지만 무척 설레는 일이다.

나는 우리 반 아이들이 식사를 다 마칠 때까지 급식실에 있으니 동우가 제일 먼저 올라가서 무엇을 하는지 알 길이 없었다. 어느 날 급한 일을 처리하려고 평소보다 일찍 교실로 올라가다 놀라운 광경을 보고 말았다. 우리 교실 앞에서 동우가 누리반 선생님과 둘만의 인사법으로 인사를 나누고 있는 것이었다. 손바닥을 마주치고 손등을 마주치고 주먹을 쥐어 위 아래로 번갈아 치고 왼손 잡고 오른손 잡고 왼쪽 팔목 닿고 오른쪽 팔목 닿고 양손으로 하이파이브를 하며 마무리했다. 생각보다 복잡한 동작 인사를 진지하게 하고 있는 동우를 보며 신기하기도 하고 질투가 나기도 했다. 저 두 사람은 언제부터 저런 인사를 만들어서 나누고 있었던 것일까. 그동안 급식을 먹고 교실에 먼저 올라온 동우가 복도나 계단 끝에 앉아서 나를 기다리고 있는 줄 알았는데 누리반 선생님을 기다리고 있었다고 생각하니 묘한 배신감이 들었다. 게다가 나를 보고 뭔가 들켰다는 얼굴로 후다닥 교실로 들어가는 것이 아닌가.

동우와 누리반 선생님과의 인연은 수영교육 시간에 맺어졌다. 2학년 학생들이 학교 주변 수영장에서 수영 수업을 하는데 보조인력이 따로 없는 동우는 수영장에서 옷을 갈아입을 때 도와줄 사람이 없었다. 엄마의 마음으로 남자탈의실에 들어가서 옷을 갈아입혀주고 싶어도 다른 남자 아이들이 기겁을 하며 절대 허락하지 않았다. 그래서 할 수 없이 동학년에 있는 남자 선생님 반과 짝이 되어 수영장에 함께 가게 되었고, 누리반 선생님께서 동우가 옷을 갈아입는 것을 도와주셨다. 그때부터인가 동우는 누리반 선생님을 보면 신나했었으나 둘이 비밀인사를 나누는 사이일 줄은 몰랐다. 예상치 못한 내 아이의 사생활을 처음 발견하게 되었을 때만큼이나 신선한 충격이었다. 동우가 누리반 선생님과 비밀스레 친밀함을 나누니 묘한 질투심이 난 것이다.

초등학교 아이들이 담임선생님을 학교에 있는 부모님처럼 지지하고 따르듯이 교사 역시 반 아이들에 대해 갖는 감정이 남다르다. 아이들의 반 배치가 특정한 개입 없이 이루어지므로 매년 새롭게 만나는 아이들은 우연에 우연을 거듭한 운명 같은 만남이라고 생각한다. 짧다면 짧은 1년의 시간이지만 우리는 서로에게 의지하고 지지하고 특별한 사랑을 나누며 살아간다. 실제로 옆 반 선생님께 우리 반 아이가 꾸중을 듣고 교실로 오면 그 선생님의 상황과 처지를 이해하면서도 서운한 감정이 드는 것은 어쩔 수가 없다. 실제로 아이들 사이의 다툼이 교사 간 갈등으로 이어지는 사례가 많은 것을 보면 나만 그런 것이 아님은 분명하다. 우리 반 대부분의 아이들은 옆 반 선생님보다 나를 좋아하기 마련이다. 그것은 내가 더 좋은 선생님이어서가 아니라 그 동안 함께 지낸 시간들이 만들어낸 라포르 때문이다. 아이들도 어딘가에 소속되어 있을 때 안정감을 느낀다.

동우는 우리 반과 해오름반에 둘 다 속해 있는 특별한 상황에 있는 아이였다. 그래서 동우가 둘 중 어느 곳을 더 좋아하는지가 나와 해오름반 선생님 간의 대화에서 주된 이슈가 되기도 했다. 해오름반에서 열심히 공부해서 활동을 다 마쳐야 보담반에 올라갈 수 있다고 하면 동우가 열심히 한다는 이야기를 들었을 때 내심 기분이 좋고 뿌듯한 마음이 들었던 것도 그 이유에서이다. 동우가 우리 반을 해오름반보다 더 좋아하는 것 같아 기뻤다. 해오름반 선생님도 동우가 통합학급에서 잘 지내는 모습을 기특해하셨지만 내심 서운한 마음도 있었으리라. 우리는 각자 교실에서 어느 반이 더 좋으냐고 동우에게 물어본 적이 있었는데 나에게는 보담반이 더 좋다고 하고 해오름반에서는 해오름반이 더 좋다고 대답하는 동우였다. 그러던 어느 날, 우리는 셋 다 있는 자리에서 동우에게 직접 물어보자고 합의하고 진지하게 질문을 했다.

"동우야, 보담반이 좋아, 해오름반이 좋아?"

"보담반."

"동우야, 해오름반이 좋아, 보담반이 좋아?"

"해오름반."

두 선생님을 번갈아가며 바라보며 어떻게 대답해야 할지 고민해 내가 질문하면 보담반이라고 답하고 해오름반 선생님이 질문하면 해오름반 선생님이라고 대답했다. 마치 엄마가 좋은지 아빠가 좋은지 묻는 것 같은 일이었지만 우리는 포기하지 않고 그 후에도 여러 번 동우에게 확인을 받았었다. 그런데 또 다른 경쟁자가 등장한 것이다. 누리반 선생님.

동우가 누구를 더 좋아했는지는 알 수 없다. 한 가지 분명한 것은 동우는 매년 두 명의 담임선생님으로부터 사랑과 지지를 받는 행복한 아이라는 것이다. 2학년을 마치고 3학년으로 올라가면 또 다른 담임선생님이 동우를 맡아 내가 그랬던 것처럼 최선을 다해 동우를 사랑해줄 것이라고 확신한다.

아이들이 인식을 하던 하지 못하던 모든 통합학급에 있는 장애학생들이 매년 두 명의 담임선생님으로부터 두 배의 사랑을 받는다. 그 사랑과 노력들이 쌓여 무럭무럭 성장하고 열매 맺었으면 좋겠다. 학교 안에 사랑해주고 그 사랑을 표현해주는 사람이 많을수록 좋은 것은 당연하다. 동우만이 아니라 다른 아이들도 모두 그럴 것이다. 소외되거나 투명인간처럼 대우받는 아이들이 없는 교실이 진짜 통합학급이지 않을까?

10 핵인싸 김동우

"동우, 너무 귀여워!"

"동우, 그림 진짜 잘 그린다!"

"나 어제 식당에서 동우 만났다!"

"너희들 동우 할머니 본적 있어? 나는 엄마도 봤다!"

"동우야, 몰랑이 인형 줄까?"

"동우가 1학년 때도 우리학교에 있었어? 난 왜 못 봤었지?"

쉬는 시간에 우리 반 아이들이 하는 말을 엿듣고 있노라면 모르는 사람이 보면 우리 반에 대단한 연예인이라도 있는 줄 알 것 같다. 동우의 영향으로 여자아이들은 몰랑이 인형 놀이에 푹 빠져있고 남자아이들은 동우가 교실 한 곳에 자리 잡으면 주변에 모여 둥글게 앉아 놀기 시작한다. 뭐 딱히 대화가 통하는 것도 아니고 동우가 먼저 말을 걸어

주지도 않지만 동우의 행동 하나하나에 반응하고 동우의 대답을 듣기 위한 많은 질문들이 허공에 맴돈다. 어느 날, 칠판에 누군가 몰래 낙서를 해놓았다.

'핵인싸 김동우'

'핵인싸'란 중심에 있다는 뜻의 '핵'과 집단에서 잘 어울려 지내는 사람을 의미하는 '인사이더(insider)'의 합성어로 중심 중의 중심, 즉 재미있고 인기 있어 사람들과 매우 잘 어울리는 사람이라는 의미다. 언뜻 자폐스펙트럼 장애와 인사이더는 어울리지 않아 보인다. 자폐스펙트럼 장애를 가진 사람들은 대부분 다른 사람들에 대해 관심이 없다. 자기 말만 반복한다던가 자기만의 세계에 빠져 지내는 성향이 있어 사회적 관계를 맺는데 어려움을 겪는다. 동우에게도 그런 모습이 있다. 그런데 놀랍게도 곁에서 친구들이 바라본 동우의 모습은 '핵인싸'였던 것이다. 정확하게 말하면 동우가 친구들과 두루 잘 어울린다기보다는 많은 친구들이 동우에게 두루 관심과 사랑을 표현하는 편이었다. 오히려 동우는 자기가 좋아하는 친구에게만 뚜렷하게 사랑을 표현해서 많은 친구들을 서운하게 만들기도 했지만 아이들은 동우의 모습을 그대로 받아들이고 사랑해 주었다.

처음부터 동우가 핵인싸였던 것은 아니다. 처음 2학년이 되었을 때, 우리는 동우와 함께 생활하기 위해 다양한 노력을 했다. 동우의 반복되는 나쁜 말을 좋은 말로 바꿔 말해주는 것도 그 중 하나였다. 동우의 행동 중에 몇몇은 도저히 친구들이 받아들이기 힘든 것도 있었다.

어느 날 동우가 머리가 긴 여자아이에게 불쑥 다가가 머리 냄새를 맡거나 머리카락을 만져서 아이가 엉엉 운 적이 있다. 우는 여자아이를 달래주고 동우에게 하면 안 되는 행동을 여러 번 반복해서 이야기해 주었다. 다른 여자아이들에게도 동우가 이러한 행동을 고칠 수 있게 동우가 불쑥 다가가면 한 걸음 먼저 물러서 거리를 유지하고 주변에 있는 친구들이 동우가 손을 대기 전에 서로 도와주자고 약속했다. 동우 역시 자기가 좋아하는 그 여자 친구가 우는 모습을 보고 많이 놀랐던 것 같다. 그 후 "여자 친구 머리카락 만지면 안 돼. 여자 친구 만지면 안 돼. 엉엉 울었지?"라며 스스로 하면 안 되는 행동을 반복해서 말하곤 했다. 대신 남자 친구들과는 자연스럽게 스킨십을 해도 된다고 알려주어서 남자 친구들과 여자 친구들을 대하는 방법이 다르다는 것을 배우도록 했다.

학기 초에 화장실에 간 여자아이들이 소리를 지르며 교실로 달려 온 일도 있었다. 동우가 소변을 보러갈 때 급한 마음에 화장실 입구에서부터 바지를 내리고 들어가서 여자 친구들이 본의 아니게 동우의 엉덩이를 보고 깜짝 놀란 것이다. 급히 해오름반 선생님께 말씀드려서 그림카드를 보며 화장실 이용하는 연습을 하고 교실로 올라왔다. 그리고 얼마 동안은 덩치 큰 남자 아이 두 명이 동우가 화장실에 갈 때마다 따라가서 만약 동우가 바지를 먼저 내리면 뒤에서 몸으로 가려주기도 했었다. 그 밖에도 동우는 자기가 필요한 물건이 보이면 아무 책상 위에서나 가지고 와서 자기 것처럼 쓰기도 했다. 여러 번 설명을 해도 잘 고쳐지지 않아서 우리 반 아이들이 의견을 나눈 끝에 동우가 가져가서 사용하면 안 되는 소중한 물건은 책상 위에 올려놓지 않기로 약속했다. 우리가 조금 불편했지만 동우가 일부러 그렇게 행동하는 것이 아니라는 점을 받아들였기에 가능한 일이었다.

아이들의 이해와 동우의 노력이 더해져 시간이 지날수록 우리는 함께 지내는데 불편함이 없어졌고 어느 순간부터 국어, 수학 시간에 해오름반에 가 있는 동우를 그리워하기 시작했다.

"동우는 지금 해오름반에서 뭐해요?"

"동우가 없으니 교실이 썰렁해요."

"동우가 있어야 진짜 재미있는데."

동우가 없는 수업시간에 아이들이 하는 볼멘소리가 듣기 싫지 않았다. 규칙적인 생활을 좋아하는 동우도 해오름반에 안 내려가도 된다고 갑작스레 말해도 군말 없이 받아들였다. 친구들과 온종일 함께 있는 것을 좋아하는 것처럼 보였다. 1년이 흘러 친구들과 헤어져야 하는 2월에는 아예 해오름반에 내려가지 않고 반 아이들과 종일 함께 지내도록 했다. 늘 보조원과 함께 다니고 친한 친구 한 명 없었던 1년 전의 동우와는 전혀 다른 모습이었다.

1년을 다 보내고 우연히 동우의 1학년 때 담임선생님과 대화를 하게 된 적이 있다. 선생님께서도 지켜보셨는지 어떻게 동우가 핵인싸가 된 것이냐고 물어오셨다. 1학년 때도 동우는 충분히 매력적이었지만 지금처럼 친구들과 잘 지내지는 못했다며 특별한 비결이 있는지 궁금해하셨다. 그러나 나에게 특별한 비결이 있을 리 없었다.

나도, 보담반 친구들도 동우를 있는 그대로 받아들였을 뿐이었다. 진심으로 사랑했을 뿐이었다.

☆ ☆ ☆

이제 나의 사랑과 열정은 또 다른 학생들에게로 옮겨갈 것이다. 동우와 보담반 아이들도 새로 만난 담임선생님과 또 다른 사랑을 나누게 될 것이다. 그러나 우리가 함께 한 1년의 시간은 각자의 기억 속에 추억으로 남을 것이다. 나는 동우를 통해 처음으로 '통합학급 교사'가 되었고, 동우 덕분에 또 다시 통합학급을 맡는 꿈을 꾸게 되었다. 앞으로 교직 생활에서 몇 번의 기회가 더 있을지 모르지만 다시 기회가 주어진다면 기쁜 마음으로 받아들일 것이다. 그럴 수 있도록 나를 성장시킨 김동우와 2학년 보담반 친구들에게 고마움을 전한다.

3장

내가 만났던 아이들, 나를 키워준 아이들

한희정

1999년부터 초등학교 교사로 일하고 있습니다. 어쩌다 보니 대부분 통합학급을 맡았고, 다양한 아이들을 만나며 다양성을 이해하고 배웠습니다. 혁신학교에서의 경험을 담은 『혁신학교 효과』, 초등학교 1학년 어린이들의 발달을 담은 『초등학교 1학년 열두 달 이야기』를 썼습니다. 〈민족교육연구모임〉, 〈초등교육과정연구모임〉, 〈비고츠키연구회〉, 〈실천교육교사모임〉에서 활동하면서 『교과서를 믿지 마라』, 『초등 교육을 재구성하라』, 『성장과 발달을 돕는 초등 평가 혁신』을 함께 쓰고, 『도구와 기호』, 『성애와 갈등』, 『분열과 사랑』, 『흥미와 개념』을 함께 번역하였습니다. 어린이의 성장과 발달을 지원해주는 좋은 교사로 살기 위해 공부하며 실천하려 애쓰고 있습니다.

1999년 처음 교단에 서며 나는 신참이었지만 나름 능숙한 교사라고 생각했었다. 우리 반 아이들과 있을 때는 다 잘하는 것처럼 느껴졌다. 그런데 운동회 연습을 한다고 운동장에 1반부터 12반까지 모여 보니 우리 반이 줄도 제일 삐뚤빼뚤, 뭘 해도 엉성해 보였다. 아이들이 줄을 서는 것만 봐도 선배 교사들의 연륜과 경력을 느낄 수 있었다.

어느덧 나는 그 시절 선배 교사들만큼 연배가 되었다. 연륜은 시간이 흐른다고 저절로 쌓이는 것이 아님을 절감한 20여 년이었다. 선배, 동료, 후배 교사들로부터 부단한 자극을 받으며 성장했지만, 돌아보면 매번 나를 한 단계씩 도약하게 한 것은 아이들이었다. 해마다 새로 만나는 아이들은 비슷하면서도 다 달랐다. 개성과 배경이 모두 다른 총천연색이었다. 그런 아이들과 생활하고 공부하는 것은 즐겁고 행복한 일이었다. 나를 아프게 하거나 절망으로, 때론 한계까지 몰아가는 아이들도 있었다. 중간중간 좌절도 했다. 그 중에는 소통 방법이 다른 아이들도 있었다. 학급에서 매일 함께 생활하고 공부하면서 나는 아이에게 맞는 소통 방식을 찾아야 했고 끊임없이 배워야 했다. 아이들은 나를 늘 깨어 성찰하게, 찾아서 배우게, 무엇이든 행동하게 만들었다. 지나고 보니 아이들은 내 삶의 스승이었다. 그 덕에 나는 학교에서 보람과 만족을 느끼는 교사로 성장했다.

비고츠키(Lev Semenovich Vygotsky)를 통해 "행동은 행동의 역사로서만 이해되어야 한다"고 한 러시아 심리학자 블론스키(Pavel Petrovich Blonsky)의 통찰을 배웠다. 그동안 어떤 아이들을 만나고, 무엇을 배웠고, 어디서 실패했고, 왜 괴로워했는지, 언제 함께 기쁨을 누렸는지 찬찬히 더듬어보려 한다. 오래된 기억을 꺼내는 일은 기록의 도움을 받았다. 돌아보면 아쉬움, 안타까움, 부끄럼이 남는 일투성이다. 이런 나의 경험이 이 글을 읽는 선생님들께 반면교사가 되었으면 좋겠다. 아이들뿐 아니라 교사인 나의 오늘의 모습과 생각, 행동에도 역사가 있을 것이다. 글을 쓰며 그 맥락을 되짚어보는 과정은 나를 새롭게 하는 것이기도 했다. 부끄러운 나의 실패가 누군가에게는 성공의 문을 여는 열쇠가 되기를 바란다.

01 소문

"선생님, 지연이 엄마에요. 3학년 때 담임이셨던…"

"아, 네… 어머니, 어쩐 일이세요?"

"지연이랑 잠깐 찾아뵙고 싶어서요."

어느 날 교실로 전화가 왔다. 전화를 끊고 나니 지연이에게 무슨 일이 생긴 걸까, 걱정이 되었다. '나쁜 일은 아니겠지……' 하면서도 혹시나 하는 마음이 가시지 않았다. 이틀 후 지연이는 예쁜 옷을 입고 교실로 왔다. 일 년 사이에 훌쩍 큰 지연이는 벌써 5학년이 되었다. 지연이 어머니는 한국에서 장애아를 키우는 게 쉽지 않아 온 가족이 캐나다로 이민을 간다고 했다. 작년부터 준비해 곧 떠날 예정인데, 마지막으로 한국 학교에서의 좋은 기억을 간직하게 해준 내게 감사를 전하러 오셨다고 했다. 지연이는 작은 선물 상자와 편지를 건네고 그렇게 떠났다.

의아하고 복잡미묘한 느낌이었다. 장애아를 키우는 것이 쉽지는 않겠지만 모든 것을 정리하고 이민을 가야할 정도였을까? 나와 함께 했던 3학년 때는 큰 문제나 어려움이 있지는 않았던 터라 더 의아했다. 지연이 가족의 이민은 나에게 여러 생각할 거리를 남겼다. '잘 지내는 것 같았는데 왜? 우리 사회, 우리 교육에서 무엇이 지연이 가족을 그리 힘들게 했을까? 내가 파악하지 못하고, 이해하지 못하는 그런 어려움과 문제들은 어떤 것일까?'

나는 1999년 9월에 첫 발령을 받았다. 그런데, 교사 생활 6개월만에 만신창이가 된 것 같았다. 대학까지 하면 16년을 학교에 다녔는데 학생일 때 알던 것과 교사로서 학교는 너무 달랐다. 내가 꿈꾸던 학교가 아니었다. 현실에 모순이 가득한 느낌이었다. 휴직을 하고 대학원으로 향했다. 대학원 생활 1년 만에 '제대로 된 교사가 되자, 학교를 바꾸자'고 결심하고 학교로 돌아왔다.

2월 말 복직 인사를 하러 학교에 방문했을 때 내가 선택할 수 있는 것은 별반 없었다. 맡을 학년도, 학급도 사실상 이미 정해져 있었다. 3학년 10개 반 중에 담임이 정해지지 않은 반 하나가 남아 있었다. 들리는 소문에는 그 반에 고집불통인 장애학생이 있다고 했다. 학교의 많은 선생님들이 그 반을 양보(?)한 것인지? 기피한 것인지? 알 수 없었지만 다른 선택지가 없던 나는 기꺼이 받아들였다. 예비교사 시절 특수교육 과목을 배운 적이 있었지만, 장애유형 외에는 기억에 남아 있지 않았다.

지식과 경험도 없는 그야말로 제로상태였다. 그렇지만 이상하게 걱정이 되지는 않았다. 모르면 걱정도 안 되는 것일까?

그렇게 지연이를 만났다. 지연이에 대한 소문은 좋지 않았다. '한번 고집을 피우면 아무 것도 소용이 없다. 또래에 비해 몸집이 큰데다 힘도 세다. 친구를 꼬집고 물기도 한다. 2학년 때는 선생님 머리카락을 당기고 흔들기도 했다. 학부모도 비협조적이다. 그래서 그 반 학부모들의 민원도 많고, 같은 반이 되는 것을 꺼린다'는 것이었다. 소문대로라면 힘든 한 해가 될 것이 분명했다.

'괜찮아 보이는데 왜? 무엇이 문제일까?' 첫날, 첫인상은 그랬다. 일상적인 담임 업무만으로도 정신이 없는 초짜 교사라서 지연이의 특별한 모습을 제대로 살피지 못했을 수도 있다. 하루, 이틀이 지나고, 일주일이 지나도 자기표현을 거의 하지 않는다는 것을 제외하면 특별한 것은 없었다. 입을 꾹 다물고 눈을 굴리며 상황을 파악하는 듯한 모습에서 긴장하고 있는 것이 느껴지기는 했지만 장애유형이 뭐였는지도 정확히 기억나지 않을 정도로 장애가 두드러지지 않았다. 발달장애 정도로 짐작하지만, 그때는 발달장애라는 말도 잘 모르던 시절이었다.

3월 어느 날 지연이 엄마는 잘 부탁드린다는 짧은 쪽지를 보내오셨다. 상담주간이라는 것도 없고 핸드폰도 조악하던 시절, 한 글자 한 글자 정성이 느껴지는 글이었다. 이런 분이 왜 이상한 부모로 소문이 났을까? 의아했다.

한 달, 두 달이 지나면서 배시시 웃는 지연이 얼굴을 보게 되었다. 내

옆을 맴돌며 왔다 갔다 하기도 했다. 어떻게 그런 소문이 생겼는지 알 수 없었지만 소문과 달리 지연이는 특별할 것이 없었다. 그렇다고 교직 경력 6개월이었던 내가 대단하게 뭔가 했을 리는 없다.

당시는 컴퓨터가 없는 교실이 대부분이었으니 OHP 필름에 그림을 그리거나 글씨를 써서 수업을 하고, 필름을 여러 장 덧쌓거나 종이인형 또는 손가락으로 그림자극을 보여주면 아이들이 신기하다는 듯 바라보던 시절이었다. 그때 나는 6~7명씩 모둠을 짜고 한 달에 한 번씩 모둠을 바꾸며 학급을 운영했다. 지금 같으면 '아이들이 모둠에서 지연이를 기피하면 어떻게 해야 하나?' 고민하고 미리 걱정했을 텐데 그때는 그런 걱정도 할 줄 몰랐다.

그때 우리 반은 42명이었다. 지금 생각하면 어마어마하게 많은 아이들인데다, 지금이랑 같은 크기의 교실에 다닥다닥 붙어 앉아 있으면서도 어떻게 큰 사고 없이 생활했는지 놀라울 뿐이다. 그렇지만 아이들은 지금처럼 심리적인 문제로 골머리를 앓지는 않았다. 초짜 교사의 눈에 아이들은 명랑했고 쾌활해 보였다. 영어와 국어 전담 선생님들도 우리 반 수업 분위기가 정말 좋다고, 아이들이 모두 열심히 즐겁게 참여한다고 칭찬을 아끼지 않으셨다.

토요일에도 등교하던 때라 수업이 끝난 오후에는 모둠별로 돌아가며 함께 학교 근처 분식집에 떡볶이를 먹으러 가곤 했는데 지연이는 그날을 손꼽아 기다리곤 했다. 지연이 어머니는 가끔 '지연이가 학교를 좋아하게 되었어요, 감사해요'라는 쪽지를 보내오셨다. 그럴 때면 '제가 별로 하는 건 없어요, 지연이는 잘 지내고 있으니 걱정 마세요.'라고 답장을 드리곤 했다. 학습에 어려움은 있었지만 무엇이 지연이를 자극하는지 조금만 파악하면 큰 문제 상황은 발생하지 않았다. 우리 반 아이들도 지연이를 크게 자극하지 않았다. 아이들도 2학년 때보다 성장했고, 지연이 역시 경험을 통해 대응방법을 만들었기 때문이라고 생각한다. 신기하게도 우리 3학년 6반은 문제랄 것도 없이 물 흐르듯 잘 굴러갔다. 아이들에 대해 지레짐작하거나 지연이를 포함하여 누군가를 특별하게 대하지 않은 것이 중요하지 않았을까 짐작할 뿐이다.

소문으로는 대단한 문제아였을 것 같은 지연이를 통해 알게 된 것이 있다. 소문은 소문일 뿐이라는 것이다. 소문은 으레 과장되기 마련이고, 상황이나 맥락이 사실과 다르게 바뀌는 것도 흔하다. 소문을 내는 사람의 주관이나 감정이 깊이 개입하기도 한다. 없는 사실이거나 근거가 아예 없지는 않을 수 있으나 그렇다고 소문이 진실이라고 할 수도 없다. 특히 아이들에 대한 이야기는 한 귀로 듣고 흘릴 필요가 있다. 굳이 겁낼 필요가 없다.

소문과 정보는 구분해야 한다. 아이에 대한 정보는 도움이 된다. 그러나 소문에서 정보를 찾으려면 진상을 정확히 확인할 필요가 있었다. 어떤 사람과 어떤 관계에서, 어떤 상황과 맥락에서, 어떤 이유로 생긴 것인지 확인해야 좀 더 진실에 가까운 정보를 얻을 수 있었다.

학기 초면 무수한 소문이나 꼬리표를 달고 오는 아이들이 있다. 자칫하면 별 의심 없이 그 꼬리표를 받아들이게 된다. 그 꼬리표는 아이와의 첫 관계 형성에 결정적 방해가 된다. 아이를 의심하거나 부정적으로 인식하면 어떻게든 말과 행동, 표정과 분위기로 드러나기 마련이다. 지난 경험을 돌아보면 관심과 애정을 갈구하는, 그래서 관심과 애정이 더 필요한 아이들일수록 내 말과 행동에 민감하게 반응했다. 아이에 대한 소문은 편견을 만들어 오히려 신뢰를 만드는 데 걸림돌인 경우가 많았다. 편견이 없어야 신뢰가 만들어졌다.

아이들은 어제가 다르고 오늘이 다르다. 아이들은 좋은 관계와 토양에서 잘 자란다. 나는 아이들이 바뀌고 성장한다는 믿음이 좋은 관계를 만드는 지름길이자 토양이라고 생각한다. 그런데 소문은 아이에 대한 믿음과 좋은 관계를 만드는 것을 방해한다. 나는 아이의 성장가능성을 믿고 지지해주는 울타리가 되는 것이 교사의 일이라고 믿고 있다. 아이들에게 필요한 것은 특별한 대우나 관심이 아니다. 편견 없이 대하고 바라보고 대해주는 사람, 그런 선생님이 필요한 것이다.

지연이를 떠올리면 어떻게 컸을까? 궁금하다. 지금은 어떤 모습으로 어떻게 지낼까? 캐나다에서 더 좋은 교육을 받았을까? 부모님은 우리나라보다 더 좋은 교육이고 나은 생활 환경이라고 만족하셨을까? 부디 지연이가 그곳에서 잘 성장했기를 바란다.

02 오픈

새 학년 준비로 한참 바쁜 2월 말 교무실에서 전화가 왔다.

"부장님, 1학년 학생인데 입학을 하겠다고 연락이 왔어요."

"아, 네… 이사를 온 모양이죠? 그럼 재적수가 적은 반으로 넣어주세요."

"그게 아니라, 장애학생이라는데 집 근처 학교에는 특수학급이 없어서 우리 학교로 온다네요."

"아, 그래요? 그럼 어쩌겠어요. 우리 반으로 넣어주세요."

어쩌다 보니 통합학급을 많이 맡기도 했지만 1학년 담임도 많이 했다. 그러다 보니 여러 해 1학년 부장을 맡았다. 1학년 부장에게 2월은 입학 준비로 눈코 뜰 새 없이 바쁘다. 그 중에 신입생 예비소집일 등록을 기준으로 분반을 잘 하는 것이 가장 큰 일인데 2월 중순이면 학급편성이 모두 끝난다. 분반이 모두 끝나고 입학식과 교육과정을 준비하는 2월 말에 갑자기 입학한다고 하면 달갑지 않기 마련이다.

학부모의 연락처를 받아 전화를 했다. 어떤 장애가 있고 어느 정도인지 사전에 아이에 대해 알아두어야 했다. 누가 그렇게 하라고 가르쳐주거나 매뉴얼이 있는 것도 아니었지만 나도 준비할 필요가 있다는 것을 알았다. 장애와 그 특성, 아이의 성향과 발달 수준을 알아야 어떤 환경이 필요한지 파악하고, 발생할 수 있는 여러 상황에 대해 마음의 준비라도 할 수 있다. 이메일주소를 알려드리면서 아이의 행동 특성과 최근에 찍은 사진도 있으면 같이 보내달라고 했다.

경준이는 키도 크고 잘생긴 남자 아이였다. 자폐성 발달장애로 1년 유예 후 입학하는 것이었다. '자폐라니…' 이야기는 많이 들어봤지만 직접 맡는 것은 처음이라 긴장이 되었다. 인터넷에서 정보를 찾고 특수교사에게도 조언을 구했다. 특수학급 선생님은 3월에 우리 교실에 와서 아이를 관찰하고 행동 특성과 대처 방법 등을 알려주기로 했다. 특수학급 선생님은 3월 첫 주에 두 번이나 교실에 와서 경준이의 특성을 살폈다. 심각한 자폐는 아니고, 소리를 내는데 기분이 좋을 때 내는 소리와 습관적으로 내는 소리가 다르다고 했다. 경준이를 어떻게 대하면 좋은지 조언을 해주고, 반 아이들이 경준이를 이해하고 잘 지내도록 달마다 장애이해수업을 해주시겠다고 했다.

경준이는 키도 큰데 펄쩍펄쩍 뛰는 걸 좋아하고 책이나 공책을 위로 던지는 걸 좋아했다. '어버버버' 소리를 냈고, 계단 오르내리는 걸 좋아했다. 초등학교 1학년 아이들은 매사가 낯설고, 새로운 것들을 하나하나 배워가는 중이라 경준이가 펄쩍펄쩍 뛰고 교실바닥에 누울 때면 신경이 쓰였다. 그때마다 최대한 친절하게 "경준아, 수업시간에는 잘 앉아 있는 걸 연습해야 해." 하면서 손을 잡고 자리에 앉도록 도와주곤 했다. 그렇지만 소리내는 것을 제지하면 더 크게 소리를 내니 한동안 그대로 둘 수밖에 없었다.

그렇게 한 달쯤 지났을 무렵 다른 아이가 갑자기 비슷한 행동을 하기 시작했다. 분명히 말로 할 수 있는데 경준이처럼 '어버버버' 소리를 내고 교과서를 위로 던지고 교실을 굴러다녔다. '아, 한민이는 도대체 왜 그러는 걸까?' 갑작스런 과잉행동이 못마땅했다. "한민이, 똑바로 앉으세요. 지금은 자리에 앉아서 공부하는 시간이에요." 하면 더 요동을 치며 완강히 거부했다. 계단을 내려갈 때면 자꾸 난간 쪽으로 아슬아슬하게 매달려 내려가서 "한민아, 이쪽으로 가야지. 거기는 위험하잖아." 하면 보란 듯이 더 위험한 곳으로 가곤 했다.

경준이도 어려운데 한민이까지 그러니 더 힘들었다. 한민이를 대하는 나의 태도는 더 엄격해지고 있었다. 아마 나의 말투나 표정에는 그런 생각이 고스란히 드러났을 것이다. 그러다 4월 중순에 우연히 3월 초에 찍어둔 동영상을 보게 되었는데 영상 속의 한민이는 너무나 착하고 귀엽고 예쁜 아이였다. 그제야 '한민이가 관심을 받고 싶어 경준이 흉내를 내는 것이구나' 깨달았다.

문제의 원인은 알았지만 해결의 길은 요원했다. 한민이는 나에게 경준이를 대하듯이 자기를 대해달라고 시위하는 듯했지만 경준이처럼 대할 수도 없고 또 그래서도 안 된다는 생각이 들었다.

한민이와 경준이를 데리고 1학년 수업을 하는 일은 늘 줄타기를 하는 것 같았다. 특수교육실무사라도 있으면 좋겠는데 주 2회 수학시간에만 지원받을 수 있었다. 경준이보다 더 도움의 손길이 필요한 아이들이 있었기 때문이다. 나는 늘 경준이를 맨 앞에서 세워 손을 잡고 다녀야 했고, 동시에 아직 학교생활에 아무런 경험도 없는 스물 세 명의 아이들을 챙겨야 했다. 그러면서도 항상 경준이의 위치를 확인해야 했다. 한민이는 툭 하면 과잉행동으로 이어지고 그 횟수도 점차 늘고 있었다. 버거운 날의 연속이었다.

당시 우리 반은 교실에서 점심을 먹었다. 복도에서 배식을 받아 교실에 들어와서 먹었는데 경준이가 늘 가장 먼저였다. 나와 함께 급식을 받고 밥을 다 먹은 다음에는 같이 화장실에 가서 이를 닦고 돌아왔다. 한두 달이 되자 경준이는 이 반복된 패턴을 잘 익혔다. 4월 말부터는 "경준아, 이 닦고 와야지?" 하면 스스로 양치 도구를 챙겨서 교실 옆 화장실로 갔다.

5월이었다. 1학년 아이들도 이제 학교생활에 익숙해지고 교사의 긴장도 약간 느슨해질 즈음이었다. 어느 날 점심시간에 경준이가 사라졌다. 나는 잠깐 다른 일처리를 하고 있었고, 분명히 경준이가 양치도구를 갖고 나가는 것을 봤다. 잠시 후 자리에 잘 앉아있나 살펴보는데 경준이가 보이지 않는 것이다. 가슴이 덜컥 내려앉았다. 급히 화장실로 향했으나 없었다. 경준이는 계단을 오르락내리락하는 걸 좋아했는데, 위층 아래층 계단을 아무리 살펴도 없었다. 서둘러 학교 전체에 메시지를 뿌리고, 교무실에 전화해 교내 방송을 부탁했다. 반 아이들에게는 교실에 잘 앉아 있으라고 부탁하고 운동장으로 달려 나갔다. 놀고 있는 고학년 학생들 사이에서도 경준이는 보이지 않았다. 대체 어디로 간 것일까? 두근두근 노심초사했다.

정작 경준이는 보이지 않는데 저 멀리 교문에 하교를 도우러 온 경준이 어머니가 보였다. 급히 달려가 경준이가 이 닦으러 나가서 들어오지 않는다고 상황을 전하고 함께 찾아달라고 했다. 나는 우리 교실이 있는 별관 건물의 화장실을 다 뒤졌다. '학교 밖으로 나간 것은 아니겠지….' 식은땀이 흘렀다. 얼마 후 경준이를 찾았다는 방송이 나왔다. 안도했지만 다리에 힘이 풀렸다.

신기한 것은 교사인 내가 아무리 운동장을 살펴도 보이지 않던 경준이가 엄마 눈에는 딱 들어왔다는 것이다. 경준이는 우리 교실에서 대각선 방향으로 운동장 끝에 있는 등나무 그늘 아래 계단을 오르락내리락하고 있었다고 했다. 교사는 엄마에 비길 수가 없다. 어머니도 나만큼 놀랐을 터라 항의하거나 불만을 드러낼 법도 했지만 그런 것은 없었다. 아이를 키우며 어느 정도 예상했을 수도 있고, 교사가 있는 상황을 그대로 정확하게 전하고 아이를 걱정하며 찾아 뛰는 모습에서 진심이 전달되어서일지도 모른다.

사건 이후 나는 학교에 공식적으로 보조인력을 지원해달라고 건의

했다. 어디로 튈지 모를 1학년 아이들 사이에서 경준이와 같은 아이들의 안전을 위해서는 보조인력의 지원이 절실했다. 당시 내가 근무하던 학교는 혁신학교였고, 어느 정도 합리적인 의사소통이 가능했다. 다행히 담당 부장님이 구청에서 운영하는 보조인력 지원사업에 응모해 경준이를 돌봐줄 선생님을 모실 수 있었다.

특수교육실무사나 사회복무요원, 또는 다른 보조인력이 종일 교실에 있다면 '매일 수업공개를 하는 것 같다'고도 한다. 그러나 나는 그것만큼 좋은 게 없다고 생각한다. 일단 교실은 언제나 돌발 상황이 많다. 그중에는 교사 한 사람이 감당하기 어려운 경우도 있다. 그때 특수학생 보조인력이 같이 있는 것만으로도 큰 도움이 된다. 내 경험상 교실에서 갑자기 실수를 한 아이가 있다거나, 배가 아프다고 하더니 토하거나, 어떤 아이가 수업을 하다가 갑자기 뛰쳐나가거나 했을 때 내가 부탁하지 않아도 나머지 아이들이 우왕좌왕하지 않도록 도와주는 역할을 잘 해주셨다.

아이들에게도 좋다. 그때 오신 선생님은 그림을 매우 잘 그리셨는데 쉬는 시간마다 아이들이 경준이와 선생님 옆으로 와서 그림을 그려달라고 했다. 그러면서 아이들은 자연스레 경준이와 얘기도 하고 선생님과도 가까워졌다. 수업을 할 때도 내가 여기저기 아이들을 도와주느라 바쁜 것 같으면 우리 반 아이들은 보조선생님을 찾아가서 묻기도 했다. 좋은 보조교사가 있는 셈이었다. 이분들을 수업의 참관인이 아니라 조력자로 받아들이는 순간 교실에 나를 돕는 훌륭한 보조교사가 생겼다.

문제는 이런 보조인력조차도 매우 부족하다는 점이다. 특수학급은 둘인데 특수교육실무사는 한 명이었고, 그러다보니 경준이보다 보조인력이 더 필요한 고학년의 학생 두 명에 주로 배치되었다. 주변에 특수학급은 있는데 특수교육실무사가 전혀 배치되지 않은 학교도 여전히 많고, 사회복무요원을 보조인력으로 배치하는 학교도 많다. 특수교육에 대한 이해나 학생을 지원하려는 의욕이 낮은 사회복무요원도 종종 있어서 문제가 되기도 한다.

가끔 특수교사가 직접 수업지원을 들어오면 한결 도움이 된다. 아이의 특성을 누구보다 잘 알고 있어 수업 활동을 충분히 지원해주기 때문이다. 특수교사가 수업에 들어오면 통합학급에서의 아이의 모습을 더 관찰하고, 교육과정과 활동에 대해 보다 분명히 파악하게 된다. 그러면 생활이나 교육 내용, 활동에 대해서 조언을 받을 수도 있고 협력할 것도 생긴다. 무엇보다 장애학생 교육에 대한 전문성이 있어 도움을 받을 수 있다. 처음 자폐성 발달장애 아동을 맡게 되었을 때 전문적인 도움을 준 것도 다름 아닌 특수교사였다. 특수학급에서는 무엇을 배우는지? 우리 반에서는 어떻게 관계를 맺고, 어떻게 의사소통하는지? 이야기를 나누면서 자연스럽게 장애학생에 대한 이해를 넓힐 수 있었다. 경준이의 경우, 특수교사가 직접 세심히 관찰하고, 전문적인 조언을 해주고, 거기에 장애이해교육까지 지원을 해주어 교육효과는 높이고 부담은 줄일 수 있었다. 통합교실에서 사용할 수 있는 좋은 도구와 팁도 얻었다.

돌아보면 내가 상황을 오픈하고 도움을 청할 때 훨씬 더 많은 것을 얻을 수 있었다. 그 대상이 부모든, 특수교사든, 아이에게 관심과 애정, 해야 할 일이 있는 사람이라면 누구든 내가 경계를 열면 그분들도 마음을 열었다. 그리고 작은 것이라도 나에게 도움이 되고 싶어 했다. 그 도움은 어쩌면 나를 향한 게 아니라 아이를 향한 것일 것이다. 아이가 조금이라도 더 성장하기를 바라는 마음일 것이다.

03 경계

"저어기… 선생님, 이미 아셨는지 모르겠지만 우리 승윤이는 틱이 있어요."

"네?"

"긴장하거나 당황할 때, 심리적 압박을 느낄 때면 엄청 눈을 깜박거리고 통제를 못해요."

"아, 정말요? 저는 지난 한 달간 지내면서 못 봤는데요."

"학교 끝나고 집에 돌아오면 심하게 해요."

"아… 네, 제가 내일부터 좀 더 세심하게 살펴볼게요."

1학년 입학 후 한 달쯤 지나 학부모 상담에서였다. 틱이 있다고? 나는 전혀 눈치채지 못하고 있었다. '틱 장애(Tic disorder)'는 들어봤지만 정확히는 알지 못했다. 우선 틱이 무엇인지부터 찾아봐야 했다.

틱은 아이들이 특별한 이유 없이 자신도 모르게 몸을 움직이거나 소리를 내는 것을 말한다. 눈을 계속 깜박거리거나, 머리를 흔들거나 어깨를 실룩거리는 것처럼 몸을 움직이는 것을 운동틱이라고 하고, 킁킁거리거나 기침 소리를 내는 경우를 음성틱이라고 한다. 틱은 학령기 어린이에게 흔하게 나타나는데, 틱 증상이 1개월 이상 지속되는 일과성 틱 장애는 5-15%, 1년 이상 지속되는 만성 틱 장애는 1%의 아동에서 나타난다. 운동틱과 음성틱이 모두 나타나면 투렛증후군(Tourette's Disorder)이라고 한다. 투렛증후군은 주의력결핍 과잉행동장애(ADHD), 학습장애, 강박증 등을 동시에 갖고 있는 경우도 있다.

〈서울아산병원 홈페이지, 정보 요약〉

정보에 따르면 승윤이는 운동틱이었다. 긴장하거나 당황할 때 심해진다는 걸 보니 심리적 요인이 큰 것이었다. '그동안 학교에서 크게 드러나지 않은 것은 심리적 스트레스가 적어서인가? 1학년 첫 학교생활이 스트레스가 적다고 볼 수는 없는데, 내가 모르고 지나친 것인가? 아니면 학교에서 받은 스트레스가 집에서 더 심하게 나타나는 건가?' 어쨌든 잘 살펴봐야겠다고 생각했다.

다음 날부터 승윤이를 유심히 살폈다. 친구들과 놀거나 수업할 때는 눈깜빡임이 거의 나타나지 않았지만 내가 승윤이에게 질문을 한다거나 본인이 실수했다고 느낄 때면 눈깜빡임이 드러났다. 내가 자기를 유심히 살펴보는 것 같으면 더 심해지는 것 같았다. 안 하려고 애쓰지만 제어가 잘 되지 않는 것 같았다. 틱 장애가 있다는 것을 모르고 있었다면 눈치채지 못했을 수도 있었겠다는 생각이 들었다. 틱 장애가 있다는 것을 안다고 해도 달리 어쩔 방법은 없었다. 지금처럼 나를 의식하면 더 강화되는 틱이라면 모르고 지나가는 것이 도움이 되지 않았을까라는 생각도 들었다.

승윤이는 매우 민감한 아이였다. 지적 능력이 뛰어나고 절대음감을 가진 것처럼 보였다. 아침마다 4명씩 돌아가며 그날 부르고 싶은 노래를 고르고 반 아이들이 모두 함께 불렀는데 내가 건반을 치다 실수를 하면 나를 딱 쳐다보며 씩 웃는 걸 여러 번 목격했다. 그 뒤부터 건반을 치다 실수를 하면 내가 먼저 승윤이를 보거나 의식하게 되었다. 승윤이의 틱처럼 나 역시 감추고 싶은 부분에 대해 누군가 계속 관심을 드러내면 더 의식하게 되고 긴장이 강화된다는 것을 느끼는 순간이었다.

승윤이는 잘하고 싶은 욕망과 승부욕이 강했다. 그래서 잘하는 것에는 집중하지만 잘 못하는 것에는 아예 관심을 두지 않았다. 친구 관계도 잘 맺지 못했다. 여러 친구들이 관심을 표현했지만 모두에게 무덤덤하게 대했다. 그래서인지 딱히 친하고 잘 논다고 할 만한 친구는 없었다. 그래도 별다른 문제나 갈등 없이 학교생활을 잘하고 있었다. 나는 승윤이를 있는 그대로 지켜보기로 했다.

"선생님, 승윤이가 요즘 더 심해져서요. 이제 손톱을 깨물기 시작했어요. 며칠 되었는데 혹시 학교에서 무슨 일이 있나요?"

"네? 학교에서는 그런 모습이 없었는데요? 승윤이는 아주 잘 지내고 있어요. 별 문제도 없구요. 어쨌든 저도 잘 살펴볼게요."

1학기가 마무리되는 6월에 걸려온 전화는 나를 적잖이 당황하게 했다. 나는 승윤이가 학교생활을 아주 잘하고 있으며, 눈깜빡임도 거의 보이지 않고, 누구에게나 있을 수 있는 아주 소소한 것들 외에는 문제가 없다고 확신하고 있었기 때문이다. '내가 승윤이의 특별한 요구나 행동을 놓친 걸까? 내가 모르는 문제가 있던 걸까?' 다시 승윤이를 집중해서 보기 시작했다. 한 주 동안 주의 깊게 관찰해도 별반 다를 바가 없었다. 승윤이 어머니께 전화를 드렸다. 승윤이는 잘 지내고 있고, 학교에서는 손톱 깨무는 증상이나 눈깜빡임도 거의 보이지 않는다고 했다. 어머니는 그러느냐며 알겠다고 하셨다.

나는 오히려 학교가 아니라 가정에서 스트레스를 유발하고 있는 것은 아닐까 염려가 되었다. 교사는 일대다의 상황에서 아이들을 보기 때문에 놓치고 그냥 넘어가거나 일부러 못 본 척 해주는 것도 있다. 아이들은 워낙 다양하고, 그리 문제가 아닌 경우가 대부분이기 때문이다. 또 어느 정도는 성장과정의 일부로 포용한다. 그러나 부모는 다를 수 있다. 부모마다 아이에 대한 기대도 다르고, 예민하게 반응하거나 훈육하는 부분들이 다를 수 있다. 장애가 있거나 독특함이 두드러지는 아이라면 더 엄격하게 훈육했을 수도 있다. 만약 그렇다면 어떤 아이에게는 학교보다 가정이 훨씬 정서적으로 긴장되는 환경일 수도 있다.

나는 특수 선생님을 찾아가 아이에 대하여 이야기를 나눴다. 선생님은 학기 초에는 학교에서 유발되는 긴장의 강도가 높을 수는 있는데 아이들이 잘 적응했다면 교실 상황 이외의 것에서 원인을 찾는 게 맞을 거 같다고 했다. 한편으로는 안심이 되었고, 한편으로는 걱정되고 안타까웠다. 내가 보기에 승윤이 어머니는 엄격하고 질서 잡힌 것을 좋아하는 것처럼 느껴졌다. 어머니는 아이에게 잘못된 행동을 하나하나 바로 잡아 주는 것이 필요하다고 생각하실 수도 있다. 만약 가정에서의 문제라면 이것은 내 경계 밖의 일이었다. 내가 지레짐작해 개입하거나 함부로 이야기를 꺼내기는 어려운 문제였다. 내 경계를 벗어난 일이라면 에너지를 소진하지 말아야겠다고 생각했다.

학교에서 승윤이가 정서적으로 안정되고, 편안하고 안전하게 느끼고 생활하도록 돕는 것이 내가 할 수 있는 현실적인 방법이었다. 좀 더 포용하고, 좀 더 칭찬하고…. 승윤이가 학교에 적응하고 잘 성장한다면 1학년이 마무리될 즈음에는 부모님의 긴장과 예민함도 줄어들고 여유가 생길 것이라고 믿기로 했다.

돌아보면 교사로서 내가 더는 관여하기 어려운 문제도 많았다. 깊이 마음을 쏟고 고민을 해도 뾰족한 해결책이 없는 경우도 많았다. 그런 것에 마음을 쓰고 스트레스를 받고 소진되기보다 그냥 내가 할 수 있는 일을 찾아 최선을 다하는 게 더 낫다는 것이 언제나 나의 결론이었다. 여러 어려움이 있는 학생들, 장애가 있는 학생들을 만났을 때면 특히 그랬다.

사람은 누구나 어느 한 곳, 어느 한 순간이라도 마음을 트고 편히 기댈 수 있는 언덕 같은 곳이 필요하다. 집에 가면 이런 게 좋고, 학교에 가면 이런 게 좋고, 친구랑 있으면 이런 게 좋아서 기대가 되는 그런 언덕 말이다. 부모의 언덕과 교사의 언덕, 친구의 언덕은 다 다르다. 아이들에게는 부모의 언덕도, 교사의 언덕도, 친구의 언덕도 모두 필요한데 이 셋을 모두 얻기는 쉽지 않다. 나는 언제나 우리 반 아이들에게 '교사의 언덕'이 되는 것으로 만족하려고 한다.

04 울타리

“한 선생님, 교감이에요. 경찰이 학생 한 명을 데려왔는데 선생님 반이라고 해서 연락드렸어요.”

“네?”

“학생이 놀이터에서 다른 학교 4학년 학생들과 싸웠나 봐요. 경찰이 출동했는데 아이가 소리를 지르며 반항을 하고, 부모 연락처를 물어도 전혀 말하지 않는답니다. 싸웠던 아이들이 우리학교에 다닌다고 알려줘서 일단 학교로 데려왔다고 하네요.”

“네…”

“경찰에서는 이 학생을 집으로 보내야 하는데 집이 어딘지 물어도, 집에 혼자 갈 수 있냐고 물어도 답이 없데요. 아이에 대해서 좀 알려주세요. 혼자 집에 갈 수는 있나요?”

"교감선생님, 흥분하면 주체하지 못하는 면이 있지만 아이는 매우 똑똑해요. 집이 학교에서 멀긴 하지만 잘 찾아갈 수는 있어요. 아이한테 집에 가라고 하시면 될 거 같아요. 경찰이 멀리서 뒤따라 가주면 더 좋겠고요. 아이 아빠한테는 제가 연락을 할게요."

4월 초 어느 날, 나는 퇴근하고 가족과 함께 야구경기를 보러 가는 길이었다. 갑작스럽고 당혹스러운 소식이었다. 초등 1학년 승진이는 내심 걱정되던 아이였다.

1학년 입학식 다음 날이었다, 교문 앞에서 하교지도를 하는데 승진이 아버지가 찾아왔다. 승진이 아버지는 홀로 승진이를 키우고 있는데, 입학 즈음 일주일간은 일을 쉬면서 아이 등하교를 함께 해주고 있지만 이후에는 대책이 없다고 했다. 돌봄교실은 신청하셨는지 물어보니 돌봄교실에 대해서도 모르고 있었다. 일단, 돌봄교실에 빈자리가 있는지 알아보겠다고 했다. 한부모가정이면 우선대상이기 때문에 돌봄전담사와 협의해 승진이는 다음 날부터 돌봄교실을 이용할 수 있게 되었다. 그런데 돌봄 첫날에 돌봄전담사로부터 전화가 왔다.

"선생님, 승진이요. 오늘 돌봄교실에서 놀다가 친구들한테 블록을 막 던졌어요. 여자아이가 블록에 맞았는데 얼굴에 상처가 났어요."

"아, 네?"

"승진이에게 사과하랬더니 사과는 안 하고 소리소리 질렀어요. 할아버지라는 분이 승진이를 데리러 오셨길래 자초지종을 말씀드리고 여자 아이 부모님께 전화라도 드리면 좋겠다고 했는데 오히려 저를 나무라며 화를 내고 아이를 데려가셨어요."

"아, 네… 제가 알아볼게요."

승진이 아버지에게 전화를 했다. 승진이 아버지는 도리어 돌봄교실을 문제 삼았다. 거기에 어린이집 다닐 때부터 사이가 안 좋은 아이가 있었는데 어린이집에 다닐 때도 그 아이 때문에 승진이가 당하기만 했고, 오늘도 그 아이가 승진이를 놀려 화가 나서 그런 것이라고, 그 아이가 있는 한은 돌봄교실에 안 보내겠다고 했다. 당장 오후에 아이를 돌봐줄 형편이 안 된다고 부탁하던 엊그제와는 너무 다른 태도에 나는 순간 어질어질했다.

그 다음부터 승진이는 수업이 끝나면 돌봄교실로 가지 않고 바로 하교했다. 할아버지가 데리러 왔지만 할아버지의 말은 승진이에게 전혀 통하지 않는 것처럼 보였다. 학교 앞 4차선 도로는 언덕길에 곡선이라 사고 위험이 커서 차도와 보도 사이에 울타리가 세워져 있는데 승진이는 그 울타리를 너머 차도 쪽으로 걸어가기도 하고, 그걸 할아버지가 제지하면 소리소리 지르며 뛰어 도망가곤 했다. 할아버지가 양육도 통제도 할 수 없는 상황처럼 보였다.

3월 말 학부모 상담주간에 승진이 아버지가 오셨다. 승진이가 학교에서 여러 가지 활동에는 잘 참여하고 있긴 한데, 가끔 청개구리처럼 행동하는 경우가 있다고 그동안 관찰한 것들을 말씀드렸다. 그랬더니 승진이의 배경과 상황에 대해 이야기하셨다. 승진이가 아주 어릴 때 이

혼했는데 승진이는 엄마가 자기를 낳다가 죽은 것으로 알고 있고, 그간 할머니가 돌봐주셨는데 할머니는 작년에 돌아가셨고, 이 사실을 승진이에게는 비밀로 하고 있다고 했다. 자신은 일을 해야 하기 때문에 오랜 기간 따로 살던 할아버지와 같이 살게 되었고, 할아버지가 등하교를 도와주기로 했다고 했다. 승진이의 배경과 상황을 어느 정도 이해할 수 있었다. 애정과 관심을 더 기울여야 하는 아이였다. 승진이가 왜 청개구리처럼 행동을 하고 소리를 지르는지 대략 이해할 수 있었다. 그동안 거의 만나지 못했던 할아버지와는 어떠한 정서적 유대도 형성되지 않아서 반감을 보이는 것 같았다. 할아버지는 할머니를 대체할 수 있는 존재가 아니었을 것이다. 게다가 윽박지르고 야단치는 양육방식은 승진이에게 맞지 않아 보였는데도 할아버지에게 다른 방법을 기대하는 것은 불가능해 보였다. 도대체 어떻게 해야 하나 고민하고 걱정되던 때에 다른 학교 아이들과 싸웠다는 전화를 받은 것이다.

뜨거운 응원 열기로 시끌벅적한 야구장 구석에서 나는 승진이 아빠에게 전화를 했다. 승진이의 오후 돌봄에 대한 다른 대책을 마련하시는 것이 좋겠다고, 어렵다면 내가 다른 방안을 찾아볼 수 있게 위임해달라고 했다. 몇 시간 후 '선생님이 찾아주시면 고맙겠다.'는 문자를 받았다.

다음 날 인터넷으로 지역에 있는 아동센터를 검색했다. "○○구 공부방 연합회"라는 카페가 있어 전화를 해 아이의 상태를 전하고 도움을 받을 방법이 있는지 문의했다. 경제적 형편에서는 대상자가 아니지만, 선생님이 의견서를 써주시면 방법을 찾아보겠다고 하셨다. 급하게 의견서를 써서 보냈다. 지금까지 보였던 승진이의 행동, 가정환경, 우려되는 점, 그리고 요청하고 싶은 것까지. 이메일을 보내고 좋은 소식이 오길 기다렸다. 돌봄교실을 마다하는 아이의 방과 후까지 학교에서 도와줄 방법이 없으니 지역사회의 문을 두드려야 했다. 교사로서 아이를 방치할 수도, 내가 모든 것을 감당할 수도 없었다.

다행히 한 지역아동센터에서 연락이 왔다. 승진이의 오후 돌봄이 급하긴 하지만, 아무런 유대관계 형성 없이 센터에 다니라고 하면 아이들이 초반에 거의 적응하지 못하고 떠난다고 했다. 승진이네 집으로 가면 제일 좋겠지만 그건 어려운 상황이니, 괜찮다면 주 1회 아동센터의 선생님이 우리 교실로 방문해 승진이와 놀이를 하면서 라포르(rapport)를 형성하고 차츰 센터로 유도하겠다고 했다. 나는 너무 고마웠다. 얼마든지 그렇게 하셔도 된다고 했다. 교실의 한쪽을 내주는 일은 아무것도 아니었다.

매주 수요일 오후면 승진이는 교실에 남아 놀이선생님을 기다렸다. 놀이선생님은 승진이와 교실에서 장난감을 갖고 놀거나 그림도 그리고 날이 좋을 땐 운동장에 나가서 놀기도 했다. 일단 무조건 긍정해주고 마음을 어루만져주는 선생님과 만나는 시간은 점점 승진이가 가장 기다리는 시간이 되었다. 4월 중순에 시작된 놀이선생님과의 만남은 5월, 6월까지 이어졌다. 곧 여름방학을 앞두고 있었기 때문에 방학 중의 방치 상황을 예방하려면 매일 공부방에라도 가서 생활을 챙기도록 도울 필요가 있었다.

"승진아, 이제 선생님이 너무 바빠져서 학교로 찾아올 수 없게 되었어. 선생님을 만나려면 ○○○공부방으로 와야 하는데 거기로 올래?"

승진이는 좋다고 했다. 놀이선생님과 헤어지기 싫었던 것이다. 보호자의 동의서는 내가 받기로 했고, 승진이 아버지는 다행히 동의를 해주셨다. 그렇게 승진이는 6월 중순부터 매일 공부방에 다니게 되었다.

승진이는 학교에서도 공부방에서도 여전히 자기 성질을 못 이겨 소리를 지르고, 책상을 뒤집어엎고, 뛰쳐나가기도 했다. 공부방에 다닌다고 정서와 생활이 별 문제없이 안정된 것은 아니었다. 그렇지만, 일단 방학 대책이 세워졌고 학교에 빠지지 않고 오듯이 공부방도 빠지지 않고 가는 것만으로도 안심이었다. 아이를 보호할 최소한의 환경이 마련되었다.

승진이를 보다 정확히 이해할 필요가 있었다. 승진이는 머리가 매우 비상하고 손재주도 좋고 몸도 날렵했다. 다만, 사회적 관계를 맺는데 어려움이 있고, 함께 무언가를 해야 할 때면 자기 위주로 하려 했다. 제 뜻대로 되지 않거나 본인이 소외된다고 생각되면 폭력적인 행동을 보이고 그 강도는 점점 심해지고 있었다. 승진이가 어떤 심리 상태이고, 문제가 무엇인지? 어디서부터 돕고 어떻게 교육을 해야 할지 갈피를 잡으려면 나에게는 근거가 필요했다. 승진이 아버지의 동의를 받아 학교에 승진이의 심리검사를 요구했다. 검사 결과를 받기까지 한 달이 걸렸다.

검사 소견은 예상하던 것과 크게 다르지 않았다. 검사 내용의 핵심은 '주 양육자와의 적절한 상호작용과 적절한 보호가 이루어지지 못하고 있을 가능성이 높다. 아동이 변덕스럽고 감정기복이 심해 보이는 것은 양육자의 일관성 없는 태도, 적절한 정서 반응과 애정욕구가 충족되지 않아 나타나는 반응이다. 스스로 자신이 무엇이든 잘 하지 못한다는 부정적인 자아상이 형성되는 것이 우려된다. 위축된 자아 상태로 인해 행동은 과잉행동으로 나타나고 통제가 어려울 것으로 추정된다.'는 것이었다. 애정결핍, 일관성 없는 훈육이 자신에 대한 부정적인 인식과 자신감 결여로, 또 이런 것들이 혼재되어 과잉행동으로 나타나는 것이었다. 무엇보다 일관성 있는 양육과 애정 어린 신뢰관계 형성이 필요했다.

검사 결과를 특수학급 선생님, 지역아동센터 원장님과 공유하고, 부모님께도 등기로 보내드렸다. 문제는 가정의 양육환경이 바뀌지 않으면 개선될 가능성이 매우 낮다는 것이었다.

담임교사인 내가 할 수 있는 일은 학교에서 긍정적인 피드백을 많이 주고 신뢰를 형성하는 일이었다. 그렇지만, 우리 교실에는 승진이 말고도 관심과 애정을 요구하는 아이들이 많았다. 하교할 때 승진이 손을 잡고 지역아동센터까지 데려다주기도 하고, 가는 길에 아이스크림을 사주기도 하고, 생일에는 밖에서 따로 만나 밥도 같이 먹기도 했지만 기대만큼 뚜렷하게 개선되어 보이지 않았다. 오히려 그런 개인적인 만남의 시간 후에는 자신에게 더 관심을 달라고 요구하는 것처럼 보였다. 집에서 주말을 보내고 오는 월요일이면 심리적, 행동적 문제가 더 심하게 나타나는 것 같았다. 그러다 보니 월요일 아침은 언제나 긴장과 부담이 커서 크게 심호흡부터 하고 교실에 들어가야 했다. 오늘은 또 어떤 모습으로 나타날까, 나는 어떻게 상황을 컨트롤할 수 있을까? 이제 할만큼 했다는 생각과, 더 이상 무엇을 어떻게 할 수 있을까라는 의문과, 부모가 해야 할 일을 내가 어떻게 대신해주느냐는 답답함이 밀려왔다. 다행히 여름방학이 왔고 잠시 한시름 놓게 되었다. 머리와 마음을 헹굴 시간이 나에게도 필요했다.

방학을 마치고 온 승진이는 공부방에서 방학 동안 한 숙제를 자랑스럽게 펼쳐놓았다. 글쓰기 숙제며 독서 숙제까지 빠지지 않고 잘 해왔고, 국어사전도 찾을 줄 안다고 자랑했다. 책 읽는 실력도 늘어 좋아하는 책은 한참 집중해서 읽을 수도 있었다. 방학을 공부방에서 보내게 한 것은 잘한 것이었다. 그래서 수박 한 통을 사들고 공부방에 찾아갔다.

"방학 동안 승진이를 보살펴주셔서 감사합니다. 고생 많으셨어요. 승진이 읽기 능력이 아주 많이 좋아졌더라구요."

"선생님, 선생님이 4월에 전화하셨잖아요. 그때 연락하신 건 무조건 잘한 일이에요."

"네?"

"보통 사각지대에 있는 아이들이 뒤늦게 공부방에 오는 경우가 있어요. 2학년, 3학년, 4학년 그때 오면 공부방에 정을 못 붙여요. 이미 세상의 즐거움을 알아버렸기 때문에 공부방은 시시하고 재미없는 곳이 되거든요."

그렇다고 문제가 해결되지는 않았다. 2학기에도 여전히 월요일마다 전쟁을 치렀다. 교실을 뛰쳐나가면 교무실에 연락해 도움을 받는 일상이 계속되고, 공부방 근처에 사는 학부모님이 "선생님, 승진이 오늘도 ○○초 6학년이랑 싸웠어요." 같은 소식을 전해주기도 했다. 조금 나아지기는 했지만 아이의 양육태도와 환경이 개선되지 않으니 교실에서도, 공부방에서도 승진이는 승진이대로, 나는 나대로, 공부방 선생님들은 선생님대로 사투를 벌이며 사는 셈이었다. 그나마 가정 밖이지만 승진이에게 함께 관심을 갖고 지원하는 기본적인 환경이 만들어진 것만으로도 다행이었다. 충분히 더 좋아지지는 않았을지 모르지만 더 나빠지거나 극단적인 상황이나 문제행동으로 향하지는 않았다.

승진이가 5학년이 될 때까지 나는 같은 학교에 있었다. 2학년 때는 수도 없이 달려가 도움 아닌 도움을 주었고, 3학년 때는 영어전담교사로 만나며 담임교사의 어려움을 들었다. 승진이는 4학년 때 가출을 했다. 토요일 저녁 "승진이가 이상한 형들과 ○○역 근처를 돌아다닌다"는 학부모의 제보로 담임교사는 승진이 아빠에게 전화했지만 금요일부터 집에 들어오지 않았다는 걸 대수롭지 않게 얘기하는 아빠에 절망했다. 승진이 문제해결의 핵심은 가정이고 양육자였지만, 아이를 홀로 키우는 아버지와 애정과 신뢰에 기반한 관계가 형성되지 않은 환경은 문제해결을 어렵게 했다. 당시 담임교사가 경찰과 함께 순찰차를 타고 동네를 돌아다니며 승진이를 찾았다. 승진이가 어떤 문제가 있을 때마다 복지사나 경찰과 얘기를 나누면 그분들은 한결같이 이렇게 말했다.

"선생님, 그래도 승진이는 양호한 편이에요. 저 정도 되면 아이들이 학교에 오지 않거든요. 학교에 안 가려고 해요. 그런데 승진이는 결석도 안 하고, 가출을 해도 학교에는 오잖아요. 그만큼 승진이에게는 학교가 소중한 거예요."

이런 이야기가 작은 위로가 되긴 했다. 교장선생님부터 그간의 담임들까지 모두 매달려 승진이를 위한 대책을 찾아봤지만 답을 찾을 수는 없었다. 가출은 해도 학교는 왔다. 도대체 승진이에게 학교는 무엇이었을까? 어쩌면 학교는 그나마 안전한 울타리 안이었을지 모른다. 아이들은 안전한 울타리 안에서 도전하고, 실수하고, 실패하면서 배우고 어른들과 사회에 대한 신뢰를 쌓으며 자란다. 가정이 안전한 울타리가 되어준다면 더 없이 좋겠지만, 그렇지 않다면 학교라도 울타리가 되어주어야 하지 않을까?

05 괴리

3월 2일, 입학식이 끝나고 교실로 들어와 인사를 나누는 시간이었다. 투명 비닐 파일에 가정통신문을 담아 아이들에게 나눠주는데 유독 한 아이가 가만히 있지 못하고 파일에 담긴 가정통신문을 꺼내서 들고 흔들었다. 급기야 손에 쥐고 있던 종이들이 후르르 바닥에 떨어졌다. 교실 뒤편에는 학부모님들이 기대와 긴장이 섞인 눈으로 아이들을 바라보고 있었는데 한 아이가 유독 눈에 띄고 실수를 하니 나는 아이의 어머니가 마음이 상하셨을까 걱정되었다.

입학식 다음 날 아침 아이들을 챙기느라 정신이 없는데 어제 실수를 한 그 아이와 어머니가 교실에 들어왔다. 나는 부모님들께 교실 앞까지만 바래다주고 교실에는 아이 혼자 들어올 수 있도록 해달라고 안내했는데 어머니의 발걸음에는 별 망설임이 느껴지지 않았다.

"선생님, 드릴 말씀이…"

"아, 네, 그런데 지금은 애들을 봐줘야 해서요. 오후에 오시겠어요?"

나는 민지에게 자리를 안내해주고 짐 정리를 도와주었다. 어머니는 한참이나 복도에서 바라보다 가셨다. 그제야 민지의 행동이 부자연스럽고 발음도 불분명하고 몸도 약간 틀어진 것이 눈에 들어왔다. 관심과 배려가 필요한 아이라는 걸 알 수 있었다. 분명히 올해 신입생 중에는 특수교육대상자가 없다고 들었는데…. 여하튼 화장실을 가거나 점심 식사를 할 때 민지를 나와 가장 가까운 곳에 세워야겠다는 생각이 들었다. 저학년, 특히 1학년에 관심과 돌봄이 필요한 아이가 있다면 가까이 두는 것이 좋다.

오후에 어머니가 찾아오셨다. 민지는 늦은 나이에 갖게 된 둘째 아이로 지적장애(3급)가 있어 1년 유예 후 입학한 것이라고 하셨다. 그러나 한글도 다 읽고, 덧셈 뺄셈도 다 할 줄 안다고 했다. 그러면서 주민센터 직원이 그 정도면 학교에 가서 잘 지낼 테니 특수교육대상자 신청 같은 것은 안 해도 된다고 했다는 것이다. 전문가도 아닌 주민센터 공무원의 주관적인 판단과 월권도 황당했지만, 특수교육대상자가 된다는 것을 부정적으로만 받아들인 것 같은 어머니의 판단도 당혹스러웠다. 아주 이해 못할 바는 아니지만, 특별한 어려움이 있는 아이에게는 특수교육을 포함한 지원이 필요하고 도움이 된다. 학교도 대상자에 대한 정보가 있어야 입학 전에 아이를 위한 나름의 준비를 할 수 있다. 여전히 일부 부모는 문제가 생기고 나서야 마지못해 특수교육 대상임을 받아들이곤 한다. '어머니, 어제 민지가 행동하는 거 보셨잖아요.'라는 말을 삼키며, 민지에게 어려움이 있으면 알려달라고 했다. 학교에서도 잘 지켜보겠다고 했다.

글자를 읽고 숫자를 더하거나 빼는 것은 기계적인 반복 학습으로 익힐 수 있다. 그러나 글을 읽고 수학을 하는 것은 말과 글로 자기 생각을 표현하고, 문제와 상황에 맞게 계산을 해 문제를 해결하기 위한 것이다. 민지는 글자를 읽을 수는 있었지만 문장을 완성하여 말하지 못하였고, 숫자를 읽고 쓸 수는 있었지만 어떻게 적용해야 하는지는 몰랐다.

지적장애가 있는 만큼 전문가의 조언이 필요했다. 일단 특수학급 선생님께 연락을 했다. 우리 반에 지적장애 3급 학생이 입학했는데, 어머니는 주민센터 직원의 말을 듣고 특수학급 입급은 생각하고 있지 않는 것 같다고 상황을 전했다. 그리고 민지가 특수교육이 필요한지 교실에 와서 관찰을 하고 의견을 달라고 부탁했다. 다음 날부터 매일 1시간씩 3일 동안 특수학급 선생님이 민지의 행동을 관찰했다. 선생님은 검사를 해봐야 정확하겠지만 지적장애뿐 아니라 자폐성 발달장애도 있어 보이며 특수교육대상자로 생각되니 부모님을 설득해서 지원을 받을 필요가 있다고 하셨다. 첫날의 그 실수는 우연이 아니었다.

설득하려면 충분한 근거가 필요했다. 3월 말 학부모 상담주간을 이용해 설득하기로 했다. 1학년의 3월 학습은 학교생활에 적응하는 것이다. 교실의 위치를 익히고, 화장실 사용법을 익히고, 식판을 받아 교실에서 점심을 먹는 방법을 익힌다. 그리고 보건실이 어디에 있고 아프면 어떻게 해야 하는지를 배우고, 학교를 돌면서 어디에 무엇이 있는지 익힌다. 운동장에서 달리기도 하고, 놀이터에서 놀고, 도서실에서 도서 대출증도 만드는 등 학교와 생활 규칙을 익히는 것이 주 내용이다. 이 과정에서 민지의 행동을 세심히 살폈다. '네, 네' 대답은 잘했지만 질문의 뜻을 이해했다기보다 무조건반사에 가까워 보였다. 시험 삼아 내가 아주 엉뚱한 말을 해도 '네, 네'라고 대답했다. 그런데 부정적인 반응을 할 때는 자기 의사와 의지가 분명해 보였다. '아니야'를 연발하며 몸을 뒤트는 행동은 아주 오랜 습관처럼 굳어져 있었다. 관찰하며 특별한 지원이 필요해 보이는 것들은 기록해두었다.

상담주간에 민지 어머니를 만났다. 그간의 기록하고 파악한 특성을 기초로 특수교육의 지원이 필요하다고 조언했다. 그러나 어머니는 아직 본격적으로 공부를 시작한 것도 아니고, 다른 애들도 다 학교생활에 적응하고 있는 중인데 그게 그렇게 문제가 되느냐고 되물었다. 민지 어머니는 아직 마음의 준비가 되지 않아 보였다. 민지에게 필요한 몇 가지를 가정에서도 잘 도와달라고 부탁하며 상담을 마쳤다. 어머니는 민지가 다른 아이들처럼 문제없이 학교생활을 잘 할 수 있을 것이라고 굳게 믿고 계시는 듯했다. 아이가 학교에서 어떠한지 직접 보지 못하니 그럴 법도 했다. 문제가 생겨야 기대와 현실의 괴리를 알게 되고 또 수용되곤 한다.

문제는 4월 중순의 학부모 공개수업에서 발생했다. 그날 수업은 앤서니 브라운의 『기분을 말해봐』 그림책을 읽어주고, 자신이 어떤 말을 들었을 때 기분이 좋고 화가 나는지를 이야기 해보고, 지금 기분을 말해보는 활동이었다. 수업을 보기 위해 부모님들이 교실에 들어와 있고 엄마도 있어서 그런지 민지는 그날따라 더 흥분한 상태였다. 의자에 앉은 채 몸을 앞뒤로 흔들면서 소리를 냈다. 나는 상황을 바꾸려고 민지에게 다가가 물었다.

"민지는 지금 기분이 어때요?"

"네, 네"

"아, 민지가 기분이 좋다는 거구나. 이렇게 의자로 소리내지 말고 앉아 있을 수 있어요?"

"네, 네"

'네'라고 대답은 했지만 민지는 계속 소리를 냈다. 뒤에서 처음부터 이 과정을 지켜보던 민지 어머니는 수업 도중에 교실을 나가셨다. 민지가 엄마를 따라 나갈까 걱정이 됐는데 다행히 민지는 엄마가 나가는 것을 보지 못했다. 마음 아픈 일이다. 믿고 싶지 않았던, 보고 싶지 않았던 광경을 보게 되는 건 얼마나 힘든 일인가! 그것도 자식의 일을 그렇게 보게 된다는 것은 부모로서는 견디기 힘든 일이었을 것이다.

그날 수업 후에 바로 연락을 드리기는 어려웠다. 다음 날 전화를 했을 때 수화기 너머로 어머니의 눈물이 보이는 듯 했다. 장애학생에게는 특수교육이 필요하고, 특수교육대상자로 선정되어야 학교에서도 학습이든 생활이든 지원을 받을 수 있다고, 이제라도 선정되도록 동의를 해주시면 좋겠다고 담담하게 내 의견을 전했다. 유쾌하지 않은 일일수록 최대한 감정이나 주관적인 판단을 배제하고 사실과 근거를 들어 담백하게 전달해야 한다.

민지는 5월 초에 특수교육지원센터에 신청해 검사를 받고, 7월 초가 되어서야 특수교육대상자가 되었다. 입학해서 가장 지원이 필요한 시기를 별다른 도움을 받지 못하고 보낼 수밖에 없었다. 특수교육대상자가 된 민지는 보조인력의 도움을 받을 수 있었다. 그러나 특수학급에서 별도의 수업을 받지 않고 완전통합으로 일 년을 보냈다. 민지는 어머니의 바람과 달리 1학년 교육과정을 그리 잘 따라오지 못했다. 매일 아침 머리를 곱게 빗어 묶고 예쁜 옷을 골라 입혀 보내시는 어머니의 정성은 아이가 특수교육대상자이지만 누구보다도 예쁘고 사랑을 많이 받으며 자라는 아이라는 것을 보여주시려는 것 같았다.

장애학생을 키우는 부모의 마음을 누가 헤아릴 수 있을까? '잘 적응할 거야, 잘 적응해야만 해, 잘 적응할 수 있어' 이렇게 믿고 싶은 마음일 것이다. 부모님은 자녀가 특수교육대상자라는 것을 받아들이기 쉽지 않았을 것이다. 놀림의 대상이 되지는 않을까, 차별받지는 않을까 염려도 있었을 것이다. 이런 부모의 불안을 줄여주는 일도 교사들의 몫인 것 같아 마음이 무겁다. 처음부터 특수교육대상자로 입학했다면 이런 시행착오의 과정들을 거치지 않아도 되었을 것이다. 오히려 특수교사를 포함해 더 많은 사람들이 민지를 교육하고 지원할 수 있었을 것이다.

06 은따

학교를 옮기고 6학년 담임이 되었다. 처음 만난 학년부장은 그 반에 "장애학생이 있지만 생활하는 데는 거의 문제가 없다"고 했다. 20여 년 교사 생활에서 통합학급 담임이 아니었던 적은 거의 없었지만, 6학년 담임은 처음이었다. 아스퍼거증후군이라는 새로운 유형의 아이를 만난다니 긴장이 되었다.

아이들에게 도움을 요청하는 것으로 6학년 담임 생활을 시작했다. 아이들은 대부분 1학년 때부터 5년간 함께 생활해왔기 때문에 서로에 대해서 잘 알고 있고, 학교 시설이나 문화에 대해서도 훤했다. 나는 이 학교와 너희들에 대해 잘 모르니, 지금은 너희들이 선생님이 되어서 내게 잘 알려달라고 도움을 청했다. 지영이는 23명 아이들 중 가장 밝은 얼굴로 생글생글 웃으며 "네!"라고 대답했다.

아스퍼거증후군이 있다는 것 외에 지영이에 대한 다른 정보는 없었다. 학부모, 담임교사, 특수교사 등이 함께하는 개별화교육지원팀회의가 열릴 줄 알았는데 서면으로 대체하겠다는 연락을 받았다. 개별화교육 회의를 해야 아이에 대한 정보를 충분히 공유받고, 그에 맞게 통합학급에서의 교육 내용을 설계할 수 있을 텐데…. 국어, 수학 2시간씩 특수학급에서 수업을 받을 예정이라고 했다. 그래도 같이 얼굴 보고 이야기를 나누는 것이 좋지 않겠냐고 물었지만 지영이 부모님이 원하지 않는다는 답을 들었을 뿐이다. 전에 근무하던 학교와는 사뭇 다른 분위기였다. 지영이의 특성과 학습수준 등 구체적인 정보가 필요했다. 지난 5년간의 성장과정을 알면 도움이 될 터인데, 부모의 태도와 특수교사, 관리자의 뭔가 형식적인 의사결정이 답답했다.

지영이는 겉으로 보면 아무런 문제가 없어 보였다. "네, 네" 대답도 잘하고, 발음도 정확한 편이어서 모든 의사소통을 이해하고 있는 것처럼 보였다. 수업에도 적극적으로 참여하고 뭐든 열심히 하려고 했다. "얘기해 볼 사람?"하면 언제나 손을 번쩍 들었다. "질문 있는 사람?"이라고 해도 언제나 손을 번쩍 들었다. 그런데 질문과 맥락이 전혀 다른 대답을 하고, 또 맥락에 맞지 않는 질문을 했다. 하체가 불균형해서 뒤뚱뒤뚱 걸어 잘 넘어졌다. 키에 비해 몸무게가 많이 나가기도 해서 걷거나 뛰는 것도 힘들어했다. 지영이의 이런 특성은 사춘기가 다 된 6학년 아이들에게는 견디기 힘든 것이라는 걸 파악하는 건 어렵지 않았다.

나는 지영이에 대해 특별한 언급을 하지 않고 언제나처럼 23명 아이들 중 한 명으로 대했다. 아이들은 모두 제각기 다른 특성이 있고, 굳이 누군가의 특성이 강조되는 것은 교육에 효과가 없었다. 경험해보면 특별하게 대하는 것이 당사자나 다른 아이들에게도 역효과가 많았다. 사실 별 도리가 없기도 했다. 나보다 아이들이 지영이에 대해 더 많이 알고 있고 더 많이 경험했을 것이니, '모르는 척' 혹은 '아닌 듯' 3월 한 달을 보내리라 마음먹었다.

일주일쯤 지나자 남자 아이들의 불만이 나오기 시작했다. "지영이는 왜 저래요?", "교과 시간에 지영이 때문에요…", 쉬는 시간마다 지영이에 대한 불만이 접수되었다. 내가 못 들은 척 대충 넘어가려고 하면 지영이가 선생님 앞에서만 잘 보이려고 하는 건데 그걸 왜 몰라 주냐며 억울해하는 아이들도 있었다. 지영이도 가만히 있지 않았다. 본인이 당한 억울함을 나에게 와서 호소했는데 지영이의 호소를 다 알아 듣기는 어려웠다.

한 달쯤 지나 상담주간을 준비하면서 우리 반 아이들을 하나하나 떠올리며 생각을 해보았다. 이 아이는 무슨 도움이 필요할까, 이 아이는 무엇이 힘들까, 이 아이가 노력해야 할 점은 무엇이 있을까 생각을 하다보니 무언가 비슷한 것들이 있었다. 지영이에 대해 유독 불평과 불만을 쏟아놓는 아이들은 모두 힘든 아이들이었다. '지영이 말고 나도 좀 봐 달라고 아우성을 치는지도 모르겠다'는 생각이 들었다. 그렇다고 늘 그렇듯 뾰족한 방법은 없었다.

"선생님은 왜 지영이만 봐줘요?"

"맞아요. 지영이는 이렇게 아무렇게나 써도 다 통과시켜주고, 우리만 왜 다시 쓰라고 해요?"

"지영이는 아무거나 그냥 베껴서 쓴 거잖아요. 말도 안 되게 썼는데요."

지영이가 행복반(특수학급)으로 국어수업을 하러 갔을 때 몇몇 남자 아이들이 불만을 쏟아놓았다. 한편으로는 이런 불만을 이야기해주는 것이 반갑고, 또 한편으로는 학습에서 지영이를 비교 대상으로 삼고 있다는 것이 안타까웠다. '자신의 실력은 자신과의 싸움에서 만들어지는 것이지 다른 사람과 비교하면서 만들어지는 것은 아니다, 그러니 지영이를 비교 대상으로 삼지 말고 너희 자신을 비교 대상으로 삼아라, 어제 쓴 배움공책보다 오늘 쓴 배움공책이 더 알찬 배움이 담겨 있다면 그게 진짜 공부'라고 했다.

"아, 선생님. 진짜, 지영이랑 짝꿍하기 싫어요. 진짜 너무 지저분해요. 책상 속도 엉망이고 자꾸 내 책상에 자기 물건 넘어오게 하구요. 책상에 침 튀기구요."

"선생님, 애들이요. 지영이가 무슨 병균에라도 감염된 것처럼 피해 다니는 놀이를 해요. 지영이랑 몸이 닿으면 자기들이 좀비가 된 것처럼요, 다른 친구들한테 가서 또 좀비가 되게 하고 그러면서 놀아요."

"선생님, 지영이가 또 내 지우개 자기 필통에 넣었어요."

"선생님, 지영이가 자꾸 내 거 보고 따라 써요."

"선생님, 지영이가 이거 흘리고 갔어요."

"선생님, 지영이가 꼬집었어요."

"선생님, 지영이는 선생님 앞에서만 사과하는 것처럼 그러는 거예요."

저학년 아이들과 통합학급을 할 때는 아이들이 장애학생을 귀찮아 하거나 놀리는 일들이 거의 없었다. 각자 자기 세계 속에서 놀았다. 지영이처럼 겉보기엔 크게 문제가 없어 보이는 장애학생은 6학년 교실에서는 어떤 면에서 시기와 질투의 대상이었고, 비교 대상이 되었다. 몇몇 아이들이 스트레스를 지영이에게 푸는 것은 아닐까라는 생각이 들 정도로 지영이의 일거수일투족을 트집 잡기도 했다. 그 중 몇몇 아이들은 충분히 공감받지 못하거나 자존감이 낮은 역시나 정서적으로 어려움이 많은 아이들이었다. 교실에는 언제나 사건이 넘쳤다. 초등학교 6학년, 한참 민감할 시기의 아이들은 짝을 정하는 것도, 모둠을 정하는 것도, 체육시간에 무엇을 할지 정하는 것도, 음악시간에 어떤 곡을 감상할지 정하는 것도 모두 자기 목소리를 높였다. 이때도 불만을 표출하는 아이들은 어느 정도 정해져 있었다. 대부분 같은 아이들이다.

그 와중에도 씩씩한 지영이가 대견했다. 언제나 밝은 얼굴로 인사하며 교실에 들어섰고, 선생님의 말에 언제나 긍정으로 화답했다. 어쩔 땐 다 알면서도 저렇게 속없이 웃는 것인가 싶기도 하고, 어쩔 땐 몰라서 저러는 건 아닌가 싶기도 했다. 이런저런 자잘한 사건들이 지나가고 있을 때 지영이 어머니 전화가 왔다. 지금까지 참고 있었는데 이런저런 문제를 알고 있느냐고 물으셨다. 어느 정도는 알고 있고, 답을 찾고 있다고 답하면서 내가 쪼그라드는 것 같았다. 지영이는 언제나 다 좋다고 했다. 그런데 지영이 엄마의 전화를 받고 나서는 지영이의 저런 긍정적인 표현이나 제스처가 본인의 마음과 다르게 그냥 기계적으로 학습된 것은 아닐까 하는 생각이 들었다. 에버랜드로 현장학습을 가는 버스에서 누구랑 앉을 것인가를 정할 때도, 모둠을 정할 때도 지영이는 다 좋다고 했는데 엄마에게는 좋지 않았다고 했다는 것이 전화통화에서 확인되었기 때문이다. 지영이의 말을 어디까지 그대로 믿어야 할 것인가, 미궁에 빠진 것처럼 느껴졌다. 그리고 시간은 언제나처럼 흘러갔다.

한 학기를 마무리할 즈음, 학교생활통지표를 쓰면서 내가 지영이의 학업 성취를 위해 도움을 준 것이 거의 없다는 것을 깨닫게 되었다. 지영이는 대충 써도, 아무렇게나 써도 다 봐주고 넘어가면서 왜 자기들은 안 봐주냐고 했던 아이들의 말이 왜곡된 비교가 아니라 정확한 지적이었을지도 모른다는 생각이 들었다. 지영이는 지적 수준이 낮고, 맥락 이해가 안되니까 친구들과 잘 어울리고 큰 문제없이 학교에 다니면 된다는 '선'을 내가 그어놓고 있었다는 것을 알게 되었다. 지영이의 학습적 진보는 특수학급에서 전문적인 특수교사가 해야 할 몫이고 나는 일반 아이들도 어려워하는 수업 내용을 지영이까지 이해시키려고 노력할 여력이 없다고 미리 단정짓고 있었던 것이다. 이런 깨달음이 있었다고 지영이의 글쓰기 공책이나 배움공책에 피드백을 좀 더 정성껏 해주는 것 외에는 내가 특별히 더 뭘 하지는 못했다.

2학기가 시작되자마자 6학년 아이들은 2박 3일 교육여행 이야기로 모두 들떠 있었다. 무슨 옷을 맞춰 입고 갈지, 간식은 어떻게 싸 갈지, 음악은 뭘 들을 건지, 장기자랑 준비는 어떻게 하고, 용돈은 얼마를 가지고 갈 건지까지 모든 게 이야깃거리였다. 무엇보다 가장 예민한 두 가지는 버스에서 누구랑 같이 앉을 것이냐와 누구랑 같이 자게 될 것이냐였다.

버스 자리 배치나 숙소 배정 문제는 모두가 만족하는 해결책이 없다. 버스 자리는 여자는 여자, 남자는 남자끼리 제비뽑기를 해서 정하자고 했다. 그러나 아이들은 서로 좋다고 동의를 하면 자리를 바꿀 수 있다는 조건을 걸었다. 두 개로 나눠진 숙소에 대해 아이들은 '우리끼리 스스로 정할 수 있도록 해달라'고 요구를 했다. 그렇게 정해서 어느 한 명이라도 불만인 상황이 만들어지면 안 된다는 조건을 걸고 수락했다. 아이들에게 맡겨 두긴 했지만 성공하지 못하리라 생각했다. 그런데 의외로 지영이를 비롯한 모든 아이들이 숙소 모둠에 문제가 없다고 했다. 더 이상 어쩔 수 없다는 것을 아이들이 깨달은 것인지, 또 그만큼 성숙한 것인지는 모르겠지만 말이다.

숙소 모둠이 정해진 다음날 지영이 엄마가 전화를 하셨다. 지영이가 교육여행을 가고 싶어해서 허락하기는 했는데 4학년 때도, 5학년 때도 보내고 좋았던 적이 없어서 이번에는 보내지 않겠다고 하셨다. 지영이에게는 비행기 타고 괌으로 여행을 가자고 얘기를 다 해놓았다고 하셨다. 어머니를 설득하는 것은 어렵다고 판단했다. 분명히 지영이는 교육여행을 기대하고 있었다. 나에게 와서 뭘 입고 갈지 다 생각해 놓았다고 자랑도 하고 모자도 샀다고 했다. 무엇이 지영이의 마음을 바꾼 것인지, 지영이 엄마의 마음을 바꾼 것인지는 모르겠다. 그럼에도 지영이를 데리고 갔으면 내가 아이들을 잘 토닥이며 데리고 다닐 수 있었을까, 묻는다면 대답은 '모르겠다'이다. 지영이에게 나는 어떤 배움을 주었을까 생각해보면, 자신과 다른 아이들과 어울리며 살아가는 게 너무 힘들다는 그런 깨달음을 준 것은 아닐까? 그러나 이것이 통합교육의 목표는 분명 아닐 것이다. 그런 생각을 하면 씁쓸해진다.

11월 중순 잠시 가려져 있었던 문제가 크게 드러났다. 늘 웃어주던 지영이가 처음으로 눈물을 흘리며 우는 사건이 있었다. 교과전담시간에 지영이와 모둠을 하는 것을 서로 꺼려하면서 지영이가 상처를 받아 울면서 교실로 돌아왔다. 담임인 내 앞에서는 드러내지 않았던 것들이 교과전담시간에는 이렇게 저렇게 계속 있었던 것이었다. 나는 당황했다. 지영이는 눈물을 멈추고 행복교실(특수학급)로 수업을 받으러 갔다. 특수 선생님께는 전화로 간단히 자초지종을 말씀드려 지영이와 얘기를 나눠달라고 부탁드렸다.

나는 나머지 아이들과 지영이에 대해 이야기를 했다. '무엇이 힘든지, 무엇 때문에 화가 나는지, 무엇을 바꿔야 한다고 생각하는지, 그리고 자신이 지영이라면 무엇이 힘들지, 무엇 때문에 화가 날지, 무엇이 바뀌면 좋겠다고 생각할지.' 종이를 나눠주고 글로 쓰게 했다. 다음은 22명 아이들이 그날 쓴 내용의 일부이다. 아이들의 글을 통해 6학년 아이들의 실제 생각과 고민, 장애학생에 대한 이해, 그리고 속내를 그대로 읽을 수 있었다. 그날 밤 아이들의 글을 읽으며 나는 많이 울었다. 이렇게 자기 욕망에 충실한 아이들인데 나는 무엇을 해야 하나 고민이 많았다. 그 답은 쉽게 찾아지지 않았다.

지영이는 우리 반에서 몸이 불편한 아이이다. 그래서 나는 지영이가 하는 행동이 조금 어리고 잘못 알아듣고 그냥 싫어서 조금 사소한 것에 화내고 짜증냈다. 그리고 책상을 붙이지 말라고 하였다. 자꾸 물건이 넘어와서 조금 화가 났기 때문이다. 그래서 조금 막 대한 것 같다. 앞으로는 지영이한테 조금 친절하게 대해야 할 것 같다.

박지영은 내가 알려줘도 화를 내서 나한테는 기분 나쁜 존재이다. 내가 같은 모둠이었을 때 박지영이 계속 선생님이 수업(교과) 중이신데 너무 질문을 많이 해 대신 가르쳐 줬는데 화를 낸다. 자신이 알려 달라 할 때도 있는데 알려 주면 짜증을 낸다. 기분 나쁘다. 그리고 친구들끼리 서로 충고를 해주면은 화를 내고 선생님 말은 다 잘 듣는다. 또 언제는 상황 파악을 못 하고 서로 한 말을 따라 한다. 하지 말라고 하면 그만 하면 좋겠는데 대답만 하고 계속 한다. 나랑 박지영는 서로 잘 맞지 않는 것 같다. 그래서 그냥 박지영에 대해 아무 말도 하지 않고 섞이지 않을 것이다. 그냥 우리 반에 있는 한 여자아이로 알고 있을 것이다.

나는 여태까지 지영이를 다른 친구와 다르게 조금 꺼려하면서 대한 것 같다. 지영이가 말하는 것이 행동하는 것이 우리 반 친구들이랑 다르고 또 많이 어눌해서 그랬던 것 같다. 그래도 같이 놀긴 했지만 눈치를 봐야 했던 적이 많았다. 지영이는 우리랑 틀린 게 아닌 다른 것이다. 지적장애인 친구라서 말과 행동이 조금 느릴 뿐이다. 앞으로는 지영이가 하는 말을 잘 들어주고 놀 때도 다른 친구를 대할 때처럼 친하게 놀아야겠다. 또 지영이에게 좋지 않은 행동을 하는 친구에게는 먼저 나서서 그만 하라고 해야겠다. 만약 내가 지영이였다면 애를 써서라도 학교에 안 나왔을 것이다. 친구들의 지속적인 놀림과 차별 때문에 지영이가 많이 힘들었을 것 같다. 여태까지 지영이에게 했던 차별적인 행동이 너무 부끄럽고 너무 미안하다.

나에게 지영이는 미안한 존재이다. 부담스러워서 피하게 되고 잘 살펴 주지 못해서 조금 미안하다. 솔직히 친구들이 다 같이 했는데도 지영이한테만 그럴 때 말리지도 못하고 속상할 때 위로해 주지 못해서 미안하다.

우리 반에는 박지영이라는 아이가 있다. 지영이는 지적장애가 있어서 지능이 5살 정도라고 한다. 그래서 지영이를 상대하기 싫어하는 아이들이 많다. 나도 그런 면이 있다. 지영이를 상대하기 싫지만 우리 반에서 도움을 받을 필요가 있는 친구이다. 나는 과학 시간에 지영이와 같은 모둠이다. 조금은 힘들기도 하고 귀찮다. 그러나 도움이 필요할 땐 도와주기도 한다. 그리고 지영이를 잘 대해 주는 서○이를 보면 되게 놀랍고 본받아야겠다는 생각이 든다. 서○이가 지영이를 잘 도와주는 것을 보고 지영이를 조금씩 조금씩 도와주고 있다. 앞으로는 지영이 도와주는 것을 싫어하지 않고 더 도와줘야겠다.

나는 박지영을 우리와 좀 다른 아이라고 생각하고 있었다. 다섯 살의 지능을 가지고 있다고 해서 좀 특이한 행동을 해도 그냥 넘어가려고 했다. 하지만 가끔씩 진짜 이해할 수 없는 행동을 한다. 그럴 때는 그냥 넘기기가 어렵다.
앞으로 박지영이 말이나 행동을 할 때는 저 아이는 그럴 수 있어 하면서 침묵을 해야겠다. 내가 박지영의 말이나 행동에 대해 무슨 말을 한다면 그 이야기는 길어질 것이고 수업시간에 방해가 될 것이다. 하지만 우리 반에도 박지영을 잘 도와주는 친구들이 있다. 그 친구들을 보면 참 대단하다고 느끼고 나도 본받고 싶다고 생각한다. 지영이도 우리와 같은 사람이다. 하지만 조금 다르다고 해서 차별을 해서는 안 된다. 앞으로는 지영이에 대한 긍정적인 생각을 많이 하도록 노력해야겠다.

솔직히 말하자면 나는 처음엔 지영이의 이야기를 들어주려 했다. 어떤 활동을 할 때도 누구를 칭찬하는 활동을 할 때도 지영이가 소외 받지 않게 지영이를 칭찬해 주고 다른 아이들이 지영이에게 뭐라 할 때면 그 아이들에게 화를 내고 지영이를 도와주었다. 그런데 요즘은 나도 자연스레 지영의 말을 들어 주지 않고 있었다. 왜 그런 건지는 모르겠다. 어떤 사람이라도 인권이 있고 무시당하지 않을 권리가 있다는 걸 알고 지영이와 같은 아이를 이해하고 감싸주었는데 요즘은 그렇지 않았다. 지영이에 대한 시선이 잘못되어 가는 걸 알고 이제부터 다시 지영이의 말을 들어주고 있다.

어제 지영이가 나에게 이런 말을 했다. 힘들고 서럽다고. 그런 지영이를 보고 갑자기 울컥해 버렸다. 다 같은 사람이고 존중 받아야 하는데 차별을 받고 혼자 힘들어 했을 지영이가 생각나 울컥했다. 왜 장애인에 대해 안 좋은 시선을 가지고 그렇게 바라보는지 이해가 되지 않았다. 교실 상황을 보면 지영이가 무슨 말을 하면 무시하는 투로 받아 주고, 맞는 말을 했어도 잘못된 말을 한 것처럼 대한다. 지영이가 전염병에 걸린 것도 아닌데 지영이와의 접촉을 끔찍하게 싫어하는 아이들도 있고 지영이에게 상처가 될 말을 하기도 한다. 그때마다 눈살이 절로 찌푸려졌고 솔직히 이런 생각이 들었다. 자기들은 대체 뭐가 잘나서 그러는지 지영이를 이렇게 차별하는 것도 하나의 학교폭력인데 말이다. 그런 모진 말 듣고 많은 상처를 받았을 텐데 매일 환하게 웃고 말을 걸어 주는 지영이가 정말 예쁜 친구라고 느낀다. 차별이 완전하게 없어지는 것은 힘들겠지만 지영이를 이해하고 배려하는 마음이 깊어지면 좋겠다. 다 같은 사람인데 왜 이런 차별을 받아야 하는지 이해가 되지 않는다.

아이들의 글을 읽고 마음은 복잡했지만 한편으로는 아이들이 자신의 생각을 숨기지 않고 솔직하게 쓴 것 같아 다행이라는 생각이 들었다. 그 이후로 지영이의 행동에 대해 아이들의 참견이 사라졌다. 지영이도 아이들이 자신의 행동에 대해 하나하나 따지지 않으니 편해보였다.

지영이가 교과 수업시간에 울며 교실로 뛰어 들어온 날, 나도 우리 반 아이들도 놀랐다. 늘 괜찮다고, 아이들이 뭐라고 해도 웃으며 생활하는 아이였기에 가끔 같은 반 친구들과 갈등은 있었지만 크게 신경쓰지 않는 줄 알았다. 아니 그렇게 믿고 싶었다. 평소에는 문제가 생기면 점잖게 불러다가 타이르던 선생님이 정색을 하고 단호하게 이야기를 해서인지, 아니면 아이들도 자기들이 한 일을 글로 쓰면서 느낀 바가 있어서인지는 모르지만 그 이후로 아이들은 지영이에게 험한 말을 하지 않았고, 지영이와 함께 하는 친구들도 늘어났다.

저학년을 맡았을 때는 자연스럽게 모든 친구들이 다 포함되는 교육활동을 계획하면 장애가 있는 학생도 함께 어울리는 것이 어렵지 않았다. 그러나 모처럼 맡게 된 6학년 교실은 저학년 교실과 달랐다. 이미 지영이를 자기와 다른 존재로 생각하고 있는 학생들도 많았다. 처음부터 내가 적극적으로 개입을 했으면 좀 더 나아졌을까?

아이들의 마음은 복잡하고 한편으로는 단순하다. 고학년이 될수록 다르고 차이가 나는 것에 민감하다. 그래서인지 비슷한 성향이나 그룹으로 뭉친다. 그러다 왕따나 은따가 크게 드러난다. 약하거나, 드러나는 차이가 클 때면 흔히 차별받는 존재가 된다. 장애학생은 흔히 은따가 되기 쉽다. 장애인식개선이나 차별금지 교육 등의 영향인지 몰라도 왕따처럼 대놓고 하지는 않지만 은근한 따돌림은 흔하다. 알면서도 끼어들기 어렵고 좋은 해결책을 찾기도 어렵다. 그러나 아이들도 무엇이 옳고 그른지는 알고 있다. 가끔 내면을 돌아보게 하고 타인의 마음이 되어보는 연습을 하다보면 조금씩 변한다. 교사의 일은 그 조금씩을 반복하는 일이 아닐까?

그때 6학년 아이들에게 지영이는 어떤 친구로 남았을지 모른다. 지영이도 6학년 때를 어떻게 기억하고 있을지 모른다. 지금도 어느 교실에서는 약한 친구들, 좀 다른 친구들이 은따를 당하고 있을지 모른다. 해결하기 쉽거나 혼낸다고 해결되는 문제도 아니다. 아이들의 진솔한 이야기를 나누며 마음을 움직여야 조금씩 변하는 문제다. 불편하고 해결하기 힘들다고 거리를 두는 것이 아니라 아이들이 자신의 내면을 돌아보고, 타인의 마음이 되어보도록 연습하도록 하는 일이 교사의 일이 아닐까?

07 기준

막 학교에 발을 내디딘 건후는 발달장애가 있지만 글도 잘 읽고 글쓰기도 잘했다. 맞춤법이나 띄어쓰기는 또래 어떤 아이들보다 정확했다. 기본적인 수를 세고 읽고, 1학년 교육과정 수준의 덧셈과 뺄셈도 잘했다. 인지적인 측면은 별다른 문제는 없었지만 심리적, 사회적인 면에는 어려움이 있었다. 어떤 상황이 만들어내는 '심리적 압박'을 견디지 못하고 자해를 하거나 공격적 행동을 하곤 했다. 훈련된 매뉴얼이나 규칙은 잘 지키지만 '돌발 상황', 즉 경험하지 못한 것이나 과거의 부정적 경험에 대해서는 매우 흥분하고 제대로 대응하지 못했다. 특수교육대상자였지만 건후의 부모님은 완전통합을 원했다. 나도 완전통합을 찬성해 그렇게 함께 1년을 지냈다.

건후의 어머니는 늘 노심초사하는 것 같았다. 건후가 학교에서 실수를 하지 않을까, 무슨 일이 생기지 않을까, 학교에 다니기 싫다고 하지는 않을까 걱정하는 듯 얼굴에는 늘 수심이 보였다. 학기 초에 아주 잘 지내고 있다고 해도 방과 후 태권도나 영어 그룹과외에서 공격적 행동을 하거나 다툼을 벌여 힘들다는 얘기를 들어서인지 어머니는 쉬 믿지 않는 눈치였다. 건후는 학교생활을 잘했다. 자기중심적으로 이야기하고, 표현이 과장되고, 마음이 급하면 심하게 더듬거리거나 말투가 약간 기계적이기는 했다. 몸놀림이 민첩하지 않고 균형을 잘 잡지 못하고 자꾸 의자를 끄덕거리거나 교실을 돌아다니는 것이 눈에 띌 뿐 별다른 어려움은 없었다.

3월 중순, 학부모 공개수업이 있었다. 그날 수업은 『기차 ㄱㄴㄷ』을 읽어주고, ㄱ부터 ㅎ까지 자음자를 알아보고, 자기 이름에 들어 있는 자음자를 찾아본 다음 블록으로 자음자를 만들어보는 것이었다. 나는 건후가 얼마나 학교생활을 잘하고 있는지 어머니에게 보여줄 수 있을 거라 예상했다. 건후는 아침부터 기분이 좋았다. 엄마가 교실에 온다고 즐거워했다. 나도 잘 해보자고 했다. 건후는 엄마가 교실에 들어오자 흥분을 했다. "엄마, 엄마" 외치며 손을 흔들었다. 나는 건후에게 다가가 "건후야, 오늘은 엄마가 없는 것처럼, 평소처럼 공부해야 해. 엄마만 보지 말고 선생님이랑 친구들 보며 공부하는 거야"라고 말했다. 그리고 우리 반 아이들에게도 똑같이 저기 뒤에 서 계시는 엄마아빠가 없는 것처럼, 평소처럼 공부하는 거라고 말했다.

그러나 수업이 한창 진행되면서 그 일이 건후에게는 몹시 어려운 과업이었다는 것을 깨달았다. 내가 『기차 ㄱㄴㄷ』을 읽어주는 동안 건후는 계속 엄마에게 손짓을 하거나 의자를 끄덕이거나 몸을 흔들었다. 건후가 자꾸 손을 흔들고 아는 척을 하니까 엄마는 수업에 집중하라는 의미로 모르는 척 하셨다. 급기야 건후는 수업 도중에 앞문으로 나갔다 교실 뒷문으로 들어와 엄마에게 갔다.

"엄마, 나 여기 있어!"

일반적 상황에 맞게 움직이도록 교육을 받은 건후에게는 엄마가 교실에 온 것이 평소와 다른 예외적인 상황이라 이미 흥분되어 있었던 것이다. 아침에 씩씩하게 인사하며 들어올 때 이미 건후는 흥분된 상태였다는 것을 알아내고 그에 맞는 대응법을 가르쳤어야 하는데 그러지 못한 것이다. 발달장애가 있는 아이에게는 작은 것이라도 일상의 루틴을 벗어나는 변화에 대해 사전에 충분히 인지시키고 연습하는 것이 필요한데 평소에 잘 지내던 터라 간과하고 넘어간 것이 문제였다.

결국 건후 엄마는 건후를 데리고 교실을 나가 수업이 끝날 때까지 들어오지 않았다. 앞에서 그 과정을 다 지켜보면서 나는 겨우 정신의 반을 챙기며 수업을 이어나갔다. 나머지 정신의 반은 '나는 왜 건후가 저럴 수 있다는 것을 전혀 예상하지 못했을까, 건후 엄마는 얼마나 속상하실까, 이 상황을 어떻게 해야 하나' 뒤죽박죽이었다. 수업을 마치고 한참 지나 건후 어머니가 오셨다.

"선생님, 죄송합니다"

"어머니, 건후가 평소에는 잘하는데 오늘은 엄마가 오니까 기분이 너무 좋았나봐요."

나는 어색한 침묵을 견디지 못해서 이런저런 말을 늘어놓았다. 주요 내용은 평소에는 아주 잘한다는 것이었으리라. 그런데 "잘한다"라는 말이 많은 오해를 부를 수 있는 말이라는 걸 그때는 몰랐다.

교사 입장에서 '건후는 아주 잘하고 있어요'라는 것은 건후가 수업시간에 의자를 끄떡거리고 제대로 앉아 있지 못하고, 글씨도 삐뚤빼뚤하고, 하기 싫을 때는 아무 것도 안하려고 하지만, 이야기도 들려주고 재미나게 해주면 조금씩 진전을 보이고 있고, 친구들과 다툼이 크게 발생하지는 않고 (처음에 예상했던 것보다는) 아주 잘하고 있다는 뜻이었다. 그러나 부모의 입장에서 '건후가 아주 잘하고 있어요'라는 말은 다른 아이들처럼, 혹은 다른 아이들보다 더 수업시간에 집중하고 공부도 잘하고 있다는 것으로 들렸을 수 있다. 기대하는 바가 서로 다를 수 있고, 아이의 성장을 판단하는 기준이나 수준이 다를 수 있다.

건후와 같은 발달장애 아이들만 자기중심적이며 자기맥락적인 이해를 하는 게 아니라 교사인 나 역시 자기맥락적인 이해로 '잘하고 있다, 걱정 마시라' 했던 것이 아니었을까? 건후 어머니는 건후의 상황을 객관적으로 전달받고 싶으셨을 수 있다. 그런데 교사인 나는 어머니의 걱정과 염려를 덜어드릴 말을 먼저 찾았던 것이다. 어머니의 기대치와 교사의 기대치가 어긋나는 순간들이었다.

그럼에도 건후는 잘 지냈다. 어린이집과 유치원에 다닐 때는 아침마다 가기 싫다고 울었는데 한 학기가 지나도록 학교에 가기 싫다는 말은 한 번도 하지 않았다고 하니 말이다. 7월 초에 건후는 교외체험학습을 다녀왔다. 이틀간의 부산여행을 다녀온 건후는 기분 좋게 학교에 왔다. 그런데 평소보다 수업에 참여하는 자세가 더 흐트러져 보였다. 의자를 뒤로 쭉 빼고 앉아서 흔들거리고 몸을 굽혔다 펴면서 수업에 집중을 하지 못했다. 나는 한 학기를 잘 보낸만큼 이제 건후의 태도를 바로잡아야 할 때라는 판단이 들었다.

"건후야, 다른 친구들처럼 바르게 잘 앉아야죠."

건후는 약간 거칠게 의자를 끌고 와서 앉았다. 5분 쯤 지났을까, 건후의 의자는 또 저만치 떨어져 있었다. 다시 의자를 당기고 바르게 앉으라고 하자 건후는 두 팔을 엑스자로 겹치더니 "흥" 하고 고개를 돌렸다. 한번 더 바로 앉으라고 하니, 건후는 교실을 쭉 둘러보며 친구들이 모두 자신을 향해 보고 있음을 확인하고는 더 크게 "흥" 하고 고개를 돌렸다. 내가 건후에게 다가가 "앞으로 와서 앉자"라고 의자를 미는 순간 일어나 갑자기 교실 벽에 머리를 쿵쿵 박으면서 "싫어요. 나는 할 수가 없다구요"라며 울기 시작했다. 나는 급당황했다. 많은 장애학생들을 봤지만 이런 경우는 처음이었다. '초등학교 1학년 아이가 자해를 하다니… 아, 이 사태를 어떻게 수습하지?'

다가가 건후의 손을 잡았다. "알았어요. 건후는 선생님이랑 화장실에 같이 가요" 하고 일단 아이들과 분리시켰다. 같은 반 아이들의 눈길을 확인한 게 제일 큰 흥분 요인이었다고 판단했기 때문이다. 다행히 건후는 내 손을 잡고 화장실에 갔다. 다른 말은 하지 않았다. 화장실에 들어

가서 시원하게 세수를 하고 오면 좋겠다고 했다. 그 사이 나는 교실에 가서 아이들을 진정시키고 건후를 맞을 준비를 했다. 건후는 교실로 들어오더니 이제는 책상에 머리를 쿵쿵 박았다. 나를 알아달라는 신호처럼 들렸다. 나는 모르는 척 수업을 진행했다.

그렇게 2교시를 마치고 건후를 불렀다. 무엇이 속상했는지 물었다. "공부가 재미없으니까요"라고 했다. 다행이었다. 건후가 아무런 대답도 하지 않을까봐 노심초사하며 물었던 것이다. 아이의 이야기를 끌어내고 충분히 들어주고 공감하는 것이 필요했다. 혼내거나 훈육하려는 마음이 앞서면 눈빛과 어투, 분위기에서 드러나기 마련이다. 아이들은 예민해서 금방 감지하고 오히려 입을 닫거나 반발하기도 한다. 이런 경우 교사가 대화의 물꼬를 트는 것은 얼마나 힘든가, 교사의 질문 한 마디가 비수가 될 수도 있고, 달콤한 사탕이 되어 마음을 녹일 수도 있으니 말이다.

오후에 건후 어머니께 전화를 드렸다. 안 그래도 건후가 학교에서 울었다는 말을 해서 걱정하고 있었다고 하셨다. 이제 한 학기가 마무리되어 가니 건후를 좀 다잡으려고 했는데 아직 시간이 더 필요한 모양이라고 말씀드렸다. 교사가 먼저 전화를 해서 다행히 어머니는 안심이 되신 모양이다. 문제가 있는데도 선생님이 잘 얘기를 안해주는 것은 아닌가 싶기도 하고, 또 건후 얘기만 듣고 전화를 하기도 어려운 입장이셨다는 것은 짐작하고도 남을 일이다. 서로 기대치가 다를 수 있기 때문에 있는 그대로 전하는 것이 중요했다. 학교에서 사건 사고가 있을 때 부모는 갖가지 상상을 하기 마련이다. 괜한 오해와 추측은 감정을 앞세우게 만들고 합리적 사고와 판단을 어렵게 하는 경우를 많이 보게 된다. 이럴 때는 교사의 전화만으로도 안심하고 진정할 수 있다. 이런 소통으로 신뢰가 생기면 나중에 다른 문제가 생기더라도 오해하지 않을 수 있다. 있는 그대로를 담백하고 간단하게 전하는 것이 각자의 기대에 맞게 판단하게 하는 지름길이라는 것을 그렇게 배웠다.

부모님과 기대치를 맞추는 일은 쉬운 일이 아니다. 교사와 학부모는 아이의 학교생활에서 기대하는 바가 다를 수 있다. 하지만 각자의 기대치를 파악하는 것은 필요하다. 수준과 기대치를 맞춰야 아이의 성장을 함께 볼 수 있고, 소통이 될 수 있기 때문이다.

08 균형

은규는 내가 두 번째로 만난 아스퍼거 증후군이 있는 아이다. 유치원에 다닐 때까지 발달장애 관련 치료를 받았지만 특수교육대상자 신청은 하지 않은 채 입학한 상태였다. 은규 어머니는 입학식 다음 날 찾아오셔서 걱정이 되긴 했지만 학습에서 많이 떨어지는 것이 아니라서 그냥 지켜보기로 했다고 하셨다. 은규는 의사소통능력과 이해력이 떨어져서 두 번 세 번 설명해줘야 알아들을 때가 많고 자기가 못한다고 생각할 때 잘 울기도 한다고 했다. 또래보다 키가 작고 몸집이 작아 책가방은 버거워 보였다. 이미 장애학생이 있는 학급에 또 한 명의 장애학생의 존재를 알게 된 나 역시 부담이 컸다.

1학년을 맡은 교사에게 3월, 4월은 말 그대로 몸이 열 개라도 모자란다. 잠시 앉아 있을 틈이 없다. 모든 것이 낯선 아이들은 하나하나 배워가며 익히는 것으로 학교생활을 시작한다. 1학년 교실의 수업은 모든 것을 마치 처음인 것처럼 하나하나 차근차근 해야 한다. 똑같은 말을 화를 내지 않고 100번 정도 할 수 있으면 1학년 교사가 될 수 있다는 속설이 있을 정도다. 전체적으로 하나하나 설명하고, 돌아다니면서 한 명 한 명 봐주고 설명하는 일이 1학년 1학기의 일상이다. 입학식 바로 다음 날부터 학교 식당에서 점심을 먹이는 것도, 밥을 빨리 먹는 아이들에게 천천히 먹는 아이들을 기다리게 하고 함께 식판을 치우고 교실로 돌아가는 것도, 양치를 시킬 때 세면대가 부족하니 순서대로 다녀오도록 하는 것도 큰 과업이다. 아이들마다 다 다른 하교방법을 재빨리 정리하고 숙지해서 하교를 할 수 있도록 도와주는 것도 그렇다. 아이들이 하교방법을 스스로 알고 있으면 좋은데 학기 초엔 그렇지 않은 경우가 대부분이다. 방과 후 수업이 시작되면 매일 하교방법이 달라져서 매일 쪽지를 들고 확인하며 하교를 도와야 한다. 그 와중에 장애학생이 두 명이나 있다는 것이 주는 압박감은 매우 컸다.

은규는 잘 따라오고 있는 것처럼 보였다. 태양계와 우주에 꽂혀 있어서 무슨 말을 하든, 태양계 얘기만 한다는 것을 빼면 그랬다. 은규의 그런 특성도 1학년 아이들에겐 전혀 이상한 것이 아니었다. 대부분 아이들이 아직은 자기가 좋아하는 것만 보고 말하고 싶은 시기이기 때문이다. 그렇게 3월 한 달을 보내고 교과 수업을 시작할 때였다. 8칸 국어공책에 하루에 하나씩 자음자와 모음자를 쓰며 배우고 있었다. 'ㄱ'을 써보고 'ㄱ'소리가 들어가는 낱말을 돌아가면서 얘기해보고 'ㄱ'소리가 들어가는 낱말로 노래를 만들어 불러보는 식의 수업이었다. 아이들이 자음자를 쓰는 동안 나는 교실을 돌며 연필 잡는 법 등을 알려주고 다 하면 확인을 해주었다. 'ㅊ'을 배우던 어느 날 은규의 공책을 확인하다가 깜짝 놀랐다. 은규 공책은 'ㄷ'과 'ㄹ' 이후로는 제대로 쓰지 않은 상태였다. 뒤로 갈수록 수업 진행이 빨라졌을 것이고, 은규는 그 속도를 못 따라와서 다 하지 않았으면서도 다 한 것처럼 공책을 책상 속에 넣고 있었던 것이다. '아, 이런 상황을 말씀하시는 것이었구나! 여러 번 설명해 주고 확인하는 것이 필요하겠구나!' 하는 깨달음이 왔다. 그날 이후로 은규의 학습 속도를 빼먹지 않고 확인하려고 노력했다. 4월 중순이 지나 학습내용이 다양해지면서 은규는 이런 일이 더 잦아졌다. 그림을 그리고, 종이접기를 하고, 수학익힘책을 풀고, 국어 글씨쓰기를 할 때도 은규는 어려우면 도움을 요청하는 것이 아니라 숨기려고 했다. 책상 속에 집어넣고 다한 것처럼 앉아있었다. 우리 반 23명 아이들이 다 했는지 안 했는지는 늘 체크리스트로 확인하는데 은규는 들키지 않는다고 생각하는 것인지 이런 일이 계속되니 답답했다. "은규야, 다 못했으면 못했다고 하면 되는 거야. 이렇게 책상 속에 숨겨놓지 말고."라고 몇 번을 이야기했지만 오랜 습관처럼 굳어져 바뀌지 않았다. "도움이 필요한 사람 손 드세요?" 하고 교실을 둘러보아도 은규는 손을 들지 않았다.

아이들의 행동은 모두 학습된 것이다. 어떤 행동을 했을 때 상대방의 반응을 보고 그 행동을 강화하거나 버린다. 다 못했는데도 한 것처럼 행동하는 것 역시 학습된 것이다. 이제 은규는 그렇게 하는 것이 더 이상 통하지 않는다는 것을 다시 학습해야 했다. 그 과정에서 가늘게 떨리는 목소리로 '하기 싫었어요', '저는 못해요' 라고 하기도 했고, 글썽글썽 눈물을 짓기도 했다. 1학기 말이 돼서야 다 못했다고, 도와달라고 손을 들며 표현할 수 있게 되었다.

2학기 학부모 상담주간이 시작되었다. 2학기 상담은 지난 1학기 동안 관찰하고 경험한 것들을 나누는 시간이라 더 많은 준비가 필요하다. 부모님께 어떤 정보를 드리고 어떤 정보를 더 알려달라고 할지 미리 생각해두어야 한다. 나는 은규가 가정에서 의사소통하는 방식이 궁금했다. 친구들은 은규를 귀엽게 생각하고 잘 도와주려고 접근하는데 은규는 태양계 얘기만 하니 같이 놀던 아이들이 금세 흥미를 잃곤 하는 것을 여러 번 보았기 때문이다. 그런 내용들을 조심조심 전했더니 어머니도 목격하신 일들을 얘기해주셨다.

"맞아요. 며칠 전 학교 가는 길에 ○○이랑 ○○이가 은규를 보고 반갑게 인사를 하더라구요. 그래서 '아이고, 다행이다, 친구들이 인사도 해주네' 했어요. 근데 은규는 친구들이 인사를 하는데 그걸 받아주는 게 아니라 '태양이랑 목성이 얼마나 큰지 알아? 지구의 몇 배인 줄 알아?' 이러는 거예요. 그걸 보고 '저러면 누가 은규랑 얘기를 하고 놀아줄까' 싶더라구요. 제가 봐도 우리 아이가 자기맥락에서만 얘기를 해요."

"그런 장면은 처음 보신 거예요?"

"네."

"어머니, 은규 형은 어떤가요? 형은 은규 얘기를 잘 들어주나요?"

"아니요. 형은 귀찮아하죠. 5학년인데 은규가 맨날 태양계 얘기만 하니 어떻겠어요?"

"그럼 어머니는 형에게 어떻게 하세요?"

"처음에는 야단도 치고 하다가 지금은 그냥 둬요. 형한테 언제까지 그렇게 하라고 할 수도 없고."

"그럼 부모님은 어떻게 하세요?"

"우리요? 우린 무조건 다 들어주죠. 다 은규가 하자는 대로요."

"은규 아버지도요?"

"은규 아빠는 저보다 더 해요. 매일 퇴근하고 와서 그 얘기 들어줘요."

"어머니, 제 생각에는 은규가 부모님처럼 자기 얘기를 들어주지 않는 친구들이나 형에게 상실감이 있을 거 같거든요. 그 차이가 너무 커서 혼자서 조절하기 힘든 것처럼 보여요. 물론 은규에게 부모님처럼 태양계 이야기를 잘 들어주는 사람은 분명히 필요해요. 그렇지만 이제는 조금 다른 방향으로 유도해볼 필요도 있지 않을까요?"

나는 특수교육 전문가도 아니고 아스퍼거 증후군에 대해 잘 알지도 못하지만 뭔가 은규에게 새로운 돌파구가 필요한 것 같다는 생각을 했다. 아스퍼거 증후군은 어떤 분야에 능력이 출중하고 고도로 집중하는데 지금 은규는 그 분야가 천체와 태양계일 수 있다. 관심있고 능력이 출중한 부분을 키워주는 것은 중요하다. 그와 별개로 사회성을 향상시키는 것도 필요하다. 부모라는 언덕에 기대어 자신의 호기심과 관심을 맘껏 풀어놓는 생활에 우회로를 뚫고 싶었다. "은규야, 태양계 얘기 말고 오늘 아빠 회사에서 이상한 일이 있었는데 그 얘기 좀 들어줄래?", "은규야, 엄마는 은규가 오늘 학교에서 어떤 밥 먹었는지 궁금한데 그 얘기 좀 해줄래?" 이런 우회로 말이다. 그렇게 우회로를 만드는 일은 학교에서만 가르친다고 되는 일은 아니었다. 가장 강력하게 정서적 유대 관계를 맺고 있는 부모님의 마음과 생각을 읽고 나누는 것부터 시작해야 한다는 직감이 들었다. 내 판단이 맞는지는 아직도 모른다. 그럼에도 어머니께 작은 수첩을 마련하시면 좋겠다고 했다. 은규와 부모님의 관심사에 대해 하루에 한 가지씩 이야기를 나누고 수첩에 간단히 적어두시면 좋겠다고 했다.

앞으로의 시대는 인간의 심리적 문제들이 더욱 중요해질 것이다. 요즘에는 학교에서 장애의 진단 여부와 상관없이 심리와 정서에 어려움을 겪는 아이들을 쉽게 발견할 수 있다. 그런 면에서 어린이의 심리적·정신적 건강과 안녕을 위해 교사들은 많은 공부와 준비를 해야 한다. 불과 20년 전에는 발달장애, 학습장애라는 말조차도 생소했지만 이제는 누구나 일상에서 쓰고, 그런 장애가 있는 사람도 종종 만나게 된다.

내가 아이들의 발달에 대해, 발달의 우회로에 대해 다른 교사들보다 더 관심을 갖고 조금 더 세심하게 관찰할 수 있었던 것은 모두 장애학생을 만나고 통합학급을 맡았던 경험 덕이다. 아이들을 만나며 차이를 인식하고, 그 차이의 발생 원인은 어디에 있을지, 그 차이는 어떻게 기능하는지, 그 구조를 변화시키기 위해서는 어떤 우회로를 찾아야 하는지 고민할 수밖에 없었다. 그렇게 다 다른 아이들을 만나고 겪으면서 나는 교사로서 성장하고 인간으로서 성숙해질 수 있었다.

학교에 입학하는 아이들이 점점 더 다양해지고 있는 요즘, 학생의 발달과 차이에 대해 고민해 보는 것은 선택이 아니라 필수다. 학생들 하나하나 관찰하다 보면 차이가 드러나겠지만 결국은 공통점을 찾게도 된다. 아이들의 차이와 강점을 살리면서도 삶과 사회, 관계에 대한 좋은 태도의 균형을 맞춰가는 것이 교사의 역할이 아닐까 생각해 본다.

09 실수

민석이는 1학년 2학기 첫날 전학을 왔다. 우리 반은 이미 장애학생이 있는 통합학급이라 학교의 학급 재적수 배정 원칙에 따르면 더 이상 전입생을 받을 대상이 아니었다. 그런데 수업 중에 교감선생님께서 급히 전화를 하셨다.

"전입생이 왔는데 아무래도 한 부장님이 맡아주셔야 할 거 같아요. 옆에 ○○초에서 전학을 안 가면 학교폭력으로 신고하겠다고 학부모들이 압박을 해서 전학을 온다고 하더라고요. 그래도 한 부장이 맡아줘야 그나마 문제가 덜 생길 거 같은데요?"

1학년에 4학급인데, 다른 반들에는 다문화 가정으로 학습이 거의 안 되어 힘든 아이가 있고, 자폐성 장애가 있는 아이가 있고, 특수교육대상자는 아니지만 ADHD로 힘든 아이가 있었다. 물론 우리 반에도 지적장애가 있는 특수교육대상자가 있다. 피할 구멍은 없어 보였다.

언제나 그렇듯이 아무렇지 않게 반 아이들과 인사를 나누게 하고 자리를 안내했다. 민석이는 교과서도 공책도 필통도 없이 빈 책가방만 들고 왔다. 어떤 상황일지 대략 가늠이 되었다. 교실 밖에 마치 죄인처럼 서 있는 민석이 엄마의 모습을 보는 내 마음도 편치 않았다.

민석이는 그림을 무척 잘 그렸다. 아이들도 나도 깜짝깜짝 놀랐다. 집중해서 글을 쓸 때는 글씨도 무척 잘 썼다. 그런데 아침마다 민석이의 눈빛은 초점을 잃은 듯 힘이 없었다. 마치 약 기운에 취한 듯했다. 아침은 먹고 왔냐고 물어보면 엄마가 빵을 사줬다고 했다. 어느 날은 책가방을 안 갖고 왔고, 어느 날은 신발주머니를 안 갖고 왔다.

가까운 학교에서 전학을 왔으니 민석이에 대한 안 좋은 소문은 금방 귀에 들어왔다. 1학년에 입학하자마자 교실에서 친구들과 다툼이 생겨 학부모들의 민원이 상당했고, 참다참다 학부모들이 전학을 안 가면 학교폭력으로 신고하겠다고 하니까 그제야 전학을 갔고, 사실 민석이의 형이 더 심각한데 민석이만 문제가 되어 전학을 보냈고, 그 엄마는 얼마나 몰상식한지 자기 애 약을 못 먹인다고 ADHD 약을 담임에게 갖다주며 먹여 달라고 했다는 것이었다.

그러나 민석이 어머니에게 확인한 진상은 달랐다. 형이 있는데 ADHD인 줄 모르고 학교에 보냈다. 학교에서 너무 말썽이 많아 여러 번 불려 갔고, 심리검사를 해 ADHD 약을 처방받아 먹이고 있다. 그런데 가끔 아침에 너무 바빠서 약을 못 먹여 보낼 때가 있었다. 2학년 때 담임선생님이 그럼 학교에 약을 조금 보내주시라고, 안 먹고 오는 날은 학교에서 먹이겠다고 하셨다는 것이다. 그래서 갖다 드렸고 학년이 바뀐 후에도 그래도 되는 줄 알고 그렇게 했다. 그런데 민석이의 1학년 담임선생님은 그럴 수는 없다고, 그건 엄마가 하는 일이라고 거절하셨다고 했다. 그래서 지금은 집에서 먹여 보내고 있다고 했다. 형 때문에 당한 일이 너무 무서워서 민석이는 5살 때부터 약을 먹였다고 했다. 어머니는 어린이집 교사를 하고 있는데 통학차량 당번일 때는 평소보다 1시간 일찍 나가야 해서 아침을 못 챙겨줄 때가 많아 빵 하나 사서 먹으라고 보낼 때가 있지만 그래도 약은 꼭 먹여서 보낸다고 했다. '빈속에 약을 먹여 보내시는 거예요?'라고 묻고 싶었지만 삶의 짐이 너무 무거워 보여서 차마 묻지 못했다. 원래는 ○○초 근처 빌라에 살았는데 그것도 경매로 넘어가고 두 번이나 이사를 해서 지금은 반지하에 살고 있다고 했다. 지금 사는 곳은 학교에서 좀 떨어진 곳인데 아빠는 사업이 망한 후 게임에 빠져서 온종일 집에서 게임만 한다고 했다. 듣기에도 무겁고 힘든 인생이었다. '이분에게 삶의 희망은 뭘까?' 그런 생각이 먼저 들었다.

민석이를 위해서는 무언가 조치가 필요했다. 어려운 형편에, 지쳐 보이는 어머니에게 뭔가 기대하거나 부담을 줄 수는 없었다. 나는 다시 ○○구 공부방연합회의 문을 두드렸다. 경험해보니 교육청도, 건강가정지원센터도, 구청도 있었지만 진행과정은 더디고 요구사항은 많은데 비해 그다지 실질적 도움을 주는 경우는 별로 없었다. 그에 비해 민

간단체는 빠르고 도움도 실질적이었다. 사정을 듣고 민석이는 물론 형과 부모도 만나 이야기하면 좋겠다고 동의서를 받아달라고 하셨다. 지역사회에 이런 기관이 있다는 것만으로도 큰 힘이 되고 다른 어떤 교육정책보다 든든했다. 조금만 찾아보면 지역사회에는 아이들을 지원하는 다양한 단체가 있었고 도움을 청하면 기꺼이 필요한 도움을 주려고 했다.

동의를 해줘 민석이와 민석이 엄마는 주 1~2회 상담을 받으러 다녔다. 무엇보다 엄마에겐 위로와 공감이 필요해 보였다. 담임교사인 나에게 털어놓지 못하는 것들을 들어줄 다른 전문가가 절실히 필요했다. 그리고 그 일은 내 몫이 아니었다.

겨울을 재촉하는 비가 내리던 11월의 수요일이었다. 4교시 수업을 마치고 다른 학교에 강의가 있어 짐을 챙겨 나왔다. 주차장에서 자동차 키를 찾는데 아무리 찾아도 없었다. 다시 교실에 들어가 서랍장 등을 다 뒤졌는데도 자동차키는 없었다. 분명히 아침에 차를 가져왔으면 키 홀더가 있어야 했다. 강의시간은 다가오고 마음은 급해 일단 택시를 타고 강의를 하러 갔다.

저녁 8시쯤 전화가 왔다. 민석이 엄마였다.

"선생님, 죄송해요. 민석이가 선생님 지갑에 손을 댄 거 같아요."

"네?"

"퇴근하고 오니까 편지봉투에 돈이 들어 있는 거예요. 어디서 났냐고 하니까 선생님 가방에서 가져온 거라네요."

"아, 그거요. 어제 나눔장터 수익금인데 복지관에 보낼 기부금이에요."

"네, 봉투에 보니까 아이들 이름이랑 금액이 적혀 있더라고요."

"제가 오늘 키홀더 지갑이 없어졌는데 아무리 찾아도 없거든요. 그것도 혹시 가져갔나 물어봐주시겠어요?"

"선생님, 민석이 책가방에 들어 있네요. 갈색 지갑에 자동차키가 달려 있어요."

"아, 네 맞아요. 민석이 편에 내일 보내주세요."

"선생님, 봉투에서 돈을 좀 많이 썼어요. 학교에서 집에 올 때 형이랑 택시를 타고 ○○역에 가서 놀고, 또 택시를 타고 집에 왔다고 해요. 봉투에 적힌 금액만큼 채워서 보내드릴게요."

나는 자동차키만 없어진 줄 알았다. 나눔장터 수익금이 들어 있던 봉투는 두 개였다. 지폐를 넣어놓은 것과 따로 동전만 담아놓은 것, 그 중에서 민석이는 지폐가 있는 봉투만 가져갔다. '키홀더는 왜 가져갔니? 그것만 안 가져갔어도 내가 오늘 이렇게 비 오는 날 허둥대면서 뛰어다니지는 않았을 거다. 이 느무 자식아!' 하는 생각이 절로 들었다. 교사생활 20년 만에 처음으로 우리 반 아이가 내 가방에 손을 대는 사건이었다.

정신을 차리고 보니 이 문제를 어떻게 해결해야 할지 막막하기만 했다. 어떻게 해야 할까? 반성문 좀 쓰게 하고 정리할까? 엄하게 훈계를 해야 할까? 이런 일이 얼마나 큰 문제인지 확실히 알게 해줘야 하는 건 아닐까? 전학 와서 이제 좀 안정적으로 생활하고 있는데 문제를 더 키우는 건 아닐까? 상담도 7회차 정도 받고 있는데 그 이상 무엇을 더 할 수 있는 것일까? 그러는 사이 날은 밝았다.

택시를 타고 출근하는데 어릴 적 생각이 났다. 아마도 초등학교 3학년 때였을 것이다. 나도 할아버지 바지 주머니에 손을 댔다. 할아버지가 벗어서 걸어둔 바지 주머니에는 언제나 천 원짜리 지폐와 동전이 들어 있었다. 처음엔 백 원짜리로 시작했는데 점점 천 원짜리 하나쯤은 우습지도 않았다. 그리고 그 일은 점점 커져서 주머니에 돈이 없으면 동네 슈퍼에 들어가서 몰래 과자 하나를 가지고 나오기도 했다. 처음엔 겁이 났는데 나중엔 짜릿해졌다. 그렇게 두세 번 성공하니 나는 더 대담해졌나보다. 결국 주인아주머니한테 들켰다. 내가 어느 집 누구 딸, 누구 손녀라는 걸 다 아는데 말이다. 주인아주머니는 다음부턴 그러지 말라고 타이르셨다. 아마 들키지 않았다면 나는 더 대담해졌을 것이다. 어느 집 누구 딸이라는 걸 다 아는 데도 우리 부모님께 말씀은 안 하신 모양이었다. 부모님은 나에게 어떤 얘기도 하지 않으셨으니 말이다. 슈퍼 아주머니가 눈을 감아주신 건지 부모님이 눈을 감아주신 건지 아직도 모른다.

민석이 역시 처음이 아니었다. 들킨 것도 처음이 아니었다. 형이랑 같이 엄마 지갑에 손을 댄지는 아주 오래되었고, 천 원 이천 원도 아니고 만원 오만 원 짜리를 꺼내갔다고 했다. 그 다음부터는 지갑을 아무 곳에나 두지 않고, 일부러 아이가 보는 앞에서 돈이 얼마 있는지 헤아리기도 한다고 하셨다. 그래서 선생님 가방에 손을 댄 거 같다고도 했다.

아무 일도 없었던 것처럼 하루를 보냈다. 수업이 모두 끝나고 민석이를 불렀다. 왜 그랬냐고 물었다. 잘못했다고 했다. 다시는 그러지 말라고 했다. 선생님은 그 돈 없어도 살 수 있지만, 엄마는 민석이가 그런 걸 보면 힘들어서 살 수 없을 거라고 했다. 민석이가 엄마를 사랑하니 돈이 필요하면 엄마에게 말씀드리는 거라고 했다. 선생님도 어렸을 때 할아버지 주머니에 손을 댄 적이 있다고 했다. 누구나 잘못을 할 수 있지만 잘못한 것을 알고 고치는 사람과 잘못이라는 것을 알면서도 계속하는 사람은 다르다고 했다.

그렇게 하루가 갔고 시간이 흘러 1학년이 끝났다. 민석이는 약을 줄이지는 못했지만 1학년을 잘 마무리했다. 교사가 아이의 가정을 바꿀 수는 없다. 그저 안전한 교실을 만들고, 믿어주고 함께하는 어른이라는 관계를 만드는 것이 전부일지 모른다. 우리는 모두 유혹에 흔들리기 쉽고 실수도 자주 한다. 살면서 얻는 중요한 교훈들은 모두 큰 실수에서 얻게 된다. 이런 사건들과 나와 함께한 시간이 민석이의 인생에 어떤 영향을 끼칠지는 모른다. 다만 나은 방향이기를 소망할 뿐이다.

10 편견

3월 2일 입학식을 마치고 아이들이 모두 부모님의 손을 잡고 하교했는데 누군가 교실 문을 두드렸다. 이규진 어린이의 어머니라고 하셨다.

"아, 네. 무슨 일이신가요?"

"저희 아이가 특수교육대상자입니다. 혹시 우리 애가 장애인이라는 걸 같은 반 학부모에게 밝히고 동의를 구해야 하나요? 부모님들이 민원을 넣을 수도 있다고, 사전에 동의를 받으라는 얘기를 누가 해서요."

"네? 아니에요. 어머니. 그런 것은 없어요. 규진이는 어떤 상태인가요?"

"발달장애인데 사회성에 문제가 있어서요. 계속 치료를 받고 있고 많이 좋아지고 있어요."

"어머니, 걱정 안 하셔도 될 거 같은데요. 제가 오늘 잠시지만 아이들을 봤는데 크게 눈에 띄는 아이는 보이지 않았어요. 그리고 1학년 아이들은 모두 처음 경험하는 것들이고 아직은 대체로 자기맥락 속에서 인식하는 경향이 커서 누가 장애인이고 아닌지 거의 구분하지 못해요. 2학기나 되어야 자신과 조금 다른 아이들에 대해 인지하기 시작해요. 크게 걱정 마세요."

"네. 선생님, 고맙습니다."

어머니는 낮고 작은 목소리로 말씀하셨다. 분명히 신입생 중에 특수교육대상자가 있다고 했는데 도대체 누구인지 학교로 연락을 안 해서 특수교사도 모르겠다고 하던 차였다.

크게 눈에 띄는 경우가 아니면 1학년 아이들은 누가 장애학생인지 잘 모른다. 발달 특성상 아직은 자기가 해야 할 일과 주변에만 시야가 한정되어 있기 때문이다. 20년 넘게 교단에 있었지만 다른 학부모에게 아이가 장애학생이니 잘 부탁한다고 미리 알리고 동의를 구해야 한다는 말은 처음 들었다. 부모들은 사실이 아닌 정보(뜬소문)에 의존하는 경우가 많다. 특수교육지원센터나 학교에, 또는 특수교사에게라도 입학 전에 물었다면 좋았을 것을…. 오죽했으면 어머니들 사이에서 그런 정보가 돌까 싶어 안타깝고, 또 거기에 맘 졸였을 규진이 어머니도 안쓰러웠다.

규진이는 학교생활에 잘 적응했다. 그러나 먼저 다가오는 법은 없었다. 내가 다가가서 물어봐야 했고, 상황을 살펴줘야 했다. 학습에서 문제는 거의 발견되지 않았다. 우리 반은 돌아가면서 모두 발표를 하는데 언제든 '통과'를 외치면 그냥 지나갈 수 있었다. 처음에는 작은 소리로 통과를 쓰던 규진이도 점점 두려움 없이 자기 얘기를 하게 되었다. 사회성에 어려움이 많다고 하여 규진이에게 적극적으로 다가가는 친구가 누구인지 잘 살폈다. 키번호가 앞뒤로 붙어있는 민재가 규진이에게 관심을 보이는 거 같았다. 그래서 심부름도 같이 보내고, 이런저런 활동을 할 때도 키번호로 짝을 맞춰서 둘이 같이 할 수 있도록 했다. 그랬더니 쉬는 시간에도 곧잘 어울려서 놀고, 화장실을 갈 때도 같이 가려는 모습이 보여서 안심이 되었다. 규진이는 어머니가 전해준 상태나, 염려한 부적응과는 너무 다른 모습을 보였다.

1학년은 4월 중순에 '학생정서행동특성검사'를 한다. 웹사이트에 들어가 보호자가 인증번호를 입력하는 방식으로 로그인을 한 후에 40여 개의 문항에 응답을 하면 1차 검사가 종료된다. 1차 검사결과는 담임교사가 확인할 수 있고, 결과에 따라 2차 정밀검사로 넘어가거나 별도의 상담 기관으로 연계해주어야 한다. 1학년 담임을 여러 해 하다 보니 검사결과를 받아보면 이상한 경우가 꽤 있다. 오히려 2차 정밀검사를 받아보았으면 하는 아이는 정상군 판정을 받거나, 별다른 문제가 없어 보이는데 위험군 판정을 받는 경우가 있다.

규진이는 위험군 판정이 나왔다. 검사결과와 내용을 살피다 어머니와 통화를 했다. 학교폭력을 당한 경험이 있다고 응답하셨는데 어떤 사건이 있었냐고 물었다. 2주 전쯤에 학교 방과후 드럼반에서 4학년 형이 자기를 괴롭힌다고 해서 방과후 선생님께 말씀을 드렸고, 이제는 그 형이 자기한테 그렇지 않는다고 했단다. 학교폭력은 지속적인 괴롭힘을 말하기 때문에 그런 경우는 학교폭력에 해당되지 않는 것 같다고 했다. 의미의 심각성에 비해 '학교폭력'이라는 용어는 쉽게 사용되고 판단의 기준도 제각각이다. 법과 학교에서 적용하는 기준을 학부모가 알기는 어려울 것이다. 학교 적응과 관련해서도 부정적인 응답을 많이 해 구체적으로 어느 부분인지 물었다. 규진이가 그런 문제를 얘기한 적은 없는데 유치원에서 워낙 그런 말을 많이 듣다보니 그렇게 응답했다고 하셨다. 학교는 다닌지 얼마 안 되어서 판단할 근거가 부족하다고 하셨다. 규진이는 결과가 위험군으로 나와서 2차 정밀검사로 넘어가야 하는데 동의하시는지 물었다. 선생님 얘기를 들어보니 굳이 그럴 필요까지는 없는 거 같다고 하셨다.

보호자가 응답하는 검사의 특성상 보호자가 민감하고 예민한 경우 학생정서행동검사에서 위험군으로 나오는 경우들이 많다. 검사의 의도와 목적은 좋지만, 내 생각에 검사 시기와 내용(문항)은 다듬을 필요가 있어 보인다. 부모는 아이를 객관적으로 볼 수 있을까? 정확하게 파악하고 있을까? 과장하거나 숨길 수도 있다. 보호자의 자기보고식 설문의 한계가 너무 분명하다. 학교폭력을 당한 경험이 있습니까?라는 질문 앞에서 부모들은 학교폭력이 폭력적인 행위가 지속되는 상태를 의미한다는 부분을 읽어내지 못한다. 반면 좀 더 정밀한 검사를 받아보았으면 하는 경우는 대부분 1차 검사에서 정상군 판정을 받는다. 전국적으로 시행되고 있는 학생정서행동검사의 아이러니다.

규진이는 그림 그리는 걸 힘들어했다. 종이접기도 잘 안 되었다. 발표하는 걸 힘들어했다. 도와달라는 말을 먼저 하지 못했다. 대신 끝까지 다하려고 최선을 다하는 모습을 보였다. 몸놀이 활동 시간에는 땀이 나도록 달렸다. 글쓰기를 아주 잘했고, 맞춤법도 훌륭했다. 강하게 자기표현을 하지는 않았지만 목소리는 언제나 작고 차분했다. 그런데 학년 말이 다가오면서 아이들 소리 사이사이에 규진이 목소리가 들리기 시작했다.

2학기 상담주간에 어머니는 규진이 학교생활에 대해 물어오셨다. 다른 아이들과 다를 바가 없으며 규진이가 지금 갖고 있는 어려움은 다른 아이들도 가진 문제라 굳이 특수교육을 받을 필요는 없을 것 같다고 말씀을 드렸다. 어떤 면에서는 또래 아이들보다 우수한 면이 있다고도 했다. 1학년을 마무리하는 2월에 규진이 어머니가 전화를 하셨다.

"선생님, 지난 상담시간에 규진이가 특수교육을 더 이상 받지 않아도 될 거 같다고 하셨는데 지금도 그렇게 생각하시나요?"

"어머니, 저는 지금도 그렇게 생각해요. 규진이는 다른 아이들과 크게 다르지 않아요. 물론 성장하면서 이런저런 어려움은 충분히 겪을 거예요. 그런데 그건 규진이만 겪는 문제는 아닐 거구요. 그냥 규진이를 믿고 잘 지켜봐주시면 될 거 같아요."

규진이는 더는 특수교육대상이라는 꼬리표를 달지 않고 2학년에 올라갔다. 1학년을 마무리하는 마지막 날 규진이는 고이 접은 편지를 나에게 건넸다.

선생님, 안녕하세요? 규진이에요.
그동안 가르쳐주셔서 감사합니다. 선생님하고 친구들하고 같이 공부하고 생활해서 엄청 즐겁고 행복했어요. 이제 헤어져야 돼서 너무 슬퍼요. ㅠ.ㅠ
선생님, 아프지 마시고 건강하시고 행복하세요. 보고 싶을 때 놀러 갈게요. 선생님 사랑해요.
규진 올림.

한희정 선생님께
선생님, 안녕하세요~ 규진이 엄마에요.
규진이보다 제가 더 겁먹고 긴장하며 시작한 학교생활이였는데 선생님 덕분에 어느덧 1년이란 시간을 잘 채웠네요.
아기 때부터 느렸던 아이였고, 예민한 아이였어서 늘 초조하고 불안했는데, 너무나 즐겁고 행복하게 학교생활하는 규진이를 보며 감사하고 또 감사한 한 해였습니다.
선생님을 만나 규진이가 학교생활 첫 단추를 아주 잘 끼운 것 같아요. 너무 감사합니다. 선생님. 색안경 끼고 보지 않아주셔서 더 더욱이요.
규진이가 숫기가 없어서 선생님 좋아하는 마음을 많이 표현 못 했을 텐데…. 그게 너무 아쉽네요. 아까 선생님께 편지 쓰면서 마지막에 심혈을 기울여 하트 그리더니만…. 색칠하다 망쳐서 엄청 속상해하며 잠들었어요. 표현도 잘 못하고 하트 그림도 망친 규진이지만 규진이가 선생님 얼만큼 사랑하는지 아시죠?^^
아실 거라 믿으며… 다시 한 번 감사드립니다. 한 해 동안 진심으로 감사했습니다. 선생님. 항상 건강하시고, 선생님도 1학년 3반 아이들과의 추억이 행복하게 기억되길 바랄게요~^^
규진 엄마 올림.

사실 규진이가 나를 그렇게 좋아하는지 잘 몰랐다. 나는 늘 그렇듯 그저 아이들이 교실에서 편안하기를 바라는 마음으로 최선을 다하려고 했을 뿐이다. 그런데 나의 최선보다 더 큰 사랑을 받고 있었나보다. 지난 편지를 꺼내 펼쳐놓고 타이핑을 하는 순간에도 짜릿한 가슴 떨림이 느껴진다. 이런 가슴 떨림과 뭉클함이 교사로 사는 이유이기도 하다. 누군가의 마음을 울려 서로 공명하는 일의 소중함을 모른다면 교단에 서는 일이 버거울 것이다.

☆ ☆ ☆

지금까지 만났던 열 명의 아이들 이야기는 내 교사 생활의 작은 기록에서, 또 기억 속에서 꺼낸 것이다. 돌아보니 어떻게 그 시절들을 보냈나 싶고, 또 오늘의 내가 그냥 만들어진 것은 아니라는 것을 느낀다. 다시 하라고 하면 못 한다고 할지도 모르겠다. 돌아보면 매번 다른 아이들과 넘쳐나는 다양한 사건과 사연들은 내 삶의 역사이자 인생의 양분이었다. 나와 만나 함께한 시간들이 아이들이 좋은 사람으로 자라고 행복하게 사는데 보탬이 되기를 바라는 마음이다. 사실 그 시간들을 통해 나도 아이들만큼 성장하고 보람과 행복을 느꼈다. 그래서 여전히 오늘도 나는 교사로 산다. 아이들과 지지고 볶으며 커 가는 한 사람의 교사로.

4장

나의 통합교육 연대기

김명희

서울에서 초등교사로 재직하고 있으며, 모든 학생을 위한 배움중심교육을 연구하고 실천하며 아이들과 행복한 하루하루를 보내고 있습니다. 서울교육대학교 윤리교육과를 졸업하고, 서울교육대학교 교육대학원에서 교육방법전공 석사, 공주대학교 일반대학원에서 특수교육전공 박사학위를 취득하였습니다. 서울시 배움의공동체 연구회 회원, 서울시교육청 교육연수원 직무연수, 자격연수 강사, 서울시교육청 컨설팅 장학지원단으로 활동하고 있습니다.

01 특수교육을 만나다

특수교육 공부를 시작하다

"저도 여기서 특수교육을 공부할 수 있을까요?"

무작정 일면식도 없는 공주대 특수교육과 학과장님을 찾아갔다. 교수님은 내가 초등교사라서 대학원에 지원할 자격이 충분하다며 영어로 된 두꺼운 책을 건네셨다. 다 공부하면 입학시험을 치를 수 있을 것이라고 하셨다. 그런데 책을 보니 앞이 캄캄했다. 입학시험을 볼 자격이 있어 다행이었지만, 원서로 공부하는 게 얼마 만인가? 영어로 특수교육 공부를 해야 하다니…. 과연 할 수 있을까? 이때 나이 마흔. 그래도 이 길이 내 길인 듯 보였다. 막막했지만 마음속에서 뜨거운 열정이 솟아올랐다. 다시 세상 밖으로 나올 출구가 될 것만 같았다.

나는 10여 년 교사로 일했지만 특수교육에 별로 관심이 없었다. 그런데 둘째 아이가 태어나면서 내 삶은 아주 많이, 급격하게 바뀌었다. 둘째 아이는 선천성 대사질환을 가지고 태어났다. 이 질환은 우리나라에 30여 명 정도만 있는 희귀난치질환이었는데 이에 대한 치료가 늦어진 탓에 뇌손상으로 이어져 아이는 발달장애가 생겼다. 우리 아이를 치료해주실 수 있는 분은 유전학 전문의이자 소아청소년과 의사인 김숙자 선생님이 유일했다. 선생님은 수많은 희귀난치질환 아이들을 살려낸 분이라 전국에서 환자들이 청주에 있는 병원으로 몰려든다. 우리 아이도 한 달에 두 번씩은 서울에서 청주로 내려가 입원을 했다. 면역이 약해 감염병에 자주 걸렸던 아이는 대사 위기가 함께 올 위험이 있어 늘 입원치료를 받아야만 했다. 나는 아이가 언제 아플지 몰라 항상 불안했고, 아이보다 여섯 살 위인 딸을 돌볼 겨를도 없었다. 우리 가족의 생활은 엉망이었다. 아이가 다섯 살 때 나는 청주로 내려가기로 했다. 의사선생님 곁에서 살면 조금이나마 안심이 될 것 같았다. 병원 근처에 살게 되면서 아이를 낳은 후 처음으로 편안하게 잘 수 있었다. 365일 24시간 언제든 의사선생님께 달려갈 수 있다고 생각하니 안심이 되었다. 청주에 살며 아이는 눈에 띄게 면역력이 좋아져 한시름 놓을 수 있게 되었다.

아이가 어느 정도 안정이 되자 의사선생님은 아이가 교육을 받게 하라고 권하셨다. 특수교육기관을 찾다보니 마침 집 근처에 장애유아를 돌보는 어린이집이 있었다. 아이를 통해 처음으로 특수교육을 만나게 된 것이다. 어린이집 선생님들은 엄마와 분리도 되지 않고, 눈맞춤이

나 의사소통도 되지 않는 우리 아이를 적응할 때까지 기꺼이 기다려주고 이해해주었다. 기다림 끝에 아이는 어린이집에 잘 적응했다. 어린이집 선생님들은 아이 하나하나의 특성을 고려해 수업을 계획하고, 아이와 일대일로 대응하며 하루를 보냈다. 부모로서 참으로 고마웠다. 그 선생님들을 보며 나의 예전 교사생활을 반성하게 되었다. 나는 과연 배움이 느린 아이들을 기다려주었던가? 넓은 마음으로 이해하고 품어주었던가? 미안함과 후회가 밀려왔지만 이를 만회할 기회는 없을 것 같았다. 아이 때문에 나는 육아휴직 3년, 간병휴직 3년을 모두 쓴 후에는 사직하기로 결심하고 있던 터였다.

어린이집 원장님은 일반유치원을 경영하다 갈 곳이 없는 장애유아들을 보며 안타까운 마음에 뒤늦게 특수교육을 공부하고 장애어린이집을 여셨다고 했다. 원장님은 청주에서 유아특수교육을 처음으로 실천하신 분이었다. 내가 사직을 할 거라고 하니 원장님은 아이를 돌보는 것도 전보다 훨씬 수월해지고 아이도 어린이집에 잘 다니고 있으니 대학원에서 특수교육을 공부한 후 복직하라고 권하셨다. 그 말을 듣는 순간 아이가 세 살 때의 일이 스쳤다. 아이가 고열로 입원을 했는데 1주일이 지나도록 정상수치로 회복이 안 되는 것이었다. 너무나 무섭고 불안했다. 나는 종교가 없지만 본능적으로 기도를 했다. 아이가 아프지만 않고 잘 클 수 있다면 나의 나머지 인생은 우리 아이와 같은 아이들을 위해 살겠다고…. 몇 날 며칠을 간절히 기도하고 또 기도했다. 막연했지만 절실했고 진심에서 우러난 기도였다. 원장님의 권유는 그 다짐과 약속을 깨웠다.

아이가 아프지 않고 어린이집에 가면 주어지는 몇 시간의 자유시간을 잠시도 허투루 쓰고 싶지 않았다. 희귀난치질환 아이들을 위해 평생을 헌신하고도 일흔을 넘긴 지금까지도 주말도 없이 하루에 12시간을 진료하고 계신 김숙자 선생님의 삶을 티끌만큼이라도 닮고 싶었다. 그렇게 해야만 할 것 같았다. 나는 그 시간에 열심히 공부를 하기로 결심했다. 독서실에서 매일 영단어를 찾아가며 공부를 했다. 평범한 일상이었다면 한 번도 다 보기 힘들었을 원서를 1년간 몇 번을 완독했다. 다행히 박사과정에 합격해 연수휴직 2년을 허가받아 특수교육 공부를 시작할 수 있었다.

마음의 병이 치유되다

나는 대학원에서 특수교사들을 만나는 것만으로도 행복했다. 내 아이 같은 아이들을 위한 삶을 살아가는 특수교사들이 한없이 고맙게만 느껴졌다. 유일한 일반교사였던 나는 특수교육 공부가 너무나 재미있었다. 전공서적을 보면서 눈물이 나기도 했다. 구구절절 내 아이의 이야기가 쓰여 있었고, 내가 예전에 가르쳤던 장애아이들의 이야기가 쓰여 있었다. '세상에 이 공부를 이제야 하다니…' 늦게나마 시작할 수 있어서 감사했다. 나는 대학에서 특수교육을 전공한 것이 아니어서 학부생들의 수업도 들어야 했다. 20살을 갓 넘긴 학생들을 보니 또 가슴이 뭉클했다. 수많은 진로 중에 특수교사라는 쉽지 않은 길을 택한 어린 학생들이 기특하고 대견했다. 그들과 함께 공부하는 것도 큰 즐거움이었다. 학생들 중에는 장애학생들도 꽤 있었다. 그 중에는 전맹(全盲)인 남학생이 있었는데 같은 과 친구들이 돌아가면서 이동을 지원해주었다. 그 모습이 얼마나 훈훈하던지…. 그 친구는 늘 점자 타자기로 경쾌한 타자소리를 내며 중요한 내용을 메모했다. 앞을 거의 볼 수 없는 학생이 공부를 너무나 잘하는 것도 신기했다. 영어도 잘하고 교수님께 질문도 잘하고 유머 넘치는 말도 잘했다. 어느 날 수업을 듣다 그 친구의 뒷모습을 보며 눈물이 왈칵 쏟아졌다. 이 친구를 이만큼 키워내기 위해 부모님은 얼마나 많은 눈물을 삼키며 살아왔을지 눈에 선했다.

6년 만에 세상 밖으로 나온 나는 어느새 감사함으로 충만한 삶을 살고 있었다. 아이가 예전처럼 아프지 않아 공부를 시작할 수 있어 감사하고, 우리 아이의 손을 함께 잡아줄 특수교사들이 세상에 이렇게 많다는 사실도 감사하고, 내 공부가 나중에 나눔이 될 수 있을 거란 생각에 또 감사했다. 그러자 신기한 일이 생겼다. 수년간 나를 괴롭히던 우울증과 공황증이 시나브로 사라져버렸다. 내 안으로 파고드는 생각의 고리를 끊어내기 위해 오랫동안 약을 먹고 심리학책을 수없이 뒤적여도 계속되던 우울증이 세상 밖으로 나오자 사라진 것이다. 어둠은 빛으로만 밀어낼 수 있다더니 내 마음을 가득 채운 슬픔과 우울을 감사함이 밀어내 버린 것이다. 우울증이 사라지니 무기력에서 벗어날 수 있었고 전에 없던 에너지도 생겼다. 드디어 새로운 삶이 시작되었다.

새로운 교사가 되기로 결심하다

내가 공부를 하며 느낀 특수교육과 일반교육의 가장 큰 차이는 바로 개별학생에 대한 관심이었다. 일반교육은 집단을 대상으로 하기 때문에 평균 수준의 아이들에 맞추어 수업을 계획하고 실행하는 것이 보통이다. 그래서 개별학생에 대한 관심이 특수교육만큼 깊지 못하다. 나 또한 그랬다. 30여 명의 아이들을 가르치는데 내가 어떻게 그 아이들을 일일이 다 파악하고 특성을 고려할 수 있겠냐며 합리화했었다. 그런데 특수교육은 그렇지 않았다. 개별학생에 대해 관찰하고 또 관찰한다. 부모도 할 수 없을 만큼 속속들이 관찰한다. 그리고 관찰한 내용을 분석해 교육적 처방을 내리고 그 학생의 특성에 맞는 교육서비스를 제공한다. 이를 수업의 임상적 접근이라고 한다. 원래 임상은 의사나 심리학자가 환자나 내담자를 진단하고 치료할 목적으로 직접 병상에 임하는 일이다. 의사가 병상에서 임상연구를 하듯이 교사는 교육과 수업의 전문가로서 끊임없이 개별학생에 대한 사례를 연구한 후 교육활동을 한다. 장애학생마다 교육적 요구가 다르므로 다학문적으로 접근하고 관찰하고 분석한다. 이를 기초로 개별화교육 계획을 세우고 이에 따른 수업을 해야 하므로 수업의 임상적 접근은 필수적이라고 할 수 있다.

나는 수업의 임상적 접근에 완전히 매료되었다. 일반교육 현장에서는 학생을 중심으로 관찰하며 수업임상을 하는 모습을 쉽게 찾아볼 수 없었기 때문이다. 나는 개별학생에 대한 이러한 접근이 일반교육에서도 꼭 필요한 부분이라는 것을 절감했다. 임상적 관찰이 필요한 학생들이 장애학생뿐이겠는가? 비장애학생들 중에도 너무나 많았다. 정서와 행동에 문제가 있는 아이들, ADHD가 있는 아이들, 학습부진 아이들, 학교부적응 아이들 등 학급마다 평균 20% 정도의 아이들에게 임상적 접근이 필요해 보였다. 학교 환경에 따라서는 그 이상인 경우도 많을 것이다. 오히려 이 아이들은 장애학생으로 분류되지 않기 때문에 돌봄의 사각지대에 놓인다. 일반교육에 이러한 아이들을 임상적으로 접근하는 관점이 적용된다면 집단 속에 매몰되어 버린 개별학생의 개성과 다양성이 존중되는 교육이 실현될 수 있지 않을까?

학생 모두의 개성과 다양성을 존중하는 교육은 나의 새로운 교사생활의 화두가 되었다. 어느덧 우리 반에 문제 학생이 없기만을 바라던 이기적인 교사에서 어떤 아이들도 받아들일 준비가 된 교사로 바뀌었다. 다양성의 범주에서 가장 끝 쪽에 있는 장애아를 키우고 있고 그 아이들을 위한 공부까지 하였으니 나는 이 세상 어떤 아이를 만나도 두렵지 않았다. 그렇게 복직할 날을 손꼽아 기다렸다.

02 단 한 명의 학생도 포기하지 않는다

다시 위기가 찾아오다

아이가 일곱 살이 되자 다시 위기가 찾아왔다. 사라졌던 우울증이 재발한 것이다. 갑자기 잠도 편히 잘 수 없고 밥도 먹기 어려웠다. 가슴이 답답하고 손이 떨려 운전조차 하기 어려운 공황증세가 나타났다. 매일 아이를 데려다 주어야 하는데 운전을 하지 못하니 난감했다. 서둘러 병원을 찾아가 약을 먹고 인지행동치료를 받았다. 공황증은 몸이 자신을 보호하려고 긴장하는 증상이니 안심해도 된다는 의사선생님의 말에 그나마 걱정이 줄었다. 조금씩 그 증상들을 무시할 수 있게 되면서 간신히 근거리 운전은 할 수 있게 되었다. 갑자기 왜 우울증이 나타난 것일까?

특수교육 공부를 시작하며 나는 누구보다 통합교육을 지지하고, 많은 장애학생들이 통합교육을 받아야 한다고 생각했다. 나 또한 통합교육을 실천하는 교사가 되리라 결심했다. 그런데 통합교육이 당장 내 아이의 문제가 되니 심각하게 갈등이 밀려왔다. 머릿속은 통합교육의 당위성과 혜택들로 가득한데 마음으로는 아이의 통합교육이 두렵게만 느껴졌다. 휴직 전에 경험한 통합교육은 그리 아름답지 못했다. 그런 기억이 새록새록 떠오르며 통합교육이 부정적으로 다가왔다. 아이가 왕따를 당하거나 괴롭힘을 당하지 않을까? 무관심에 방치되지는 않을까? 하는 걱정이 밀려오며 초등학교 입학이 너무나 두려워졌다. 일반 학교를 보내자니 자기방어가 전혀 되지 않는 아이에게 통제할 수 없는 일들이 벌어질까봐 무서웠다. 특수학교를 보내면 마음은 편할지 모르지만 통합교육을 경험도 해보지 못한다는 것이 슬펐다. 특수학교를 보내야 하나? 일반 학교를 보내야 하나? 하는 갈등에 잠이 오지 않았고, 그것이 화근이 되어 우울증이 재발한 것이다.

힘든 시간을 보내던 중에 오래 전 같은 학교에서 근무했던 후배에게서 전화가 왔다. 빨리 복직하라고 채근하는 후배에게 나는 복직보다 아이를 어느 학교에 입학시켜야할지 괴롭다고 했다. 후배는 지금의 학교는 많이 변해 예전과 달리 경쟁보다는 협력을 강조하고 있고 학생중심 활동도 많이 하고 있어 아이가 잘 적응할 수 있을 것이라고 했다. 후배는 혁신학교에 있는데 자신의 반에도 언어장애가 있는 여학생이 있다고 했다. 새학기 첫날 여학생의 어머니가 찾아와서 큰 걱정을 했지만 그 여학생은 일 년을 아주 편안하게 잘 지냈고, 다니던 언어치료실도 그만둘만큼 언어장애도 많이 개선되었다고 했다. 혁신학교가 위축되었던 그 아이를 변화시킨 것이다. '세상에, 휴직한 사이 학교가 그렇게 많이 변했다니…' 학교의 변화를 알려준 후배가 너무나 고마웠다. 혁신학교도 고마웠다. 나는 통합교육에 아이를 맡겨보기로 마음먹었다.

나는 아이를 입학시킬 혁신학교를 알아보았다. 당시 청주에는 혁신학교가 도시형과 농촌형 딱 두 군데밖에 없었다. 두 학교를 모두 찾아가 입학상담을 하니 그 동네 거주자만 입학할 수 있고, 이미 정원이 차서 이사를 와도 입학하기 어렵다고 했다. 한발 늦은 것이다. 다른 엄마들은 아이를 그 학교에 입학시키기 위해 이사까지 하며 미리 준비를 했던 것이다. 아쉽지만 나는 다른 대안을 찾아야 했다. 어린이집 선생님이 우리 집에서 차로 10여 분 떨어진 곳에 전교생이 50명 정도인 시골학교가 있다고 알려주셨다. 학급당 학생 수가 적으니 선생님들이 좀 더 세심하게 보살펴줄 수 있지 않겠냐면서 시골학교로 가라고 제안하셨다. 학교를 찾아갔더니 장애가 있는 우리 아이도 환영해주었다. 폐교위기에 처해서 한 명의 학생이라도 더 받으려고 했는지도 모른다. 그렇게 아이는 시골학교에 입학했다. 6명이 한 반이었는데 일주일 정도 보내고 나니 아이는 아주 잘 적응했다. 내가 그동안 왜 그렇게 마음고생을 했는지 억울할 만큼 아이가 잘 지내자 나의 우울증은 감쪽같이 사라졌다.

배움의 공동체를 만나다

아이를 학교에 보내고 나는 혁신학교에 대해 본격적으로 연구했다. 나는 연구주제로 '모든 학생을 위한 통합교육', '일반교육 주도의 통합교육'을 잡았던 터라 혁신학교에서 그 해답을 찾을 수 있을 것 같았다. 혁신학교를 키워드로 하여 책과 논문들을 찾아 읽었다. 그러던 중 '단 한 명의 학생도 포기하지 않는다'라는 멋진 부제가 붙은 책을 만났다. 통합교육에 대한 책인가 싶었지만 아니었다. 수업혁신에 대한 책이었다. 우리나라에 배움의 공동체 열풍을 일으킨 손우정 교수님이 쓴 한국형 배움의 공동체에 관한 책이었다. '아, 이런 생각을 하는 교사들이 있다니….' 나 혼자만의 고립된 생각이 아니었다. 눈물이 핑 돌았다. 제목만 봐도 가슴이 저리게 고마웠다.

배움의 공동체는 일본의 사토 마나부 교수에 의해 주창된 학교개혁의 원리다. 일본과 한국을 비롯한 동아시아 국가들의 학벌주의, 입시경쟁, 획일적 교육의 부작용을 극복하기 위해 새로운 공공성과 민주주의를 내세우며 학교를 배움의 공동체로 바꾸자는 것이었다. 나는 사토 마나부의 '현재의 공교육이 테일러링(tailoring)이 빠진 오케스트레이팅(orchestrating)을 했기 때문에 위기에 처하게 되었다'는 비판에 크게 공감했다. 교육에서 테일러링은 한 사람 한 사람의 체격에 맞게 옷을 재단하듯이 아이 한 명 한 명의 개성에 대응하여 수업을 창조하는 것이라고 할 수 있다. 오케스트레이팅은 각기 다른 악기의 다른 음과 소리를 교류시켜 심포니를 만들어내듯이 교실에서도 학생들의 다양한 의견이

나 이미지를 교류시켜 하나의 심포니를 만들어 나가듯 수업을 전개하는 것이다. 그러기 위해서는 오케스트레이팅 활동을 하는 가운데에서도 테일러링을 계속 의식할 필요가 있다. 이 테일러링이 바로 특수교육에서 말하는 개별화교육을 뜻한다고 할 수 있을 것이다. 오케스트레이팅은 개별화교육과 동시에 집단교육을 하는 통합교육을 지칭한다고 할 수 있다. 결국 학교혁신은 통합교육의 가치를 지향할 때 이루어질 수 있다는 의미이기도 하다.

사토 마나부는 배움의 공동체의 비전으로 학생들이 배움의 권리를 실현해야 한다고 하였고 그것이 학교의 공적 사명이라고 하였다. '학생 한 명도 빠짐없이'를 실천하지 못한다면 교육개혁도 성공할 수 없다고 강조했다. 이 또한 통합교육을 위한 개별화교육의 원리와 같은 맥락이다. 나는 여기에서 통합교육의 가능성과 희망을 엿볼 수 있었다. 그렇지만 배움의 공동체는 일반교육에서 장애학생을 포함한 통합교육을 염두에 두고 형성된 철학이나 수업혁신방법이 아니었고 그와 관련된 연구도 찾아볼 수 없었다. 하지만 다양한 수준의 아이들이 함께 배우며, 한 명도 소외시키지 않고, 개별학생의 교육적 요구까지 충족시켜 나가는 배움의 공동체 수업 사례들을 보며 통합교육으로의 확장 적용이 충분히 가능해 보였다. 내가 직접 장애학생을 포함한 통합교육으로서의 배움의 공동체를 실천해보기로 마음먹었다.

03 시골학교 교사가 되다

시골학교의 아이들을 만나다

육아 3년, 간병 3년, 연수 2년, 총 8년의 휴직을 마치고 드디어 복직을 했다. 다시 학교로 돌아오다니…. 가슴이 벅찼다. 누구보다 정성을 다해 아이들을 가르치리라 마음먹었다. 나는 서울시교육청 소속이라 청주로 파견신청을 하고, 청주교육지원청의 인사담당 장학사를 찾아가 아이가 다니고 있는 시골학교로 보내달라고 부탁했다. 대부분의 교사들이 그 학교를 원하지 않아서였는지 모르지만 다행히 나는 아이가 다니고 있는 시골학교로 발령이 났다. 학부모일 때는 이렇게 좋은 학교를 왜 충북의 교사들이 꺼리는지 의아했지만 근무를 해보니 그 이유를 알 것 같았다. 작은 학교는 교사도 적어서 업무의 양이 엄청나다. 이 업무 부담은 시골학교를 기피하게 만들었고, 실제로 교사들의 학교생활 만족도는 대체로 낮았다. 나는 업무 부담이 많아도 이보다 더 행복할 순 없었다. 마치 신규교사같은 의욕과 설렘이 있었다. 도전하고 싶은 모델과 영감이 있었다. 게다가 아이가 잘 적응해 다니고 있는 이 학교를 위해 열심히 일하고 싶은 마음이 있었다.

전교생이 50여 명이었는데 장애학생이 7명이나 되었다. 이 장애학생들의 부모도 나와 같은 생각으로 이 학교를 보낸 것이다. 학급당 학생 수가 적으니 선생님들이 잘 돌볼 수 있을 것이라 생각했던 것이다. 그래서 집이 꽤 멀어도 매일 등하교를 시켜며 학교에 보내고 있었다. 다행히 통합교육은 잘 되었다. 아이들은 어렸을 때부터 장애학생들과 함께 자라온 덕분에 장애학생들을 배려하고 불편함을 감수하는 것을 당연하게 여겼다. 나는 이 학교에서 근무하는 2년 내내 6학년을 맡았는데 두 번째 해에 맡은 6학년은 내 교사 인생에서 다시는 만나지 못할 것 같은 아이들이었다.

우리 반은 11명이었는데 남학생 9명, 여학생 2명이었다. 여학생 한 명은 2학기 말에 전학을 왔으니 여학생 1명이 내내 남학생 9명과 생활한 셈이었다. 사춘기 여학생이 혼자 남학생들과 함께 생활하는 것이 쉽지는 않았을 텐데 아주 씩씩하게 잘 지냈다. 남학생들이 배려한 때문이기도 했다. 뭔가 선택해야 하면 이 한 명밖에 없는 여학생이 원하는 것으로 다 몰아주었다. 여학생의 관심사를 함께 나누기도 했다. 그 또래 여학생들이 즐겨하듯 머리에 헤어롤을 말아 올리고, 고데기로 머리를 셋팅하고, 틴트를 바르는 일들을 남학생들이 함께 해주었다. 그 모습이 우습기도 했지만 한 명의 여학생을 배려하는 아이들이 고맙고 예뻤다.

우리 반에는 두 명의 장애학생이 있었다. 한 명은 자폐성 장애 3급의 경도장애가, 다른 한 명은 자폐성 장애 1급의 중도장애가 있었다. 경도장애가 있는 현규는 대부분의 사회적 행동을 습득하여 학교에서의 규칙을 잘 지키고 시간개념도 철저하여 학습준비도 아주 잘하였다. 친구들의 모습을 잘 모방하여 따라하지만 또래에 비해 발달이 늦어 자연스레 어울리는 것은 어려웠다. 학년이 높아질 수록 학습수준의 격차가 커져서 개별적 지원이 더 많이 필요했다. 그러나 온순하고 의사소통도 잘 이루어지고 자기관리도 할 수 있어 성인이 돼서도 충분히 독립생활, 직업생활이 가능해 보였다.

중도장애가 있는 윤석이는 발화가 거의 되지 않고 착석도 어려웠다. 3학년 때부터는 통합학급 입실조차 거부하여 특수학급에서만 지내다가 6학년이 되어서야 하루 1~2시간 정도 통합학급 수업에 참여했다. 수업 중 갑자기 나가버린다거나 큰 소리를 낼 때가 많아 항상 실무사 선생님과 같이해야 했다. 또래 친구를 보면 웃고 하이파이브도 하며 반가워하지만 짧은 시간 동안만 친구의 말을 듣거나 호기심있게 쳐다볼 뿐 교실에서 나가려고 했다. 게다가 섭식장애와 수면장애가 있어 날마다 컨디션이 매우 달라 수업 참여정도를 예측하기 어려울 때가 많았다. 잘 먹지 못하고 잠도 푹 잘 수 없는 아이라 학교생활이 힘들 수밖에 없었다. 남학생이지만 피부는 아주 하얗고, 잘 먹지 못해 몹시 말랐다. 손톱으로까지 영양분이 전달되지 못해 손톱이 종잇장처럼 얇아 조금만 스쳐도 상처가 났다. 가느다란 손가락과 얇디 얇은 손톱을 보면 마음이 아팠다. 하지만 윤석이가 웃으면 그렇게 예쁠 수가 없었다. 마치 활짝 핀 백합 같았다. 가끔이지만 웃을 때면 마음속의 힘든 것들이 다 사라져 버리는 것 같았다. 나는 매일 윤석이가 웃게 하고 싶었다.

우리 반 아이들은 이 두 장애학생에게 매우 호의적이고 잘 배려해주었다. 새로 담임이 된 나에게 아이들은 2명의 장애학생에게 어떤 지원이 필요한지 일목요연하게 가르쳐주어 처음부터 감동을 받았다. 자유놀이 활동시간에 현규가 혼자 있으면 먼저 다가가 놀이에 대해 쉽게 설명해주고 함께 참여하도록 이끌었다. 수업 중 윤석이가 갑자기 소리를 내도 그냥 백색소음 정도로 여기며 아무렇지 않아 했다. 아이들의 5학년 때 학급 사진들을 보니 유치원 교실이나 다른 학년 교실, 통합지원반에 가서 찍은 사진들이 있어 이유를 물었더니 윤석이가 교실에 들어오지 않으려고 해서 모두가 윤석이 있는 곳으로 가 함께 학급사진을 찍었기 때문이라고 했다. 아름다운 모습이었다. 이 아이들을 만난 처음 몇 주는 매일 놀라는 일뿐이었다.

비장애학생들 중에는 6학년 과정을 훌쩍 뛰어넘은 학생에서부터 학습부진으로 학습 속도가 매우 느린 학생까지 수준이 다양했다. 나는 아이들의 스펙트럼이 넓을수록 서로에게 더 잘 배울 수 있을 것이라 생각했다. 아이들의 다양한 생각과 목소리, 색깔을 담아내는 수업을 통해 통합교육을 멋지게 실현해보고 싶었다.

모든 학생을 위한 배움중심수업을 디자인하다

나는 일반교육 주도의 통합교육을 시도해보고 싶었다. 그래서 본격적으로 배움의 공동체 수업에 대해 연구했다. 사토 마나부는 활동적 배움, 협동적 배움, 표현적 배움을 경험할 수 있도록 수업을 조직하면 단 한 명의 학생도 소외시키지 않을 수 있다고 하였다. **활동적 배움**은 아이들을 현실세계 및 구체적인 사물과 만나게 하는 일이다. 수업시간의 활동이 교사가 아니라 아이들의 활동이 되게 하려면 학습소재를 주변의 사물이나 사건과 연결하고 구체물이나 반구체물을 활용한 조작활동을 포함하여 학습동기를 높여주어야 한다. 이러한 활동은 학교에서 배운 지식들을 자신이 세상을 살아가는데 의미있는 지식들로 살아나게 한다. 활동적 배움은 구체적인 조작활동 뿐만 아니라 교과의 특성에 따라 추론활동, 탐구활동, 문제해결활동, 생각정리 등 지적인 활동들을 포함한다. 활동적 배움은 초등수준에서만이 아니라 중·고등학교 수업에서도 매우 중요하다. 내가 배움의 공동체 연구회 활동을 하며 중·고등학교 수업을 참관했는데 활동적 배움을 하자 엎드려 자던 아이들이 일어나 참여하는 놀라운 광경을 목격하였다. 활동적 배움은 아이들을 모두 참여하게 하는 힘이 있었다.

협동적 배움은 배움의 공동체 수업의 가장 중요한 특징인데 모둠별 협동학습으로 수업을 조직하는 것이다. 배움의 공동체 수업이 모든 학생들의 배움을 보장할 수 있는 이유는 일제식(一齊式) 수업이 아닌 모둠별 활동을 통해 협동하는 배움을 추구하기 때문이다. 협동적 배움은 비고츠키가 말한 근접발달영역(Zone of proximal development)을 자극할 수 있다. 즉, 혼자서 할 수 없는 과제도 또래나 교사의 도움으로 할 수 있게 되고, 또 할 수 있는 범위도 넓어지도록 촉진될 수 있다. 나는 수학 시간에 한 단원을 마칠 즈음 수준이 높은 문제집에서 어려운 문제를 서너개 뽑아 모둠별로 협동하여 풀게 했다. 이 점프문제를 만약 혼자 풀게 한다면 우리 반에 두세 명 정도만 풀 수 있을 것이고 나머지 아이들은 금방 포기해버릴 것이다. 그러나 모둠원과 협동하여 풀게 하였더니 아이들은 서로서로 가르쳐주어 40분 안에 가장 수학을 어려워하는 아이까지 다 풀 수 있게 되었다. 이렇게 협동적 배움은 한 명도 소외시키지 않으며 더 높은 성취를 가능하게 한다. 또한 협동적 배움으로 수업을 조직하면 아이들의 활동을 관찰할 수 있는 여유가 생긴다. 일제식 강의 수업에서는 아이들을 관찰할 여유가 없다. 그러나 협동적 배움으로 수업을 조직하자 소집단 모둠활동을 순회하며 아이들의 배움이 어디에서 주춤거리고 어디에서 점프가 일어나는지, 어떤 아이가 소외되고 있는지 파악할 수 있었다. 그러면 아이들을 친구들과 연결하기, 교재와 연결하기, 되돌리기를 하며 개별적으로 지원할 수 있다. 그렇게 한 명도 소외시키지 않는 것이다.

표현적 배움은 배운 것을 공유하고 표현하는 활동을 하며 반성적으로 음미해 자신의 것으로 확실히 만들어가는 활동이다. 표현적 배움은 주로 수업의 마지막 단계에서 하게 되는데 모둠에서 배운 것을 자신의 말로서 표현하는 것이다. 여기서 교사는 정답을 말하도록 요구해서는 안

되고, 어떠한 의견이나 표현이든 허용하며 아이들의 표현을 교재와 연결짓고 친구들과 연결짓는다. 그리고 누구든 말할 수 있는 기회를 준다. 교사의 이러한 태도가 아이들의 듣는 힘과 표현적 배움을 키우도록 할 수 있다.

배움의 공동체 수업의 이러한 세 가지 배움은 통합교육의 원리인 **보편적 학습설계의 원리**를 **적용**하기에 매우 적합해보였다. 보편적 학습설계는 다양한 특성을 가진 모든 학생들이 일반교육과정에 접근하도록 허용한다는 개념인데 **다양한 내용제시방법·표현방법·참여방법**을 제공하는 것이다. 배움의 공동체의 세 가지 배움을 조금 더 확장하면 장애학생이 포함된 통합교육 상황에서도 충분히 적용 가능한 보편적 학습설계가 될 수 있었다.

먼저 **활동적 배움은 다양한 내용제시방법**으로 확장될 수 있다. 주변의 사물이나 생활세계와 접촉하도록 수업을 조직하는 활동적 배움은 장애학생들의 배경지식을 맥락으로 활용해 수업의 주제에 좀 더 쉽게 접근하도록 하는데 이는 매우 유용한 내용제시방법이 될 수 있다. 또한 장애학생들의 수준과 특성에 적합한 다양한 예시와 매체(시각지원, 청각지원, 보조공학기기 등)를 이용한다면 장애학생들도 모두 활동적 배움에 참여할 수 있게 된다.

협동적 배움은 다양한 참여방법이 될 수 있다. 모둠별 협동학습을 하는 동안 장애학생은 또래 친구들과 교사에게 다양한 지원을 받을 수 있다. 또래를 모방하며 참여가 활성화되는데 이때 또래가 수업의 비계

(scaffolding) 역할을 한다. 장애학생에게 협동적 배움을 통한 모방은 학습기술을 익히는 중요한 기회가 될 수 있다. 모방은 가장 기초적인 학습능력이지만 이 능력이 부족해 발달장애를 가지게 된 아이들에게는 꼭 배워야 할 학습기술이기도 하다. 또래를 모방하면서 지식을 습득할 뿐 아니라 생활연령에 맞는 인지, 언어, 사회성, 또래의 문화까지 배우는 기회가 될 수 있다. 주어진 과제를 잘 수행할 수 있도록 유능한 성인이나 또래가 도움을 준다면 장애학생들은 더 높은 성취가 가능해진다. 모둠별 협동학습을 통한 협동적 배움은 장애학생들의 다양한 참여를 지원할 수 있다.

표현적 배움은 다양한 표현방법으로 확장할 수 있다. 장애학생들이 다양한 방법으로 표현할 수 있도록 융통성 있게 기회를 주고, 지속적인 연습과 피드백을 지원한다면 장애학생들의 표현적 배움도 보장할 수 있다. 만약 발화가 어려운 학생들이 있다면 다양한 의사소통 도구를 이용하면 된다. 표현적 배움과 허용적 분위기가 잘 정착된 학급이라면 장애학생에게는 자신을 표현할 수 있는 최고의 환경이 될 수 있다. 장애학생들은 인지발달, 언어발달, 신체발달에서 불리한 조건을 가졌으며 의사소통의 문제를 가지고 있는 경우가 많기 때문에 일반학급에서 표현의 기회는 더욱 제한적일 수 있다. 더듬거리고 어눌하게 자신을 표현하더라도 친구들이 비웃지 않고 귀 기울여주고, 교사가 이를 교재와 연결하고, 친구들의 생각과 연결 짓는다면 장애학생의 사고가 촉진되고 자존감과 성취감도 크게 향상될 수 있다. 이러한 표현의 자유와 편안함이 주어진다면 교실은 장애학생들에게 배움의 공간일 뿐만 아니라 최고의 언어치료, 사회성 치료의 공간이 될 수 있다.

배움의 공동체 수업의 세가지 배움의 원리를 장애학생을 포함한 보편적 학습설계의 원리와 결합해 확장 적용한 나의 수업을 '모든 학생을 위한 배움중심수업'이라고 이름 붙이고 직접 실천하기 위한 도전을 시작했다.

교사학습공동체를 구성하다

혼자서 '모든 학생을 위한 배움중심수업'을 발전시키기에는 한계와 어려움이 있었다. 통합교육으로서의 배움중심수업을 함께 고민하고 조언을 해줄 선생님들이 필요했다. 대학원에서 특수교육을 공부하기는 했지만 실제 장애학생 교육 경험이 부족했기 때문에 특수교사들의 도움이 절실했고, 현장에서 배움중심수업을 먼저 실천하고 있는 일반교사들의 도움 또한 필요했다.

나는 충북 배움의 공동체 연구회 회원으로 활동하고 있었는데 연구회에 나의 수업연구에 대해 소개하고 함께 교사학습공동체를 할 선생님들을 모집하는 공고를 냈다. 나는 파견교사여서 청주에는 아는 선생님들이 거의 없었다. 공고를 내고도 함께할 선생님이 있을지 확신이나 기대를 할 수 없었다. 그런데 놀랍게도 다음날 함께하고 싶다는 연락이 왔다. 순식간에 세 분의 일반교사들이 자원해 주셨다. 세 분은 모두 혁신학교에 있었는데 누구보다 나의 수업연구를 지지해주셨다. 다들 학교에서 중책을 맡아 바빴지만 의미 있는 일이라 참여하게 되었다고 하셨다. 그리고 나는 특수교사도 참여시키기 위해 대학원에서 함께 공부했던 선생님께 부탁해 흔쾌히 허락을 받았다. 또, 열정 가득한 특수교사까지 소개받아 나를 포함한 총 6명으로 교사학습공동체를 구성할 수 있었다.

> 한 명의 아이도 소외되지 않는 교육을 추구한다는 배움의 공동체 철학을 바탕으로 통합교육을 실천하는 수업을 함께 보고 배우고 싶었어요. 장애를 가진 아이들도 의미 있는 배움이 일어날 수 있다고 기대하며 참여하게 되었습니다.
>
> (교사학습공동체 첫 모임에서 김○○ 선생님)

아무런 대가도 바라지 않고 귀한 시간까지 쪼개어 함께 수업연구를 해나가겠다는 이 훌륭한 선생님들을 위해서라도 나는 열심히 해보고 싶었다. 그러나 앞을 가로막는 장애물이 많았다. 학교 업무도 엄청나고, 내 아이도 돌봐야하고, 배움의 공동체 연구회 활동까지도 만만찮은데 여러 차례의 수업공개와 교사학습공동체 운영까지. 나의 체력이 잘 버텨낼지도 걱정이었다. 나는 다시 기도했다. 이 길이 세상에 꼭 필요한 것이라면, 나의 배움이 큰 나눔이 될 수 있다면, 큰 어려움 없이 해내게 해달라고…. 이렇게 나의 무모한 도전은 시작되었다. 나는 새롭게 수업을 구성하고, 실행하고, 공유하고, 피드백을 받았다.

마음열기

나는 배움중심수업을 본격적으로 시작하기에 앞서 반 아이들에게 의도와 취지를 설명하고 수업방법들에 대해 지속적으로 교육했다. 우선 수업시간마다 모둠별 협력학습의 기본이 되는 '마음열기'를 위해 친구의 말에 귀기울이고, 친구의 어려움 살피고, 소외된 친구가 없도록 하고, 서로의 생각을 주고받는 등의 연습을 꾸준히 진행했다. 마음열기 과정에서는 무엇보다 교사의 역할이 중요한데 교사가 먼저 아이들의 말에 귀 기울이고, 작은 속삼임에도 반응해주고, 학생과 학생을 연결하는 등 꾸준히 실천해야 한다. 학생들은 교사의 행동을 그대로 모방하며 배우기 때문에 교사가 실천을 해야 반 학생들이 서로 배려하고 나누게 된다. 우리 반 아이들은 이미 협동학습의 기본이 잘 갖춰져 있어서 이 과정을 쉽게 해나갈 수 있었다. 이렇게 형성된 학급 분위기는 장애학생이 포함된 통합교육을 위해 매우 적합한 또래관계의 모습으로 나타났다.

모두가 주인공

'모두가 주인공'인 배움중심수업을 위해서 우선 수업내용에서 기본과제와 점프과제를 선정했다. 기본과제는 그 시간에 배워야 할 가장 기본이 되는 지식들로 모든 학생이 반드시 이해해야 하는 활동으로 구성했다. 점프과제는 기본과제의 지식들을 활용하거나 적용하여 더 깊은 탐색을 요하는 과제들로 구성했다. 어떤 차시는 기본과제만을 해결하기도 하고 어떤 차시는 점프과제만으로 한 시간을 보낼 수 있다. 점프과제가 있어야 학습수준이 높은 아이들도 끝까지 수업에 참여하고 몰입하며 도전할 수 있는 동력이 생긴다. 또 장애학생이나 학습수준이 낮은 학생들에게도 의미가 있다. 점프과제는 기본과제를 심화시키는 것이므로 기본과제를 더욱 단단히 이해할 수 있는 계기가 되고 간혹 단계를 뛰어넘는 배움이 일어나기도 한다.

나는 아이들과 함께 텍스트 이면의 의미 탐구하기, 당시의 삶과 관련지어 추측하기, 나의 삶으로 가져오기, 도표를 보고 미래상황 예측하기, 자신만의 문제 만들기, 생활상에서 사례 찾기, 학자의 탐구과정 경험하기 등을 점프과제로 진행했다. 이 중 당시의 삶과 관련지어 추측하기 활동과 나의 삶으로 가져오기 활동은 장애학생과 일반학생 모두에게 공감을 일으킬 수 있는 점프과제였다.

> 오늘 학교에서 2교시 때 사회수업을 했다. 나는 전쟁이 일어난 데에서 친구들한테 잘 설명해주고 발표도 잘해서 선생님이 칭찬해주셨다. 편지에는 '할아버지, 할머니 건강하고 전쟁이 일어나지 말고 건강하세요.'라고 썼다.
>
> (현규의 배움일지에서)

경도장애가 있는 현규는 편지쓰기를 곧잘 한다. 문맥이 안 맞기도 하지만 전하고 싶은 내용을 글로 확실하게 전달할 수는 있다. 사회시간

6.25전쟁 수업에서 현규는 전쟁에 관한 상세한 이해는 어려웠지만 삶의 터전이 사라지고 가족이 생사를 달리하는 사진자료를 통해 당시 사람들이 큰 슬픔을 느꼈다는 것을 이해했다. 친구들이 편지를 쓰는 모습을 보고 현규는 혼자서 편지를 썼고, 이 활동을 통해 전쟁이 반복되지 말아야 하는 이유를 스스로 내면화할 수 있었다. 장애학생에게도 점프과제는 이렇게 의미있는 활동이 될 수 있다.

나는 이 모든 활동들을 **모둠별 협력학습**으로 하게 했다. 모둠활동은 협동적 배움을 일으킨다. 모둠원들이 함께 하다 보면 이탈하지 않고 모두 다 참여할 수 있어 서로의 배움을 끌어주고 스스로 생각하는 힘을 기르게 한다. 또한 혼자서는 도달하지 못하는 수준의 성취를 친구들과 함께 하다 보면 해내는 경우가 많다. 집단적 지성이 발휘되면서 근접발달영역에 자극을 받기 때문이다. 모둠활동에서는 전체학습에서 나타나지 않는 아이들만의 언어로 만들어지는 순수한 배움의 모습이 나타나기도 한다.

> 세계 지형도를 보니 복잡했다. 그런데 그것을 이해한 내가 기특했다. 친구들과 함께 지형도를 이리저리 살펴보다보니 조금씩 이해가 되었다. 그리고 나서 나는 일본에 살고 싶은 집을 그렸는데 너무나 잘 그렸다. 오늘따라 수업에 더욱 잘 집중하였다.
>
> (일반학생 현석이의 배움일지에서)

나는 사회수업 중 세계지리에 관한 수업에서 지형도를 보는 몇 가지 방법을 소개해주고 모둠별로 협력하여 각 나라 지형의 특징을 알아보게 하였다. 사회과 부도에 나온 각 나라의 복잡한 지형도를 보고 아이들은 그것을 어떻게 알 수 있겠냐고 한숨을 내쉬었다. 그러나 아이들은 말없이 지도를 한참 동안 살피더니 어느새 조금씩 더듬더듬 지형도를 읽어내기 시작했다. 한 아이의 이야기에 또 다른 아이가 살을 붙여가며 중국, 일본, 몽골 지형의 주요한 특징들을 다 알아낼 수 있었다. 협동적 배움은 아이들로 하여금 주도성을 갖고 참여하게 하는 힘이 있다. 그렇게 알아낸 지식들은 결코 잊혀지지 않는 자신의 것이 될 수 있다. 아이들이 모두 수업의 주인공이 되는 것이다.

협동적 배움이 더욱 활발하게 일어나기 위해서는 모둠활동에서 편안하게 자신의 의견을 말할 수 있고 친구들이 틀려도 비난하지 않고 의견을 잘 수용해줄 수 있는 분위기가 형성되어야 한다. 이러한 분위기가 잘 형성된 모둠에 장애학생들이 참여하게 되면 분리된 환경에서의 개별학습보다 더 높은 성취가 나타난다. 장애학생들은 또래의 언어를 통해 더 쉽게 학습내용을 이해하고 모둠활동을 통해 또래와 자연스러운 상호작용까지 할 수 있다.

> 오늘 학교에서 2교시에 음악 수업을 했다. 현석이랑 영선이가 나에게 '아름다운 것들'을 가르쳐주고 나는 실로폰을 칠 마음이 좋다고 했다. 내가 정신도 차리고 잘 할 수 있게 됐다. 그래서 선생

님이 칭찬해주셨다. 영선이가 가르쳐줘서 내가 연주를 어떻게 할 지 알아서 고맙게 가르쳐 주었다.

(현규의 배움일지에서)

기악합주를 하는 음악수업이었다. 현규는 실로폰을 맡고 영선이는 멜로디언 현석이는 리코더를 맡았다. 각자 맡은 악기를 연주해야 하는데 현규는 어려워하였다. 현규가 연주를 하지 못하면 모둠 아이들이 모두 연주를 하지 못한다. 현석이와 영선이는 현규를 번갈아가며 가르쳐주고 이끌어주었다. 현규는 악기연주 방법을 친절하게 가르쳐준 현석이와 영선이에게 고마워했으며 그래서 더 재미있게 할 수 있었다고 했다. 연주할 때 현규는 계속해서 한 박자 느리게 실로폰을 쳤지만 모둠의 친구들은 현규가 끝까지 연주를 했다는 것에 놀라워하고 칭찬을 많이 해주었다. 현규는 친구들의 칭찬과 친절한 도움으로 악기연주를 끝까지 마칠 수 있었다. 친구들이 현규에게 모방할 기회와 수업의 비계를 제공해준 것이다. 모둠활동은 현규의 참여를 독려하고 평소 실력보다 더 높은 실력으로 이끌어줄 수 있었다.

모둠활동은 또한 수업중에 교사가 장애학생과 같이 개별적 지원이 더 많이 필요한 학생들을 지원할 수 있는 시간이다. 나는 모둠활동을 순회하며 아이들이 배움에서 소외되지 않도록 적절하게 지원할 수 있었다. 특히 현규와 윤석이가 있는 모둠의 모둠원이 되어 수시로 도와줄 수 있었고 친구들과 연결시켜주기도 하였다. 모두가 주인공이 될 수 있도록.

누구든 할 수 있도록

'누구든 할 수 있는' 배움중심수업이 되기 위해서는 장애학생들을 위한 다양한 활동 옵션들이 준비되어야 했다. 이는 보편적 학습설계의 원리인 다양한 내용제시방법·참여방법·표현방법을 배움중심수업에 적용하는 것이다. 먼저 경도장애가 있는 현규를 위한 활동은 최대한 일반학생들과 같은 것으로 구성하려고 했다. 나는 현규가 일반학생들과 같은 활동으로 수업에 참여하도록 사전에 개별 수업을 했다. 사전수업에서는 본수업에서 다룰 내용의 기본 개념들을 최대한 쉽게 설명해 이해시키려 했다. 이렇게 하면 본수업에서 일반학생들과 같은 활동을 할 수 있고, 사전수업에서 공부한 내용을 기억해 말하는 등 효과도 좋았다. 현규는 나와 하는 사전수업을 아주 좋아했다. 매일 수업이 끝나면 언제 같이 공부하느냐고 물어왔다. 쉽게 설명해주고 쉽게 물어봐주는 것이 현규의 마음에 들었던 것 같다.

사회수업 중 세계지형에 관한 내용을 본수업시간에 처음 다루게 되면 현규가 온전히 이해하는 것이 어려워보였다. 나는 현규와 지도를 보고 읽는 방법에 대해 사전수업을 했는데 현규는 그때 배웠던 것을 본수업시간에 잘 기억해내기도 했다. 오히려 일반학생들보다 더 빨리 대답을 할 때도 있었다.

> 저번 주 목요일 6교시가 끝나고 선생님하고 도서관에서 사회에 대해서 나라에 대해서 배웠는데 나는 산에다가 집을 짓는 것을

생각했다. 금요일 사회수업 할 때 엄마 아빠가 나 수업하는 걸 보러왔다. 나는 종이에다가 어떤 집을 만들 건지 생각해보았는데 선생님하고 했을 때 생각해서 산에 다가 아파트집을 지을 거라고 바로 생각했다.

(현규의 배움일지에서)

나의 노력만큼 반응해주는 현규를 보며 경도장애학생도 교육과정에서 통합교육이 충분히 가능하다는 것을 알 수 있었다. 현규와 사전수업을 하더라도 어려운 내용일 경우에는 수업에서 좀 더 단순한 과제로 수정한 활동지를 만들어 활용했다.

현규는 학급규칙을 잘 지키고 시간개념도 정확하고 수업준비, 하교준비도 스스로 잘하는 등 기본 생활습관이 바르게 형성된 학생이었다. 그러나 또래와의 자연스러운 의사소통이 어려웠다. 관심사가 다를 뿐 아니라 친구의 반응에 공감을 표하거나 먼저 대화를 시도하는 것을 어려워했다. 심리적으로도 무척 위축되어 있어 자기가 잘 못하는 것이 드러날까봐 늘 긴장했다. 그래서 현규에게는 위축되지 않도록 편안한 환경을 조성하고 심리적으로 배려하는 것이 중요했다. 나와 우리 반 친구들은 늘 현규에게 '좀 틀려도 괜찮아', '실수해도 괜찮아'라고 안심시키려 했다.

나는 현규의 의사소통 훈련을 위해 수업시간에 미션을 부여하기로 했다. 나와 수업시간에 눈이 마주치면 친구에게 먼저 도움 요청하기, 친구의 말에 적절하게 반응하기, 짧은 대화 지속하기 등을 하기로 정했다. 우리 반 아이들에게도 현규가 그러한 시도를 하면 적절히 반응해주도록 미리 알렸다. 아이들은 오랜 시간 동안 함께 생활해 현규에게 의사소통에 어려움이 있다는 것을 잘 알고 있었기에 내가 부여한 미션에 잘 따라주었다.

어느 날 모둠활동을 하는데 현규가 딴 생각을 하고 있는 듯 보였다. 두 눈이 먼 산을 향해 있었고 아무것도 하지 않고 있었다. 모둠의 친구들은 제각각 자기 것을 하느라 현규를 놓치고 있었다. 현규는 무엇을 해야 하는지 모르는 듯 했다. 나는 현규에게 다가가 무엇을 해야 하는지 알려주고 싶었지만 곧 마음을 고쳐먹었다. 현규가 스스로 친구들에게 물어보게 하고 싶었다. 나는 현규를 계속 주시했고 먼 산을 보던 현규와 눈이 마주쳤다. 그동안 나와 눈이 마주치면 친구들에게 먼저 말을 걸기로 약속하고 연습해왔던 현규는 눈이 마주치는 순간 깜짝 놀라며 앞에 앉은 친구에게 팔을 뻗으며 "그 다음은 뭐야?"라고 물었다. 너무도 자연스러운 대화 시도였고 친구도 현규에게 친절하게 다음 문제를 알려주었다. 치료실이 아닌 교실에서 이렇게 자연스러운 의사소통 연습이 되다니…. 놀라웠다. 현규의 의사소통이 항상 자연스러운 것은 아니었다. 부자연스럽게 느껴지는 부분이 더 많았다. 하지만 분명 현규는 발전하고 있었다. 이런 활동은 일상생활에서도 잘 지속되어 친구들은 현규와 만나서 헤어질 때까지 꾸준히 실행해주었다. 장애학생에게 수업상황에서의 의사소통 훈련은 표현적 배움을 기르게 할 뿐 아니라 일상에서의 자연스러운 또래중재가 될 수 있었다. 이것이 통합교육의 가장 큰 혜택이 아닐까?

그러나 중도장애가 있는 윤석이의 활동을 구성하는 일은 무척 도전적인 과제였다. 윤석이는 발화도 착석도 잘 되지 않고 상호작용도 어려웠다. 중도장애학생은 그동안 책으로만 공부했지 직접 가르치는 것은 처음이라 더욱 그랬다. 그리고 형식적 조작기에서 가능한 활동들로 구성된 6학년 교육과정에서 중도장애학생의 교육과정 통합이 과연 가능할까라는 의문도 계속 들었다. 그래서 교사학습공동체의 특수교사들에게 도움을 요청했다. 선생님들은 중도장애학생 교육경험이 매우 풍부해 여러 가지 아이디어와 팁을 많이 제공해주어 수업을 설계하는데 큰 도움이 되었다. 몇 번의 시도로 익숙해지자 나는 선생님들의 도움이 없이도 윤석이를 위한 활동들을 구상할 수 있었다.

윤석이를 위한 활동은 수업의 주제와 연관된 활동으로 구성하되 학습 목표를 달리 설정할 수밖에 없었다. 나는 윤석이의 현재 수준을 파악하기 위해서 학교의 특수교사와 실무사, 윤석이 어머니께 물어 정보들을 수집하고 우선 윤석이가 수업시간에 언어적, 비언어적 지시를 따를 수 있게 하였다. 나와 실무사 선생님의 신체적 촉진이 없이 언어적 지시만으로 활동에 참여할 수 있게 하고, 조용한 수업시간을 방해하지 않게 하기 위해 가위나 색연필을 보여주는 비언어적 지시로 다음 활동을 알려주도록 했다. 윤석이는 발화가 되지는 않지만 생활연령이 있어서인지 생각보다 잘 따라 하였다.

윤석이는 간단한 조작활동을 할 수 있었다. 윤석이가 통합지원반에서 하는 활동들을 관찰해보니 글씨 덧쓰기, 같은 그림 찾아 선으로 이어보기, 색칠하기, 수 세어 보기, 지시하는 사람 가리키기, 가위로 오리기, 풀로 붙이기, 퍼즐 맞추기 등의 활동을 할 수 있었다. 그래서 나는 이 활동들을 수업의 주제와 관련해 구성했다. 예를 들어 사회시간에는 역사적 사실과 관련된 여러 가지 사진들을 오리고 붙여 나열하게 한다던가 역사적 인물의 사진을 보고 이름 따라 쓰기, 사람 수 세어보기, 색칠하기, 같은 그림 맞추기 등의 활동을 구성할 수 있었다. 음악시간에는 악보를 보고 알맞은 계이름 스티커 붙이기, 계이름 덧쓰기, 악보 따라 그리기와 같은 활동지를 만들어낼 수 있었다. 나는 윤석이가 해당 수업시간에 활동지들을 선택하여 할 수 있도록 여분의 활동들을 충분히 만들어 놓았다. 윤석이는 그날 컨디션에 따라 준비한 활동을 다 해내고도 시간이 남는 경우가 있었고, 준비한 것의 반도 못하고 거부하는 경우도 있어 열심히 준비했던 것이 허무하게 느껴지는 날도 있었다. 그러나 준비한 활동자료가 남더라도 충분히 만들어 놓으면 윤석이가 잘 참여하는 날 수업시간 끝까지 활동에 집중하며 더욱 알차게 보낼 수 있었다.

다음으로는 또래와 상호작용하기 활동들을 시도했다. 친구에게 물건 건네주기, 친구에게 자신의 활동 보여주기, 하이파이브 하기, 친구가 말할 때 쳐다보기, 끄덕끄덕 반응하기, 친구에게 도움 요청하기, 친구의 발표 듣고 박수치기 등의 활동을 처음에는 실무사 선생님의 도움을 받아 함께 하기로 했다. 우리 반 아이들은 윤석이를 항상 존중하고 배려해주었지만 그 친구를 위해 어떻게 도움을 주어야 할지 구체적인 방법에 대해서 잘 몰랐고 늘 실무사 선생님이 옆에 계셔서 또래 친구들이 윤석이를 적극적으로 도와줄 기회도 없었다. 그런데 이렇게 윤석이와 또래와의 활동을 구체적으로 계획하고 실천하자 친구들도 윤석이를 더욱 잘 도와주기 시작했고 그러면서 실무사 선생님의 도움을 조금씩 줄여나갈 수 있었다.

윤석이는 자폐성 장애가 가진 강점인 시각적 처리 능력이 우수했다. 다양한 이미지 자료 보는 것을 좋아했고 퍼즐 맞추기도 잘했다. 영상을 보는 것도 무척 좋아했다. 섭식장애가 있어 먹을 수 있는 음식이 채 열 가지도 안 되면서도 유튜브로 먹방이나 요리하는 영상을 보는 것을 무척 좋아했다. 그 모습을 보고 있노라면 가슴이 아프고 속상했다. 나는 윤석이의 시각적 능력을 활용하는 것이 효과적이라 판단해 수업시간에 수업 내용과 관련된 영상이나 사진 자료들을 볼 수 있도록 스마트패드를 활용해보기로 했다. 스마트패드에 그날 수업주제와 관련된 사진들을 저장해 보게 하고, 같은 모둠 친구들에게도 보여주게 하였다. 그리고 나는 윤석이의 모습을 촬영해 주인공으로 해서 거꾸로 교실의 디딤영상처럼 수업내용을 아이들에게 소개하는 영상을 만들기도 하였다. 그 영상이 교실 TV로 나오면 윤석이는 신기한 듯 잘 쳐다보았다. 아이들도 윤석이를 주인공으로 한 영상을 재미있어 하고 윤석이도 함께 할 수 있다는 것에 기뻐했다.

스마트패드는 윤석이의 훌륭한 보조공학기구가 되었다. 스마트패드에 AAC (Augmentative Alternative Communication; 보완대체 의사소통) 앱을 깔아 수업 중 활용하기로 했다. AAC는 발화가 어려운 장애인이 그림이나 상징으로 된 의사소통판을 조작하면 음성을 지원해주어 의사소통하도록 돕는 도구다. 요즘은 앱으로도 나와 있어 스마트폰에 깔아 손쉽게 사용할 수 있다. 마침 윤석이는 치료실에서 AAC 사용훈련을 받고 있어서 수업에서 활용하면 발표할 기회도 줄 수 있었다. AAC의 많은 카테고리 중에서 윤석이가 원하는 그림이나 상징을 찾는 것이 어려워 이는 또래친구들의 도움이 필요했다. 짝꿍이 된 친구가 카테고리를 찾아주면 윤석이는 해당하는 그림이나 문장을 누르고, 그러면 음성지원이 되면서 발표를 하는 것이다. 윤석이는 AAC에서 나오는 소리를 무척 좋아했고 친구들은 AAC에서 윤석이가 표현하려는 그림이나 상징을 열심히 찾아주고 문장도 입력해주었다. 일부에서는 AAC가 말하기와 표현능력의 발달을 저해한다고 우려하기도 한다. 자폐성 장애 아이들에게는 한 단어라도 더 말할 수 있도록 하는 것이 중요하기 때문에 AAC의 사용은 신중해야 한다는 견해다. 충분히 숙고해야할 부분이다. 그러나 윤석이 부모님은 윤석이가 또래보다 한 살 많은 14살이고 그동안 수많은 언어치료에도 발화가 이루어지지 않아 이제는 AAC를 활용하며 살아가는 것이 더 중요하다고 판단했다. 윤석이의 표현적 욕구를 높이는 것과 수업 중 발표의 기회를 주는 것으로 그 활용 목적을 명확히 하여 AAC의 순기능이 나타나도록 하였다. 의사소통을 생각의 속도로, 더 정확하게, 더 자주하는 것이 필요하고 이를 수업을 포함한 일상생활에서 충분히 연습하고 훈련하는 것이 중요했다.

최근 초등학교 교육과정에서 스마트 폰이나 패드, 컴퓨터 등의 프로그램을 활용해 다양한 컨텐츠를 스스로 만들어 보는 활동들이 속속 등장하고 있다. 이러한 활동들은 아이들의 호기심을 불러일으킬 뿐만 아니라 창의적인 작품을 만들 수 있도록 한다. 장애학생들에게도 이러한 스마트기기, 보조공학기기는 더 많은 시각적 자극과 호기심을 불러일으킬 수 있어 매우 효과적이다. 통합교육을 위해서도 앞으로 스마트기기의 활용은 더욱 증가되고 발전될 것이다.

더 깊이 바라보고 다가가다

'더 깊이 바라보고 다가가기'는 중도장애가 있는 윤석이의 특별한 교육적 요구를 지원하는 부분이다. 윤석이는 의사소통이 어려울 뿐만 아니라 수면장애, 섭식장애 등으로 신진대사기능 또한 원활하지 못해 신체 컨디션이 매일 달라 일관된 행동패턴을 찾아내기 어려운 학생이었다. 수업할 때 윤석이는 항상 실무사 선생님과 같이 있어야 했다. 수업 중 갑자기 밖으로 나가버리거나 소리를 지르거나 귀를 막는 등의 행동을 하여 수업의 진행을 끊어버리는 경우가 많았기 때문이다. 왜 그러한 행동을 하는지 자신의 감정과 생각을 말로 표현하지 못하는 윤석이를 보며 나는 그 행동 이면에 숨은 기능이 무엇인지 알아내야 했다. 윤석이가 무엇을 말하고 싶은지 윤석이의 마음과 의도를 읽어보고 싶었다. 문제행동의 원인을 알아내 예방할 필요가 있었다.

문제행동이 왜 일어나는지 그 원인을 이해하고 설명하기 위해서 문제행동에 대한 정보를 수집하는 과정을 기능적 행동사정이라고 한다. 기능적 행동사정을 통해 파악한 정보에 근거하여 비처벌적 방법을 주로 하여 예방적이고 포괄적인 중재방법들로 행동중재계획을 구성한다. 기능적 행동사정과 행동중재계획은 긍정적 행동지원(PBS: Positive Behavioral Support)에서 제시하는 방법들이다. 전통적인 행동수정방법은 문제행동의 원인을 찾기보다 후속결과에 대한 사후 반응적이고 처벌적인 중재방법이라는 비판을 받아왔다. 좀 더 예방적이고 인권중심적인 접근법이 필요하여 등장한 것이 긍정적 행동지원이다. 의사소통이 원활하지 못한 장애학생들의 도전행동에는 분명히 전달하고자 하는 의사소통 기능이 있다는 것이다. 이를 파악하기 위해서는 충분한 관찰을 통해서 도전행동이 나타나게 된 배경사건과 선행사건을 알아내고 그에 따른 행동과 후속결과가 무엇인지 파악해야 한다. 그러면 환경을 바꿔 문제행동을 예방할 수 있고 적절한 대체행동도 가르칠 수 있다.

나는 교과서로만 배웠던 긍정적 행동지원을 드디어 윤석이에게 처음으로 시도했다. 이제 윤석이 행동의 맥락과 의사를 정확히 이해해야 했다. 그러려면 잘 살펴야했다. 윤석이 어머니와 실무사 선생님과 만나 윤석이 문제행동에 대한 자료를 수집했다. 윤석이와 있었던 일을 그때그때 일화로 적어 놓고, 내 수업을 촬영한 동영상을 반복하여 돌려보았다. 그러던 중 윤석이가 자리를 이탈하며 귀를 막는 행동이 나타나는 동일한 시점을 발견할 수 있었다. 주로 전체활동에서 모둠활동으로 전환하는 시간이었다. 윤석이는 소리에 아주 민감한데 모둠활동이 곧 시작되면 시끄러운 소리가 날 것이라고 예상했는지 그 자리를 피하고 싶어서 그렇게 귀를 막고 자리를 이탈하는 행동을 보이는 것 같았다. 이런 의도를 알지 못했을 때에는 윤석이가 일어나서 나가려고 하면 실무사 선생님과 나는 아직 끝나지 않았다며 나가지 못하게 손을 잡았다. 그러나 윤석이 행동에 담긴 기능을 분석해보니 윤석이가 그 시간을 힘들어했다는 것을 알 수 있었다. 그래서 나는 이에 대한 행동중재방법으로 과제를 단계별로 진행하도록 설계했다. 그리고 교실 뒤편에 매트를 마련해 활동이 하나씩 끝날 때마다 의도적으로 매트에 가서 쉬었다 오게 했다. 처음에 윤석이는 수시로 가려고 했다. 그럴 때 제지하지 않고 다녀오도록 허용했다. 활동 하나를 마쳤을 때는 조금 더 오래 매트에 머물도록 하였다. 그 후 패턴을 이해했는지 활동이 하나 끝나면 스스로 매트에 가서 쉬었다가 다시 자리로 돌아왔다. 점점 활동에 안정적으로 참여하는 시간이 늘어났다.

다음으로 다른 문제행동인 손으로 귀를 막는 행동에 대한 중재방법을 마련하기로 했다. 윤석이가 소음을 피하려고 손으로 귀를 막으니 두 손이 자유롭지 못해 조작활동을 할 수 없었다. 소음을 차단하면 좋을까 싶어 소음방지용 헤드폰을 시도해보았다. 직접 써보니 귀 부분이 진공 상태가 되면서 소음이 아주 잘 차단되었다. 그러나 윤석이는 헤드폰 쓰는 것을 강하게 거부했다. 자신에게 왜 이런 것을 씌우냐는 듯 헤드폰을 멀리 던져 버리고 귀 부분의 쿠션을 손으로 잘게잘게 뜯어 버렸다. 예상이 보기 좋게 빗나간 것이다. 헤드폰의 사용보다 소리자극에 대한 역치를 높이는 것이 근본적인 해결책이었다. 나는 소리에 노출시키는 방향으로 활동을 조금씩 전환하여 시도하기로 했다.

윤석이는 음악수업을 제일 힘들어했다. 소리자극을 견디기 힘들었기 때문이다. 내가 피아노를 치거나 아이들과 같이 노래를 부르면 내 손을 붙잡고 나가자고 했다. 그만큼 큰 소리를 듣는 것을 힘들어하였다. 그럼에도 나는 윤석이가 음악수업에 꾸준히 참여하도록 계속 시도하며 손으로 귀를 막고 있더라도 함께 교실에 있게 하였다. 음악시간에 한번에 5분 정도씩 시간을 늘려 머물게 하였더니 학년이 끝날 무렵에는 40여 분 가까이 참여하게 되었다. 심지어 소리자극이 극에 달하는 사물놀이 수업에도 귀는 막고 있었지만 끝까지 앉아 있고 자기 차례가 되자 나와 함께 장구를 두드려 보기도 하였다. 귀에서 손을 떼는 것까지는 어려웠지만 잠시도 있기 싫어했던 음악시간을 함께 하게 된 것은 소음에 대한 역치를 높인 크나큰 발전이었다.

윤석이는 6학년이 되어서야 처음으로 그네를 탔다. 전에는 구경만 했는데 자신감이 생겼는지 그네타기를 시도하고 아주 잘 타게 되었다. 윤석이는 그네를 타고 난 후에는 무척 기분이 좋아 보였다. 감각기관 발달에도 불균형이 있어 보였는데 전정감각이 뒤늦게 발달하는 듯했다. 평형감각을 자극하는 그네가 기분 좋게 다가온 것으로 보였다. 윤석이는 그네를 실컷 타고 나면 늘 기분이 좋았다. 그래서 윤석이와 함께 하는 수업시간을 그네를 타는 중간 놀이시간 직후로 변경하였더니 윤석이는 가장 좋은 컨디션으로 수업에 참여할 수 있게 되었다. 기능적 행동분석이라는 것을 교과서로 배울 때는 무슨 거창한 방법인 듯 보였으나 실제로 해보니 누구든 할 수 있는 것이었다. 더 깊이, 또 자세히 바라보며 아이에게 다가가는 것이 바로 기능적 행동사정이며 긍정적 행동지원이었다. 그리고 이것이 중증 장애인에게도 매우 효과적인 중재라는 것을 윤석이를 통해 깨닫게 되었다.

다르지만 같은 친구가 되다

시골학교의 아이들과 '모든 학생을 위한 배움중심교육'을 1년간 실천하면서 두 장애학생은 다르지만 같은 친구로 변하고 있었다. 처음에 나는 윤석이보다 장애가 덜한 현규가 좀 더 빨리 친구들과 자연스럽게 대화를 주고받고 좀 더 적극적으로 참여할 수 있을 것이라 기대했다. 그러나 예상과 달리 현규의 변화는 더뎠다. 나는 조바심이 생겼다. 하지만 돌아보니 나의 초반 시도는 현규에게 단순하고 자발성이 빠진 활동을 하게 하는 것들뿐이었다. 교사학습공동체 선생님들은 잘 못해도 현규에게 온전한 기회를 주는 것이 더 좋을 것 같다는 조언을 해주었다.

사회 역사수업의 마무리 활동으로 역사퀴즈 게임을 했는데 나는 현규가 역사적 사실에 관한 단어를 친구들에게 설명을 해야 하는 것이 어려워 보여 현규의 활동을 제시된 단어의 첫 글자를 말하게 하고 친구들이 그 단어를 알아맞히는 것으로 수정하였다. 그러나 그 활동은 현규의 배움과는 거리가 멀었다. 단순히 게임에 참여시키기 위해 현규의 능력보다 낮은 수준의 단순한 게임으로 바꾼 것뿐이었다. 나는 현규가 좀 더 온전한 참여를 할 수 있기를 바랬다. 나는 활동의 수정보다 활동의 반복연습을 통해 동등하게 참여하는 것으로 전략을 바꿨다. 즉, 현규가 보조적인 역할보다는 주도적인 역할을 해낼 수 있도록 현규는 나와 일주일에 몇 번씩 사전수업을 하며 그 주에 있을 수업에서의 활동을 미리 연습했다. 기악합주를 위해 실로폰으로 각 마디의 첫 음을 연습했는데 현규는 수업시간에 제 몫을 잘 해내고 모둠 친구들과 하나의 곡 연주를 완성시키는데 자기 역할을 했다. 이렇게 현규는 다르지만 같은 친구로 변하고 있었다.

윤석이의 장기 개별화교육목표 중 하나는 통합학급 수업에 참여하는 것이었다. 윤석이는 3학년 때부터 통합학급 입실을 거부했었다. 1, 2학년 때는 교실이 통합지원실과 같은 1층에 있어서 곧잘 들어갔다고 하나 3학년부터는 교실이 2층에 있어서 올라가는 것을 거부해 통합학급 입실이 힘들었던 것이다. 내가 윤석이를 맡은 만큼 윤석이의 통합학급 수업을 꼭 실현시키고 싶었다. 섭식장애가 있는 윤석이는 점심 급식을 하지 않기 때문에 아침 10시경에 등교하여 2시 30분경에 하교하였다. 나는 윤석이가 학교에 도착했다는 메신저가 오면 윤석이를 데리러 통합지원실로 내려갔다. 윤석이가 나의 얼굴을 익히고 익숙해져야 우리 교실에도 잘 들어올 수 있을 것 같았기 때문이다. 나는 날마다 윤석이가 우리 교실로 조금씩 가까이 가는 연습을 시도했다. 윤석이의 손을 잡고 조금씩 걸어 나와 하루는 1층 계단 앞까지, 다음 날은 1층과 2층 계단참까지, 다음 날은 2층 계단 위까지…. 그렇게 보름 가까이 시도해 윤석이의 손을 잡고 우리 교실까지 들어왔다. 입실이 성공한 후 이제는 자리에 앉아 수업에 참여하도록 하기 위해 교수적 수정 자료를 제작하고, 행동중재계획들도 세웠다. 시행착오를 수없이 겪었지만 착석을 이뤄낼 수 있었다.

> 윤석이는 오늘 수업에 제대로 참여하지 못하였다. 윤석이를 위한 활동들을 많이 준비했지만 모두 허사로 돌아갔다. 윤석이를 위한 행동중재를 좀 더 체계적으로 해보아야겠다. 윤석이의 컨디션이 가장 좋을 때 수업을 하는 것이 좋을 것 같다. 윤석이를 보면 늘 가슴이 아프다. 엄마의 마음을 그대로 느낄 수 있어서 더 아프다. 윤석이가 밤에 잠도 푹 자고 제 시간에 밥도 잘 먹을 수 있으면 좋겠다. 가장 기본적인 신진대사가 원활히 되지 않으니 낮 시간이 이렇게 힘든 것이다. 너무나 잘 이해하기에 윤석이의 행동이 원망스럽지 않다. 가엾고 또 가엾다.
>
> (교단일기 중에서)

오늘 사회수업에서 윤석이는 끝까지 참여를 다하였고 AAC를 누른 뒤 활짝 웃으며 친구들과 하이파이브도 했다. 윤석이는 웃는 모습이 너무 예쁘다. 활짝 핀 백합 같다. 지난 음악수업에서는 모든 시간을 다 참여하지 못했지만 20분 동안 전혀 불안해하지 않고 실무사 선생님과 함께 자기 할 일을 다 하고 나갔다. 그때 나는 예상했었다. 다음 수업에서는 윤석이가 모두 다 참여할 수 있을 것 같다는 예감이 들었다. 윤석이가 이제 통합반에서의 수업이 경험으로 익숙해진 것 같다. 처음에는 그렇게 불안해하고 배회만 하다 나가려던 아이였는데 이젠 교실에 들어오면 자기가 할 일이 있고 이것을 꼭 해야 선생님도 친구들도 칭찬해 준다는 것을 안 것이다. 앞에 실패했었던 수업들이 허사가 아니었다. 윤석이에겐 경험이었던 것이다. 윤석이도 변화할 수 있는 아이였다. 지레 겁먹고 안 될 거라고 생각했었던 것이다. 이 아이도 이렇게 변화할 수 있었다. 정말 가슴 벅찬 날이다.

(교단일기 중에서)

실무사 선생님은 윤석이가 수업에 이렇게 오랫동안 참여한 것은 초등학교 입학이래 처음 있는 일이라고 하였다. 6학년이 되어서야 드디어 이 목표를 달성한 것이다. 오랜시간 학교생활을 하면서 윤석이 스스로 체득한 발전이기도 하고 윤석이를 참여시키기 위해 체계적으로 노력한 때문이기도 하다. 중도장애가 있다고 시도조차 않았다면 이런 가슴 벅찬 순간을 맞이하지도 못했을 것이다. 아이를 통합학급 수업에 참여시키기 위해 교실에 들어오게 하는 것부터 수많은 고민과 시행착오를 거쳤고 어떤 것은 실패로 끝났다. 그러나 그 과정에서 나는 선생이 되고 있었다. 아무 문제도 없는 아이는 나를 성장시키지 못했다. 내 앞을 가로막은 산처럼 아득해 보이던 아이들이 나를 성장시키고 있었던 것이다.

통합교육에서 장애학생들의 배움은 성인인 교사들이 일일이 가르치는 것을 뛰어넘는다. 통합교육은 장애학생들이 함께 살아가야 할 또래 아이들과의 자연스러운 만남을 가능하게 하기 때문이다. 윤석이 부모님이 아이를 특수학교에 보내는 것보다 일반 학교에 보내는 것이 더 많은 에너지를 소비함에도 그렇게 선택했던 것은 초등학교가 윤석이가 통합환경을 접해볼 처음이자 마지막이라고 생각하였기 때문이다. 학교급이 높아질수록 학문적인 접근을 하게 되므로 장애가 심한 학생들의 통합은 더욱더 어려워질 수밖에 없다. 그러기에 초등학교에서의 통합교육은 이 아이들의 삶에서 또래들과의 어울림을 경험할 수 있는 가장 중요한 배움의 순간이자 환경이다.

저는 우리 아이가 싫어하더라도 해야 한다는 것을 알았으면 좋겠어요. 싫지만 해야 한다는 것이 지금도 완전히 몸에 익지 않아서… 밖으로 나가는 거잖아요. 학교 졸업할 때까지 그런 걸 배웠으면 좋겠어요. 이렇게 와글와글 거려도 교실에 와 있는 동안만이라도 참고 있고, 끝나면 나가고, 그렇게 해야 한다는 것을 아는 것을 경험해야 하니까요. 그래서 이렇게 통합을 계속 시도하는 거예요. 그게 몇 달 안 남았다는 것이 아쉬워요.

(윤석이 어머니와의 면담에서)

윤석이 어머니는 일반 초등학교를 택한 것에 대해 후회하지 않았다. 어려움이 있을 때마다 갈등은 있었지만 이 힘겨운 노력을 통해 얻은 것도 많다고 생각했기 때문이다. 나는 윤석이와 헤어질 날이 다가올수록 하루하루가 너무나 소중했다. 윤석이는 졸업 후 특수학교를 선택하였기에 통합교육을 위한 시간이 얼마 남지 않았다. 함께 하는 마지막 날까지 윤석이에게 좋은 기억과 추억만을 남겨주고 싶었다. 윤석이도 그렇게 다르지만 같은 친구가 되어갔다.

서로 배우는 친구가 되다

모든 학생을 위한 배움중심수업은 모둠별 협력학습을 기본으로 했다. 우리 반 아이들은 협력에 매우 익숙해져서 과제가 주어지면 자발적으로 모둠을 만들어 해결하려는 모습을 보였다. 혼자보다는 여럿이 함께 해결하는 것이 더욱 쉽다는 것을 알게 되고 친구들과 함께 배우는 과정에서 긴장이 해소되고 능동적인 참여도 할 수 있었다. 서로서로 배우는 관계가 된 것이다. 우민이는 학습속도가 느린 학생이었다. 3학년 때까지만 해도 학습부진이었는데 고학년에 올라와서 학습부진은 면했지만 또래에 비해 꽤 느렸다. 그런 우민이는 유난히 수업 촬영을 힘들어해 수업시작 전에 자주 긴장하며 부담스러워했다. 자신이 잘 못하는 모습이 드러날까봐, 다른 친구들은 모두 이해하는데 자신만 이해하지 못할까봐 두려워하는 것 같았다. 그러나 우민이는 모둠 친구들과 함께 대화하고 활동을 하면서 그런 긴장이 순식간에 해소되었다고 하였다.

선생님: 너희 모둠은 누구부터 퀴즈 낼 거야?

서준: 우민이요.

선생님: 많이 떨릴 텐데 우민이가 먼저 할 거야?

서준: 우민아, 긴장하지 말고 천천히 생각해봐. 그 단어는 뭐에 관련된 거야?

우민: 그러니까··· 배

찬민: 정답! 이양선!

우민: 이양선 말고 다른 거

민건: 일본 배야?

우민: 맞아, 일본 배야.

찬민: 운요호!

우민: 맞아.

(역사수업에서)

역사와 관련된 단어를 설명하고 맞추는 역사퀴즈 시간에 잔뜩 긴장하고 있던 우민이를 배려하는 서준이의 질문 덕분에 우민이는 단어를 더듬더듬 설명하기 시작했다. 친구들은 우민이를 재촉하지도 다그치지도 않고 천천히 할 수 있도록 북돋아주었다. 우민이는 이러한 분위기의 모둠활동에서 친구들에게 모르는 것을 마음껏 물어보며 편안해했다. 친구들도 그런 우민이에게 항상 친절하게 설명해주었다. 그러면서 우민이는 점점 더 높은 성취를 할 수 있었고 졸업 즈음엔 전혀 부진을 찾아보지 못할 만큼 꽤 높은 향상을 이루었다.

교실은 함께 공부하는 공간이다. 혼자 공부하는 곳이 아닌 만큼 협동적 배움이 풍성하게 일어나야 한다고 생각한다. 교실에서 협동적 배움이 일어나지 않는다면 굳이 많은 아이들을 한 공간에 모아두고 수업을 할 필요가 없다. 단순히 학습내용을 이해하는 것이 목표라면 좋은 교재로 혼자 공부하는 것이 훨씬 더 효율적일 수 있다. 그래서 교실에서의 공부라면 더 높은 수준의 배움이 목표가 되어야 한다. 즉, 협동적 배움을 통해 근접발달영역에서의 성취가 이루어져야 한다. 친구들의 말이 힌트가 되고 단서가 되어 아이들은 더 많은 정보를 알아낼 수 있고 더욱 창의적인 아이디어를 생산해낼 수 있다. 교실에서의 협동적 배움은 모든 구성원들에게 더욱 높은 수준으로 배움을 이끌어내는 힘이 있다. 이러한 힘이 발휘되기 위해서는 자신의 불완전한 이해를 뒷받침해줄 친구들과 안심하고 배울 수 있는 관계여야 한다. 서로의 다름을 우열로 여기지 않고 상대적인 차이로 인정할 수 있는 관계에서 아이들은 서로에게 배울 수 있다.

비장애학생들에게 장애학생과 만나는 통합교육 환경은 가장 높은 수준의 배움을 실현할 수 있는 장소가 된다. 가장 높은 수준의 배움은 혼자만 지식을 이해하는 것이 아니라 어려움을 가진 타인과 함께 나누는 것이다. 이러한 배움과 삶의 중요성은 교과서의 지식으로만 가르칠 수 없다. 경험하고 몸으로 실천해야 비로소 배울 수 있다. 어린 시절에 습득된 가치관은 평생을 간다. 그렇기 때문에 삶의 가장 소중한 가치를 아이들은 어려서부터 통합교육을 통해 배울 수 있고 또 배워야 한다.

우리 반 아이들은 6년이란 시간동안 같은 학급에서 두 명의 장애학생과 함께 자라왔다. 아이들의 성향이 매우 착하고 순수하여 장애학생에 대한 편견이 없었으며 언제나 호의적으로 대해주었다. 그러나 학기 초만 해도 아이들은 윤석이와 현규를 어떻게 도와주어야 할지 몰라서 나를 부르는 일이 많았다. 나는 이 두 친구를 어떻게 도와주어야 하는지 아이들에게 구체적으로 가르쳤다. 그러자 시간이 갈수록 나의 촉진 없이도 적극적으로 장애학생들을 도와주었고, 반응해 주었으며, 장애학생들의 미션수행도 함께 해주었다.

현석: 현규야, 둘째라고 써봐. 아니 아니 지우개 좀. (지워준다. 반점을 써주고, 포스트잇을 보여준다.)

현규: (말없이 포스트잇을 보고 쓴다.)

현석: 그래 주장은 썼고, 현규야 이제 '왜냐하면'이라고 써. 뒷받침하는 문장을 쓰는 거야.

현규: (포스트잇에서 골라서 읽는다.)

현석: 그건 주장이고 뒷받침하는 문장을 생각해봐. 욕을 들으면 어떨까?

현규: 기분이 나빠.

현석: 그래, '왜냐하면 욕을 들으면 기분이 나빠진다'라고 쓰면 돼.

(국어수업에서)

이번 수업에서 변화되었다고 느꼈던 것이 모둠에서 현규가 가만히 있었던 것 같은데 모둠 아이들이 "이번에는 뭐가 좋아?" "친구를 사귈 수 있어?" "현규야", 하면서 계속 질문을 했어요. 전에 수업에서는 현규를 도와주라고 하면 어떻게 해야 할지 몰라했는데 "현규야, 이거 주장 쓰는 거야. 근거가 뭐라고 생각해?"라고 하면서 짚어가면서 이야기를 하더라구요. 큰 변화가 있었어요.

(교사학습공동체 모임에서 이○○ 선생님)

6.25전쟁에 대해 배워서 좋았고 재미있었다. 그리고 학도의용군도 배워서 좋았다. 선생님은 사진을 어디서 구하셨는지 되게 많았다. 윤석이가 끝까지 참여한 것도 신기했다. 윤석이의 AAC를 민동이가 입력해주고 윤석이가 누른 것이 정말 정말 대박이었다.

(영선이의 배움일지에서)

아이들이 현규를 돕는 것은 비교적 익숙한 일이었지만 윤석이를 어떻게 도와야 하는지는 어려워했다. 윤석이는 항상 실무사 선생님과 함께여서 친구들이 굳이 도움을 주지 않아도 되었고, 도움을 주기도 어려운 친구라고 여기고 있었다. 그러나 수업활동에 윤석이를 참여시키기 시작하면서 아이들에게 윤석이에 대한 지원을 구체적인 미션으로 부여하자 아이들은 윤석이를 지원하기 시작했다. 짝꿍이 된 친구가 윤석이의 AAC를 찾아주거나 문장을 입력해주는 일을 해주었다. 처음엔 AAC의 카테고리에서 그림을 찾아주는 활동을 하였는데 윤석이가 어느 정도 익숙해지자 더 긴 문장을 AAC로 입력하여 윤석이가 발표할 수 있게 도왔다. AAC를 통해 윤석이가 발표하는 모습을 보며 아이들은 감동하였고 자신이 그러한 도움을 줄 수 있었다는 것에 큰 성취감을 느끼기도 했다. 또한 장애학생을 적극적으로 돕는 모습을 볼 때마다 서로 칭찬하는 등 장애를 가진 사람들과 함께 살아가는 방법을 몸으로 체득하고 있었다. 아이들은 이렇게 서로에게 배우면서 성장하고 있었다.

존재와 존재가 만나다

시골학교에서 근무를 시작한 첫해 3월 첫 수학수업 시간이었다. 나는 아이들에게 수업시작을 알리려고 모두 수학책을 준비하고 오늘 배울 부분을 펼치라고 하였다. 그런데 한 남학생이 거칠게 수학책을 꺼내더니 책상에 패대기치며 욕을 했다. 나는 깜짝 놀라 무슨 일이 있느냐고 물었다. 그 학생은 아무 일도 없다면서도 쏘아붙이듯 말했다. 당혹스러웠다. 아직 나와 한 번도 수학수업을 해본 적이 없는데 왜 화가 났는지 도무지 알 수 없었다. 상한이는 수학수업에 거의 참여하지 않았다. 아이들이 수학익힘책을 풀 때도 잔뜩 화가 난 얼굴로 한숨만 쉴 뿐이었다. 나는 장애학생들보다 더 가르치기 힘든 아이를 만났다는 사실에 두려워졌다. 모든 아이들을 품어주는 교사가 되겠다는 큰 결심을 하고 8년 만에 복직해 아이들을 만났는데 시작부터 큰 벽에 부딪혔다. 상한이를, 우리 반을 어떻게 끌어나갈지 고민이었다. 격하게 반응하는 아이에게 어떻게 접근해야 할지 고민하다가 나는 곧 통합교육이 장애학생만을 교육이 아니라는 것을 깨달았다. 장애학생으로 분류되지 않았지만 위기학생들도 통합교육의 중요한 대상자라고 결론내렸다. 오히려 사각지대에 머물기 쉬운 아이들이라 더욱 관심이 필요했다. 행동의 원인을 찾고 싶어 나는 계속해 상한이를 관찰했다. 상한이는 수학에 대한 상처가 깊은 아이였다. 수학 부진이 심하게 쌓이다 보니 수학시간이 너무나 싫었던 것이다. 학습부진과 거친행동은 부정적 피드백을 낳고, 이는 다시 학습부진으로 이어졌다. 악순환의 고리가 생겨버렸다. 내가 다가가려 해도 좀처럼 마음을 열려고 하지 않았다. 상한이와 어떻게 1년을 보내야 할지 막막한 심정에 잠도 제대로 오지 않았다. 왠지 내가 무능력하게만 느껴지고 그동안 공부한 것도 다 소용없어 보였다.

그러던 어느 날이었다. 당시 2학년이었던 내 아이는 나와 함께 등교해 내가 퇴근할 때까지 학교에 있어야 했다. 아이는 방과 후에 주로 돌봄교실이나 통합지원반에서 시간을 보냈지만 그보다는 학교 뒤편 텃밭에서 노는 것을 좋아했다. 주무관님이 열심히 가꾸어 놓은 텃밭이었는데 종종 애써 심고 가꾼 식물들을 뽑아버려서 난처했다. 내가 미안해하자 주무관님은 아이가 텃밭을 좋아해서 그렇다며 감사하게도 아이 전용 텃밭을 만들어주셨다. 아이는 자기의 전용 텃밭에서 신나게 흙을 파고 식물도 뽑고 물도 주며 놀았다. 그날도 방과 후에 아이는 텃밭에서 놀고 나는 교실에서 업무를 보고 있었다. 업무를 보다 문득 운동장을 바라보니 상한이가 집에 가방을 두고 다시 학교로 오고 있었다. 우리 학교 아이들은 대부분 학교에서 꽤 떨어진 곳에 살고 있어 스쿨버스로 하교하는 4시 30분까지 학교에 남아 시간을 보냈다. 아이들이 모두 학교에 있으니 상한이는 자주 학교에 와서 놀았다. 상한이가 거칠다는 것을 우리 학교 아이들은 잘 알고 있어 상한이가 같이 놀자고 다가가면 피하는 아이들도 종종 있었다. 그날은 상한이가 같이 놀 아이를 찾을 수 없는지 학교를 두리번거리고 있었다. 그러더니 텃밭에서 놀고 있는 우리 아이를 발견하고는 그리로 가고 있었다. 나는 걱정스러운 마음에 몰래 따라갔다. 그런데 상한이는 우리 아이에게 다가가 인사를 하더니 우리 아이와 똑같이 바닥에 주저앉아 함께 흙놀이를 시작했다. 한참 흙놀이를 한 후에는 우리 아이를 일으켜 세워 수돗가로 데려가 손과 얼굴을 깨끗이 씻겨 주었다. 숨어서 그 모습을 보는데 순간 눈물이 왈칵 쏟아졌다. 나는 상한이에게 말없이 다가가 안아주었다. 목이 메어 짧게 고맙다는 말 밖에 할 수 없었다.

그 사건 이후로 나를 보는 상한이의 눈빛이 달라졌다. 무기력해보였던 아이가 웃으며 학교에 등교하고 수학시간에도 더는 거칠게 책을 던지지 않았다. 예전 습관이 나와 책을 던지려다가도 나와 눈이 마주치면 움찔하며 얌전하게 책을 내려 놓았다. 거들떠 보지도 않았던 수학익힘책을 나에게 덜렁덜렁 들고 와서는 어떻게 푸는 것인지 알려달라고 했다. 방과 후에는 가방을 집에 던져놓고 얼른 학교로 다시 와서 우리 아이를 자기가 돌봐주겠다고 했다. 나는 아이가 돌봄교실에 가기 때문에 그러지 않아도 된다고 했지만 상한이는 자기가 우리 아이와 놀고 싶다며 돌봐주겠다고 했다. 나에게는 맘 편히 일을 하라고 했다. 나는 상한이에게 아이를 맡겨 놓고 회의도 다녀오고 업무도 했다. 그렇게 상한이는 졸업할 때까지 우리 아이를 정성을 다해 돌보아주었다.

나는 상한이에게 별다른 훈육도 긍정적 행동지원도 하지 않았다. 그러나 신기하게도 상한이는 그 텃밭 사건 이후로 나에게 단번에 마음을 열어주었고 완전히 다른 아이로 변했다. 변한 게 아니라 상한이의 본래 모습을 보여주었다는 것이 더 정확한 표현일 것이다. 상한이의 본래 모습은 폭력적이거나 거칠지 않고 약자를 돌보는 지극히 선한 모습이었다. 본래 선한 존재와 약한 존재가 만나 순식간에 변화가 이루어졌던 것이다. 상한이 부모님은 이혼해 각자 새로운 가정을 꾸리면서 상한이가 거칠다는 이유로 데려가지 않았다. 그래서 상한이는 시골에서 몸이 불편한 할머니와 단 둘이 살게 되었다. 이 사실을 알게 된 후 나는 상한이가 한없이 가엾게만 느껴졌다. 상한이는 너무나 상처가 많아 거칠어진 것이었다. 상한이의 할머니는 파킨슨병을 앓고 계셨는데 상한이는 매번 몸이 불편한 할머니를 모시고 병원에 다녀온다. 그리고 늘 할머니를 기쁘게 해드리려고 집안일도 도맡아 한다고 했다. 그렇게 착한 아이였다. 나는 상한이에게 나중에 크면 특수교사나 치료사가 되어 보라고 했다. 그러면 많은 사람에게 존경받고 안정적으로 살 수 있다고…. 상한이는 내가 그렇게 말해주면 매우 좋아했다. 내가 늘 자신에게 고마워한다는 것을 알자 상한이는 무기력증에서 벗어나 착하고 성실한 아이가 되었다. 통합교육을 통해 선한 본성을 드러내는 존재와의 만남이 이루어진 것이다. 통합교육은 세상에서 가장 값진 교육환경이다. 돈으로도 살 수 없다. 상한이는 지금도 나에게 가끔 안부전화를 한다. 우리 아이가 서울 학교에서도 잘 지내고 있는지, 얼마나 컸는지, 여전히 귀여운지? 우리 아이를 이렇게까지 생각해주고 걱정해주는 아이는 상한이가 유일하다. 상한이는 이제 고등학교 진학을 앞두고 있다며 자기도 선생님이 되고 싶지만 공부를 못해서 농업고등학교에 진학하게 되었다며 부끄럽다고 했다. 나는 이 세상에 너처럼 착하고 성실한 아이를 본적이 없고, 어떤 진로를 선택하던지 아주 잘 해낼 것이라고 격려해주었다.

자신의 진정한 존재가치를 순수한 애정으로 바라봐주는 사람이 있다는 것만으로 아이는 변할 수 있다. 서로가 서로를 위하는 따뜻한 마음을 주고받는 통합교육은 거창한 곳에서 이루어지는 것이 아니었다. 그리고 모든 것을 다 갖춘 사람만이 할 수 있는 것도 아니었다. 불완전하고 미숙해도 나누고자 하는 마음이 조금이라도 있다면 누구든지 할 수 있는 것이었다. 그 결과는 한 사람의 삶을 변화시킬 만큼 어마어마했다.

인식을 넘어 실천을 하는 교사가 되다

통합교육을 위해 모인 교사학습공동체 선생님들은 내가 제안한 통합교육 수업연구에 큰 호기심을 가지고 참여했지만 나의 시도에 대해 처음부터 그렇게 낙관적인 시각만을 가지고 있었던 것은 아니었다.

> 아직 제 생각에는 특수아이를 학습시킨다는 것이 가능할까라는 생각이 들어요. 특수아이가 아닌 아이들 중에도 떨어지는 아이들이 있거든요. 그 아이들을 돌보는 것도 너무나 힘들어요. 그런데 특수아이에게 또 다른 학습을 시켜서 그 아이의 변화를 끌어내기가 과연 가능할까? 저는 학습활동보다는 특수아이의 관계형성에만 신경을 썼는데 선생님은 특수아가 참여하는 수업에 대한 연구를 하시는군요. 저는 일단 의심을 갖고 참여할 것 같아요.
>
> (교사학습공동체 모임에서 정○○ 선생님)

장애학생이 없는 학급에서도 교사들은 여전히 학습수준의 차이가 나는 학생들 때문에 어려움을 호소한다. 거기에 장애학생까지 포함되면 만족스러운 통합교육을 하지 못하는 것에 대한 자괴감을 느낄 것이라며 통합교육에 대해 의구심을 표현하기도 했다. 장애학생 뿐만 아니라 학습부진 학생들에서부터 성취 수준이 높은 학생들까지 모두에게 배움이 일어나게 하는 교육이 과연 가능한 일일까? 그리고 그것을 실천해낼 수 있을까? 사실 나도 처음엔 의심이 들었다.

교사학습공동체 선생님들과 나는 함께 수업을 공동으로 설계하고 깊이 있는 수업임상을 하고, 수많은 실천적 지식들을 주고받으며, 배움의 성장을 경험할 수 있었고 모임 자체를 즐기게 되었다. 그리고 아이들이 변화되는 모습을 보게 되자 의구심을 버리게 되었다. 무엇보다 일반교사들의 통합교육에 대한 태도가 매우 적극적으로 바뀌고 모임에서 주고받았던 아이디어들을 교육활동에 곧바로 적용해 보는 등 긍정적인 변화가 나타났다.

> 다른 사람들의 일상적인 수업을 볼 기회가 없잖아요. 그런데 그동안 선생님의 수업들은 일상적인 수업이기에, 보여지는 수업들과는 달랐고 아이들의 변화를 목적으로 개개인 친구들에게 초점을 맞추어서 수업을 하셨어요. 화려하지는 않았지만 배움이 일어나는 수업이었잖아요. 사실 저는 따로 그 아이들을 위해 준비한다는 것을 한 번도 생각해보지 않았어요. 나는 많은 아이들을 가르쳐야 하니까 따로 가르칠 것을 생각조차 하지 못했거든요. 그런데 이 연구모임에 참여하면서 내가 앞으로 만나는 아이들이 특수아가 아니더라도 개별적인 도움을 줄 수 있는 아이들에게는

도움을 주어야겠구나 생각했어요.

(교사학습공동체 모임에서 김○○ 선생님)

내가 아이들을 감정적으로만 안쓰럽게 생각하고 구체적으로 어떻게 해주어야 할지 잘 몰랐어요. 저의 수업 안에서도 3명의 도움반 아이들이 있는데 마음만 안타까운 거예요. 선생님 수업을 보면서 활동지를 다시 만들었고, 수업에 어떻게 참여하게 할 수 있을지 생각하게 되었고… 전에는 재는 어쩔 수 없어 그렇게 생각했던 것도 사실이었어요. 그런데 방법적인 부분에서도 내가 변화할 수 있는 기회였던 것 같고, 그 아이들에게 도움을 줄 수 있었어요. 내가 너무 바쁘고 시간도 없었는데 바쁜 중에 의미 있는 것을 잘 해냈구나, 변화되었구나라는 것을 느낄 수 있어서 큰 변화가 있었던 것 같습니다.

(교사학습공동체 모임에서 이○○ 선생님)

나의 수업들은 수차례 반복되어 이루어지는 수업이기에 보여주기 위한 일회성 연구수업과는 달랐다. 교사와 학생들이 함께 만들어가는 일상의 수업이 될 수밖에 없었다. 화려하지는 않지만 학생과 교사가 변화하는 모습을 관찰할 수 있는 수업이기도 했다. 교사학습공동체 선생님들은 자신의 수업 개선을 목적으로 이 모임에 참여한 것은 아니었지만 결과적으로 자신의 수업이 개선되고 있음을 느꼈다. 이○○ 선생님은 혁신중학교 과학교사인데 담당하는 학급들 중에 세 명의 도움반 아이들이 포함되어 있었다. 이 아이들을 위해 활동지를 만들고 사전수업을 하며 개별적 지원을 하자 본수업에서 아이들의 참여가 놀라울 정도로 높아지고 이 아이들을 바라보는 다른 아이들의 시각까지도 완전히 변했다고 했다. 더 이상 소외되지 않는 아이들이 되었다고 했다. 선생님의 이러한 시도는 근무하던 학교에서 통합교육의 좋은 예가 되어 많은 교사들이 모든 학생을 위한 배움중심교육을 실천하는데 영향을 주게 되었다고 한다. 인식을 넘어 통합교육을 실천하는 교사들의 멋진 도전을 목격할 수 있어서 나는 너무나 행복했다.

우리 교사학습공동체는 일반교사와 특수교사와의 만남이라는 데에서도 큰 의미가 있었다. 학교에는 특수교사와 일반교사가 함께 있지만 이 모임에서처럼 적극적인 협력관계를 유지하기는 어려운 것이 현실이다. 학교현장에서 특수교사와 일반교사가 통합교육을 위해 수업에 대한 구체적인 협의를 하거나 공동설계를 하는 모습은 특별한 경우를 제외하고는 거의 없다. 특수교육은 특수반에서, 통합교육은 일반교실에서 각자 알아서 진행할 뿐이다. 간혹 장애학생 통합교육에 관심을 보이는 일부 교사들만이 특수교사와 상의할 뿐 보통의 교사들은 각자의 영역이라 침범하지 않으려한다. 일반교육과 특수교육을 분리해 인식하는 것은 오랫동안 학교에 뿌리박혀 있어 협력은 더욱 머나먼 이야기로 보인다. 하지만 앞으로 학교에는 더욱 다양한 아이들이 늘어날 것이다. 장애학생 뿐만 아니라 다문화 학생, 위기학생들까지… 우리 사회가 다양화되고 있는 만큼 우리의 교실도 다양화될 수밖에 없다. 이제는 교사 혼자 이 모든 것을 해결하기는 어려울 것이다. 교실의 많은 다양한 아이들은 개별적 지원을 필요로 하고, 때문에 일반교사와 특수교사의 협력은 필수적이 될 수밖에 없다. 우리는 교사학습공동체를 통해 협력이 구체적으로 어떻게 이루어지는지 직접 경험하게 되었다. 우리는 일반교사와 특수교사의 서로 다른 관점의 차이도 이해할 수 있었다. 학생들의 작은 변화도 인식하는 특수교사의 세심한 관찰력을 일반교사들은 놀라워하였고, 많은 학생들을 대응해야만 하는 일반교사의 어려움을 특수교사 또한 느끼게 되었다.

선생님의 말이 빠르고 진행이 빨라요. 충분히 많은 내용을 전달한 것 같아요. 배움중심교육을 추구한다면 말의 속도를 늦추고 아이들의 말을 듣는 연습을 많이 해야 하지 않을까? 그 포인트에 장애 아이들을 넣어야 하지 않을까? 지금은 일반학생들의 말에 충분히 반응하고 피드백 하는 것도 너무나 숨 가쁘게 느껴져요. 그 많은 아이들 상대하는 일반교사들이 참 힘들겠구나라는 생각이 들어요. 내가 너무 우리 아이들의 배움에만 초점을 맞추어 관찰하려고 했던 게 편협했던 것 같아요.

(교사학습공동체 모임에서 박○○ 선생님)

우리 일반교사들은 사실은 잘 몰라요. 전체를 바라보기만 하지 자세히 바라보지 않기 때문에 장애 아이들과 그 부모들의 마음을 잘 모를 때가 더 많아요. 그런데 특수교사들은 훨씬 더 잘 보는 것 같고 더 잘 느끼는 것 같아요. 이 모임에 참여하면서 특수 선생님들께 그런 면을 많이 느꼈고 배웠어요.

(교사학습공동체 모임에서 김○○ 선생님)

세심하게 보는 연습이 된 거예요. 특수교사는 세심하게 보지 않으면 변화를 아무것도 캐치할 수 없으니까 세심하게 보는 훈련이 된 건데 사실 대학에서 가르쳐주지는 않아요. 왜냐하면 1학기, 2학기, 내년이랑 다 다른 것을 찾아내야 하니까 수많은 경험을 통해 특수교사는 끊임없이 연습을 하는 거예요. 일반교사도 여유가 생기면 세심하게 보는 것이 아니라, 의도를 가지고 어떤 계기가 되면 세심하게 보는 눈이 생깁니다. 그런 눈이 생기게 되는 계기가 내가 만난 아이 때문일 수도 있고 이런 모임을 통해서일 수도 있고요. 세심하게 보는 눈이 생기고 나면 아이들 상호작용 하나하나가 다 눈에 들어오는 순간이 생겨요. 그건 그 교사의 인품과는 관련이 없는 거예요.

(교사학습공동체 모임에서 박○○ 선생님)

전체를 보는 일반교사의 눈과 부분을 세밀하게 관찰하는 특수교사의 눈이 결합된다면 통합교육을 위한 완벽한 환경이 준비되는 것이다.

우리는 서로에게 배워야 한다. 배움의 공동체 철학이 그러하듯 교사들도 서로를 통해 배움이 일어나는 배움의 공동체를 만들어야 한 명도 소외되지 않는 수업을 할 수 있다. 단위학교에서 자발적인 교사학습공동체가 구성되고 비공식적인 실천들이 활발히 일어난다면 통합교육의 전문성은 높아질 수밖에 없다. 최근 교육청 단위로 특수교사와 일반교사의 교사학습공동체 형성을 지원하고 있고, 교사들의 참여로 우리의 모임과 같은 학습공동체들이 속속 생겨나고 있다. 그 작은 실천들이 모여 우리 교육을 모든 학생을 위한 교육으로 한 걸음 더 성장시킬 것이라고 믿는다.

04 도시학교 교사가 되다

통합교육은 교사의 숙명

2년간의 청주 파견근무가 끝났다. 나는 시골학교 아이들, 교사학습공동체 선생님들과 아쉬운 이별을 하고 청주를 떠나야했다. 그동안 우리 아이는 면역이 많이 좋아지고 자주 입원을 하지 않아도 될 만큼 건강해져 안심하고 서울로 돌아갈 수 있었다. 발령받은 학교는 서울에서도 규모가 매우 큰 학교 가운데 하나였다. 전교생이 1600여 명이나 되고 학급당 학생 수도 30명 가까이 될 만큼 인구밀집지역에 있었다. 작은 시골학교에 익숙해져 있어서 다시 도시학교에 적응하기 위한 시간이 필요했다.

나는 장애학생이 있는 학급을 맡고 싶었으나 나에겐 차례가 오지 않았다. 통합학급을 맡지 못해 연구를 계속 이어나갈 수 없게 된 것 같아

무척 아쉬웠다. 그런데 반 아이들을 만난 지 며칠 만에 통합교육은 여전히 나의 과제라는 것을 깨달았다. 처음 만난 아이들은 모두 발달도 비슷하고, 아이들의 편차도 그다지 커보이지 않았다. 교육열이 높은 동네의 안정된 가정환경에서 자라온 아이들은 하나같이 멀끔하니 예쁘고 건강해 보였다. 시골아이들처럼 밖에서 뛰어놀지 않아 얼굴은 모두 하얗기만 했다. 그런데 아이들과 함께한 지 3일쯤 되었을 때 나는 아이들의 숨겨진 모습들을 조금씩 발견할 수 있었다. 겉으로는 아무런 문제가 없는 아이들 같았지만 사실은 그렇지 않았다. 장애아이를 키우며 특수교육을 공부한 덕분에 나는 예전보다 더 민감하게 아이들을 파악할 수 있었다. 우리 반에는 틱이 있는 아이가 3명, 말더듬이 있는 아이가 1명, 선택적 함묵증이 있는 아이가 1명, 분노조절에 문제가 있는 아이가 1명, ADHD가 있는 아이가 1명, 학습부진이 있는 아이가 1명 있었다. 이 아이들은 모두가 개별적 지원과 관심이 필요한 아이들이었다. 장애로 등록된 학생만 없을 뿐 여전히 이 아이들도 통합교육이 필요한 아이들이었다. 이 다양한 아이들의 모습은 비단 우리 반만의 모습은 아니었다. 동학년 선생님들의 이야기를 들어보니 다른 반도 비슷했다. 이제는 어느 학교에 가든 통합교육은 결국 교사의 숙명이라고 생각한다. 피할 수 있는 것이 아니다.

교사가 다양한 아이들의 요구를 받아들일 준비가 되어 있어야 아이들이 행복한 학교생활을 할 수 있지 않을까? 교사들이 통합교육의 마인드를 갖추고 있다면 그 어떤 아이를 만나도 두렵지 않을 것이다. 다양성의 범주 양쪽 끝에 있는 아이들까지도 받아들일 마음의 준비가 된다면 아이들과의 만남은 두려움이 아닌 설렘으로 변할 것이다. 나는 이 아이들과 함께할 시간이 기대되고 설렜다. 배움중심교육이 시골학교 아이들과는 또 다른 모습과 색깔로 나타날 것만 같았다. 도시학교의 30명 가까이 되는 우리 반 아이들과 함께하는 배움중심교육은 어떤 모습일지 나 자신도 궁금했다.

장애를 보는 관점들

통합교육이 교사의 숙명이라면 교사들은 장애가 있는 아이들을 과연 어떻게 바라봐야 하는지에 대해 관점을 명확히 할 필요가 있다. 관점을 가다듬는 것만으로도 교사와 부모, 아이들의 삶이 훨씬 더 행복해질 수 있기 때문이다. 장애를 바라보고 해석하는 관점은 하나가 아니다. 그동안은 한 단면을 지나치게 절대적으로 인식하는 관점이 주를 이뤘다.

장애를 보는 첫 번째 시각은 의학적 관점이다. 이는 장애를 비정상적인 결함, 결핍, 기능장애로 간주하는 것이다. 통합학급에서 주로 만나는 정신적·발달적 장애에 대해서는 DSM-5(정신장애 진단 및 통계편람)에 아주 잘 정리되어 있다. 이러한 의학적 관점은 의사들이 진단을 내려 치료나 재활조치와 함께 장애등급을 부여하고 그에 맞는 혜택을 받으며 살아갈 수 있게 해주기 위한 것이라고 할 수 있다. 진단을 받고 치료하는 영역에 한정되는 이러한 관점으로 매몰되고 장애인의 삶을 규정한다면 장애인은 희망이 없는 삶을 살게 될 수 있다. 장애아 부모의 삶에 대해 연구한 이원희 박사는 『자폐성 장애아 부모의 삶과 교육에 대한 존재론적 사유』(2017)라는 논문에 연구에 참여한 한 자폐아 부모가 자녀의 장애를 받아들이는 과정을 인터뷰한 내용을 실었다.

> "순간적으로 목이 뜨끔하면서 정말 식물인간처럼 두 달을 누워 있었어요. 목 디스크인줄 알았는데 그게 아니라 신경성이래요. 아무것도 못 움직인 채 두 달을 전신마비로. 그 때는 내가 서른셋 젊은 나이였잖아요. 엄마나 시어머니는 애들 두고 나 죽는 줄 알았나봐요. 남편도. 근데 마음의 병이었어요. 그렇게 누워 있는데 작은 애가 막 울고 현주도 천방지축이고… 애들 우는 것 보니 너무 불쌍한 거에요. 내가 죽는다고 생각하니 저 장애가 있는 현주는 누가 키우고 동생은 또 누가 키우지? 그 생각을 하니까 이렇게 무너지면 안되겠다는 생각이. 예전의 나는 없다. 그때의 나는 이미 죽었다. 이제는 탈바꿈을 해야 한다. 이제는 엄마가 되어야 한다. 그 나약함을 버려야 한다. 그렇게 각오를 했죠. 마음에서 이겨냈죠. 이렇게 죽을 힘이 있으면 이걸로 사력을 다해 산다면 현주를 못키우겠나. 강인해지자. 장애를 받아들이자. 그렇게 제가 마음을 바꾸게 되었어요. 두 달을 식물인간처럼 지내다 돌아왔어요. 그렇게 현주를 마음으로 받아들이니 조금씩 몸이 움직여지더라구요."
>
> (이원희, 2017)

아이의 장애를 진단받고 받아들이기까지 부모가 겪는 고통이 이 이야기에 고스란히 담겨 있었다. 아이를 향해 쏟아진 온갖 결함, 결핍, 기능장애에 대한 정보들을 들으며 진단의 과정을 거쳐야 했던 아이의 엄마는 자신의 몸이 마비될 만큼의 고통을 느꼈던 것이다. 특수교사이자 심리학 박사로 특수교육지원센터에서 학부모 상담을 오랫동안 하고 계신 부경희 선생님은 『특수교사 교육을 말하다』라는 책에서 장애를 진단하는 과정을 가히 '폭력적인 시간들'이라고 표현했다. 폭력적인 시간들을 겪어낸 많은 학부모들의 상처가 상담과정에서 여실히 드러났다고 한다. 나 또한 아이의 장애진단서를 받기까지 많은 용기가 필요했다. 도저히 아이의 이름이 박힌 장애인복지카드를 받을 자신이 없었다. 그렇게 차일피일 미루다 나는 아이가 9살이 되어서야 장애진단을 받았다. 진단 과정이 폭력적이 될 수밖에 없는 것은 장애를 의학적 관점으로만 바라보기 때문이다. 의학적 관점은 장애에 대한 정확한 진단을 내리는 과정에서만 필요한 것뿐이지 그것으로 아이와 가족의 삶이 규정되어서는 안 된다. 그러나 여전히 많은 일반인의 시각은 여기에 머물러 있다. 장애인식교육이나 통합교육이 필요한 이유이기도 하다. 우리는 의사가 아니기에 다른 관점이 필요하다.

장애를 보는 두 번째 시각은 사회적 관점이다. 이는 장애를 개인이 극복해야 할 결함이 아니라 장애인들이 살아가는 사회의 인식과 제도, 문화를 고려하는 생각이다. 즉 사회적 장벽을 해결하는 것이 더 중요하다고 보는 관점이다. 의학적 관점보다는 훨씬 인권적이고 희망적인 관점이라고 할 수 있다. 이러한 관점으로 본다면 장애이해교육시간에 장애를 극복한 사람들의 사례를 제시하는 것은 그다지 적절하지 않을 수 있다. 장애를 어찌 극복하겠는가? 그것을 극복한 사람은 평범한 사람이 아니라 위인이다. 평범한 삶조차 힘든 장애인들에게 위인이 되라고 강요하는 것과 같은 꼴이 되는 것이다. 이러한 사례보다는 주변에 평범하게 살아가고 있고, 장애가 있음에도 불구하고 열심히 밝게 사회의 일원으로 살아가는 장애인들과 그 가족들을 칭찬해주고 격려해주는 것이 훨씬 더 인간적이지 않은가? 그리고 그들이 행복하게 주체적인 삶을 살아 갈 수 있도록 사회의 장벽들을 허무는 일을 생각해보는 것이 더욱 적절한 장애이해교육일 것이다. 이 사회적 관점과 함께 교사와 부모들이 주목해야할 또 다른 관점이 있다.

장애를 보는 세 번째 시각은 신경다양성의 관점이다. 신경다양성이라는 개념은 10여 년 전에 등장했는데 우리나라에는 토머스 암스트롱의 『증상이 아니라 독특함입니다』(원제: The Power of Neurodiversity)라는 책이 나오면서 확산되고 있다. 신경다양성은 정신적 장애나 질환을 가진 사람들을 인간의 다른 차이처럼 뇌의 신경시스템도 다양하고, 이는 인류의 진화에도 필요하고 중요하기 때문에 존중되어야 한다는 개념이다. 신경다양성의 관점에서는 인간의 두뇌 역량이 연속선 위에 존재한다고 본다. 사회성을 예로 들면 가장 왼쪽 끝에는 자폐적 성향이 강한 사람이 있을 것이며, 그 다음은 아스퍼거 증후군, 그 다음은 자폐증은 아니지만 공동체에 잘 섞이지 않으려는 사람, 내성적인 사람, 혼자 있기를 좋아하는 사람, 보통의 사교성을 가진 사람 순이며 오른쪽 끝으로 갈수록 대단히 사교적인 사람, 지나치게 사교적인 사람까지 모든 사람들이 연속선 상에 존재함을 알 수 있다. 그렇다면 만약 우리 반에 자폐스펙트럼 장애 아이가 있다면 이 아이도 사회성의 연속선상에 있고 조금 다르지만 한 명의 정상적인 학생이라고 할 수 있다. 기준도 불분명한 정상, 비정상의 구분을 거부하는 것만으로도 굉장히 혁신적인 관점이라고 할 수 있다. 신경다양성 관점에서는 더 나아가 아이들의 결핍에 집중하지 않고 강점을 활용해 교육할 것을 강조한다. 그러기 위해서는 아이의 특성에 맞고 강점을 발휘할 수 있는 환경을 구축(이를 적소구축이라 한다)하는 것이 필요하다. 아이가 세상에 잘 적응하고 잠재력을 최대한 발휘할 수 있는 환경을 만들어주어야 한다는 것이다. 그리고 그 능력(강점)이, 우리 사회에 필요한 영역에 쓰이도록, 강점을 발휘할 직업을 갖도록 자극하고 준비시키는 것이다.

고기능 자폐인은 혼자서 일할 수 있는 환경에서 세밀한 변별력을 필요로 하는 컴퓨터 산업, 원예가, 공예가, 통계 전문가로 성장할 수 있는 강점이 있다. 대부분의 교사와 부모들은 자폐인들의 사회성을 가장 큰 결함으로 보고 이를 길러주는 것을 가장 중요한 과제라고 생각하지만 신경다양성 관점에서는 그에 못지않게 그들의 강점을 살려 그들이 좋아하는 일을 하게 하는 것을 매우 중요한 과제라고 본다. 관점을 이렇게 바꾸는 것만으로 교사와 부모들은 이 아이들에게 해줄 수 있는 일들이 많아진다. 결핍에만 집중한다면 우리가 할 일이 별로 없다. 아픔과 불행만 있을 뿐이다. 결핍과 치료는 의사에게 맡기고, 교사인 우리가 아이들의 강점에 집중한다면 강점을 발휘할 수 있는 환경을 만들어줄 수 있다. 신경다양성의 관점은 교사와 부모에게 긍정의 에너지를 불러 일으키고 삶의 희망을 가질 수 있게 한다. 교사는 의사가 아니기에 치료보다는 균형을 갖춰 보다 사회적으로 바라보고 신경다양성을 고려할 수 있다. 교육은 성장의 가능성을 찾는 일이기 때문이다.

신경다양성 교실을 만들다

나는 도시의 아이들과 모든 학생을 위한 배움중심교육을 실천해보기로 했다. 우리 반에서 다양성의 범위가 큰 아이는 ADHD 성향이 있는 철민이라는 아이였다. 나는 철민이에게도 의미있는 배움이 일어나는 수업이라면 우리 반의 모든 아이들에게 배움이 일어날 것이라고 생각했다. 나는 철민이 특성에 맞는 신경다양성 교실을 만들어 보기로 했다.

철민이는 가만히 앉아있는 것을 가장 힘들어했다. 과제집중력이 부족하여 끊임없이 움직이고, 여기저기 참견을 하고 다녔다. 그러다 보면 아이들과 이내 싸움이 붙고 철민이의 공격적인 행동으로 아이들은 울음을 터뜨리며 나에게 달려왔다. 철민이는 부주의, 과잉행동, 주의력 결핍, 공격성, 충동성까지 전형적인 ADHD 증상을 가지고 있었다. DSM-5의 ADHD 진단 항목들에 거의 다 들어맞는 특성이었다. 철민이에게 그러한 특성이 있다는 것을 알게 되었으니 의학적 관점으로 철민이를 바라보는 것은 거기까지다. 이제부터 교사로서 내가 할 일은 철민이의 결핍이 아닌 강점에 초점을 맞추는 일이었다. 철민이는 우리 반 봉사왕이었다. 당번이 아니어도 분리수거는 늘 자기가 하겠다고 나섰다. 다른 반으로 보낼 물건이나 가정통신문이 있으면 그것 또한 하겠다고 1등으로 손을 번쩍 들고 나왔다. 철민이는 우리 반 응급구조대원이기도 했다. 누군가 다쳤다는 소리를 들으면 먼 곳에 있다가도 번개처럼 뛰어와 아픈 친구를 데리고 보건실로 갔다. 바라보는 시각만 바꾸어도 가만히 앉아 있지 못하는 철민이의 특성은 결함이 아닌 강점으로 바뀌었다.

나는 수업 시간에 철민이에게 가만히 앉아 있으라고 말할 때면 죄책감이 밀려왔다. 철민이가 괴로워하는 것을 뻔히 알면서도 모르는 체하는 것 같아 더욱 그러했다. 그래서 나는 하루에 적어도 한 시간 정도는 가만히 앉아 있지 않아도 되는 수업, 모두 자리에서 일어나서 하는 활동적 배움이 있는 수업을 계획하였다. 예를 들어, 수학시간에 연습문제를 풀 때 모든 학생들이 일어나서 돌아다니며 수학문제를 풀게 하였다. 아이들의 손등에 각자 다른 숫자 스티커를 붙여 주고 교실을 돌아다니며 친구를 만나면 그 친구의 손등에 붙어 있는 숫자로 함께 곱셈과 나눗셈을 하도록 하였다. 사회시간에 경제교류에 대해 배울 때는 모둠별로 상점을 차리고 다른 모둠을 방문하며 필요한 물건들을 팔고 사며 교류를 직접 체험해 보도록 했다. 국어시간에는 교실을 돌아다니며 친구들과 만나 상황과 장소에 맞는 대화를 주고받으며 서로 서명을 하는 활동을 하기도 하였다. 모두가 일어나서 수업을 하니 움직임이 큰 철민이의 행동이 전혀 눈에 띄지 않게 되었다. 그리고 철민이는 아주 신나서 수업에 끝까지 참여할 수 있었다.

이번에는 교실의 도구를 이용하여 철민이의 움직임 욕구를 충족시켜보고자 하였다. 첫 번째는 짐볼이었다. 수업시간에 아이들 의자 높이만한 짐볼 4개를 주고 모둠별로 한 시간씩 돌아가며 앉게 하였다. 짐볼에서 균형을 잡고 앉아있기 위해서는 몸을 조금씩 미세하게 움직여야 하는데 철민이는 이 짐볼에 앉아서 균형 잡는 것을 아주 재미있어했다. 짐볼에 앉아 있을 때는 불필요하게 돌아다니지 않게 되었다. 다음은 스탠딩 책상이었다. 아이들이 서서 수업을 받을 수 있게 스탠딩 책상도 4개를 한 세트로 만들어 모둠별로 돌아가며 한 시간씩 스탠딩 책상에서 수업을 받게 하였다. 스탠딩 책상에 서 있어야 할 때는 바닥에 밸런스 패드를 두고 올라가서 균형을 잡으며 서 있게 하였다. 짐볼보다 더 움직임이 큰 밸런스 패드와 스탠딩 책상의 사용도 철민이의 움직임 욕구를 충분히 충족시켜줄 수 있었다.

움직이는 활동으로 구성된 수업과 짐볼, 스탠딩 책상, 밸런스 패드의 활용은 철민이를 위한 신경다양성 교실을 만들려고 시작했지만 우리 반 모든 아이들이 너무나 좋아하였다. 아이들은 짐볼과 스탠딩 책상이 자기 모둠 차례가 되기를 항상 기다렸다. 초등 수준 발달 단계의 아이들에게 잘 맞아 떨어진 것이다. 초등 아이들은 대부분 움직임의 욕구가 크다. 그 중에서 철민이가 유독 더 움직임 욕구가 컸을 뿐이다. 그러니 신경다양성 교실이 모든 아이들에게도 잘 맞을 수 밖에 없었다. 여기서 또 한 번 보편적 학습설계는 모든 학생에게 의미 있는 수업설계가 될 수 있음을 깨달을 수 있었다.

나는 철민이의 움직이려는 욕구를 충족시킬 뿐 아니라 철민이가 활동을 시작하도록 도와야했다. 철민이는 대부분의 활동에서 시작하는 것을 무척 어려워했다. 미술시간에 그리기나 만들기, 각종 글쓰기 등을 할 때 첫 시작을 하지 못하고 20여 분간 뜸을 들이다가 결국 친구들을 방해하거나 포기하기도 했다. 그래서 나는 미술수업에서 아이들에게 보여주려고 만든 샘플 작품을 반 정도만 완성해 아이들에게 보여주고 그 샘플을 철민이에게 주었다. 그러면 철민이의 시작이 다른 친구들과 비슷해지고 끝맺음도 할 수 있었다. 나는 우리 반 아이들에게 내가 만든 샘플 작품을 철민이에게 주어도 되는지 동의를 구했는데, 아이들은 철민이가 시작하는데 어려움이 있다는 것을 알고 있었기에 동의해주었다. 글쓰기 시간에는 내가 아이들 앞에서 시범을 보일 때 일부러 철민이의 이름을 넣어서 한두 문장 예시로 글을 써서 보여주었다. 그러면 철민이는 호기심을 가지고 내가 쓴 글을 바라보다가 신이 나서 나머지 글을 이어서 쓸 수 있었다. 시작을 도와주는 일은 작고 사소한 것이었지만 철민이가 수업의 집중력을 이어가는 데에는 큰 도움이 되어 보였다.

철민이의 움직임 문제는 이렇게 하여 많은 부분 해결되었으나 친구들을 대하는 공격적인 성향은 여전히 큰 문제였다. 아이들은 철민이와 모둠활동도 잘 해보고 싶어했고 적극적으로 도와주고 싶어 했다. 하지만 철민이의 공격적인 행동이 나타나면 협동적 배움이 일어나기 어려웠다. 친구들에게 상처주는 말을 서슴없이 하고 욕도 잘했다. 때로는 때리기도 했다. 나는 철민이를 따로 불러 타이르기도 하고 다짐을 받기도 했지만 내 앞에서 대답만 잘할 뿐 금세 잊어버리고 똑같은 행동을 반복했다. 나는 철민이의 행동에 대해 학급회의를 열기로 했다. 자신의 행동으로 친구들이 얼마만큼 힘들어하는지 철민이가 느낄 수 있어야 고쳐나갈 수 있을 것 같았다. 학급회의가 형식적으로 흐르지 않도록 원을 만들어 앉고 한 사람씩 모두 평등하게 말할 기회를 주었다. 우리 반 아이들은 한 명씩 돌아가며 철민이에게 받았던 상처나 속상함을 털어놓았다. 내가 아무리 타일러도 눈도 꿈쩍 않던 아이가 친구들의 이야기를 다 듣더니 엉엉 울어버렸다. 철민이가 자신의 행동에 대한 책임감을 느낀 순간이었다. 이 일이 있고 나서 철민이의 공격적인 행동이 눈에 띄게 줄었다. 그리고 모둠활동을 할 때도 친구들의 도움을 잘 받아 수학 문제도 끝까지 풀 수 있었다. 때로는 어려움이 있는 친구를 도와주기도 하며 협동적 배움을 경험해나가기 시작했다. 이렇게 변한 철민이를 칭찬하기 위해 나는 또다시 학급회의를 열어 원을 만들어 앉았다. 모든 아이들이 한 명씩 철민이의 변한 행동에 대해 칭찬과 격려를 하게 했더니 철민이가 또 울었다. 철민이가 자신의 행동을 스스로 반성하고 책임감을 느끼고 나니 변하는 것은 일순간이었다. 이후 철민이는 우리 반의 봉사왕, 응급구조대원의 역할까지도 더욱 잘 해나갔다.

이렇게 철민이를 위한 신경다양성 교실을 만들어 배움중심교육을 실천하다보니 역설적이게도 철민이는 얌전히 앉아서 하는 활동 횟수가 점점 더 늘어나게 되었다. 내가 철민이에게 자리에 앉으라는 말을 하지 않을 수록 아이는 더 잘 앉아서 활동을 하게 된 것이다. 결함이 아니라 강점에 집중하다보니 결함이 조금씩 나아져 버린 것이다.

공평함을 배우다

나는 아이들과 새로 만날 때마다 나에 관한 모든 이야기를 다 해준다. 내가 장애아이를 키우는 엄마이고 어떻게 살아왔으며 지금은 어떻게 살고 있고 또 어떤 가치관을 가지고 교사생활을 해나가고 있는지 숨김없이 다 이야기한다. 처음 만난 아이들은 이렇게까지 자신의 모든 것을 공개하는 선생님을 당혹스러워한다. 동시에 자신을 모두 드러낸 선생님에게 더 큰 신뢰를 보인다. 나는 아이들에게 장애이해교육이라던지 장애인권교육을 따로 하지 않는다. 장애인 가족으로서의 나의 삶을 있는 그대로 보여주는 것이 가장 자연스러운 장애이해교육이라고 생각하기 때문이다. 사회나 도덕 수업시간에 인권에 대하여 배울 때에 장애인 인권에 관한 이야기를 나눈다. 장애인 차별에 관한 사례가 나올 때면 나는 아래의 사진을 자주 보여주었다.

이 사진이 무엇을 하는 장면인 것 같냐고 물어보면 아이들은 무릎을 꿇은 엄마들은 아마도 학교폭력 가해학생들의 엄마인 것 같다고 한다. 그러면서 학교폭력을 저질렀으니 저렇게 혼나도 마땅하다고도 한다. 나는 학교폭력 가해학생의 엄마들이 아니고 장애학생들의 엄마들이 자신이 살고 있는 동네에 특수학교가 없으니 특수학교를 만들어달라고 무릎을 꿇으며 주민들에게 눈물로 호소를 하고 있는 장면이라고 설명했다. 아이들은 학교를 만들면 되지 무엇이 문제냐고 했다. 학교가 무슨 쓰레기 소각장이나 폐수 처리장도 아니고 납골당도 아닌데 왜 주민들이 반대를 하는지 도무지 이해를 못하겠다는 것이다. 나는 주민들이 이 학교가 특수학교라서 반대를 하는 것이라고 말해주었다. 특수학교에 다니는 장애학생들이 그 동네에 있으면 동네의 분위기가 나빠져서 자신의 자녀들이 다니는 명문학교의 이미지를 실추시키고 집값도 떨어질

출처: 연합 뉴스

수 있다는 것이 주민들의 반대 이유라고 하였다. 아이들은 이 이야기를 듣고 경악하였다. 아니 어떻게 그것이 반대 이유가 될 수 있느냐고?

아이들은 그 동네의 주민들이 인권의식도 없는 아주 수준 낮은 사람들이라며 그 자녀들이 다니는 학교도 결코 명문학교가 될 수 없을 것이라며 분노하였다. 내가 가르치는 아이들이 이러한 반응을 보이게 된 것은 아마도 장애를 가진 친구, 그리고 장애인의 가족들과 함께 살아온 경험 때문일 것이다. 그들도 우리 사회의 소중한 구성원이며 행복하게 살아야 할 권리가 있는 사람들이라는 것을 자연스럽게 인식할 수 있었던 것이다. 통합교육은 함께 살아가는 것이며, 함께 살 때 중요한 가치를 배울 수 있고 이것들이 쌓여야 사회적 통합도 비로소 이루어질 수 있다. 내가 가르쳤던 아이들이 우리 사회의 중심이 될 때에는 더 이상 장애학생 부모들이 무릎을 꿇는 일은 없을 것이다.

1년을 보내고 아이들이 나를 평가하는 교원능력평가 시즌이 돌아왔다. 신기하게도 아이들에게서 나는 매해 비슷한 평가를 받았다. 아이들은 나를 공평한 선생님이라고 가장 많이 평가했다. 아이들이 공평함의 의미를 과연 어떻게 생각하고 있는지 궁금해 정말 내가 공평한지 물었다. 내가 다른 친구들보다 철민이와 예빈이를 더 많이 가르쳐주고 더 많이 도와주었는데 정말 내가 공평한 것이 맞냐고 물었다. 아이들은 잠시 생각하더니 “아, 그렇네. 지금 생각해보니 차별을 하신 것 같은데요.”라고 하였다. 잠시 침묵이 흐르더니 한 여학생이 “차별을 하신 것은 맞는데 그건 정당한 차별이었던 것 같아요.”라고 했다. 그래서 왜 정당

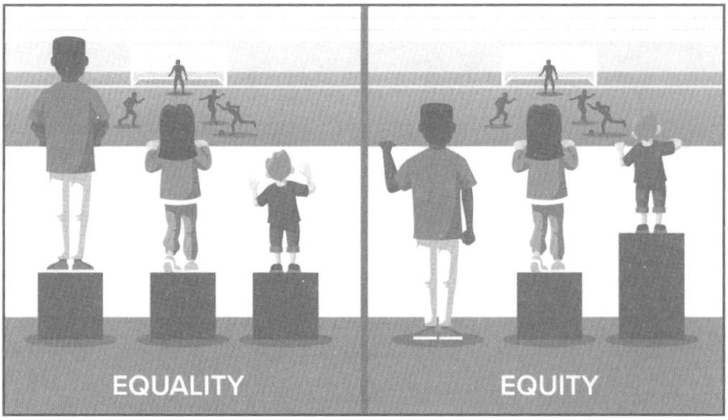

출처: medium.com

한 차별이냐고 물으니 철민이와 예빈이에게 도움을 주어야 그 친구들도 다른 친구들처럼 할 수 있기 때문에 정당한 차별이고 그것은 공평한 것이 맞다고 하였다. 아이들은 공평함의 의미를 정확히 알고 있었다.

평등(equailty)이 능력에 관계없이 모두에게 동등한 기회를 주는 것이라면, 공평(equity)은 능력에 따라 역차별을 두어 그 출발선을 같게 하는 것이다. 아이들은 평등이 아닌 공평이 더욱 정당하다고 느끼고 있었고, 그것을 실천하고자 하였던 나를 공평했다고 평가한 것이다. 통합교육은 아이들에게 공평함을 가르쳐 주고 있었다. 모두가 함께 하지만 각자의 필요를 충족시켜주는 것이 공평한 교육이라는 것을 아이들은 알고 있었다. 통합교육이 가르쳐준 공평함의 가치를 아이들이 실천하면서 살아가기를 간절히 바란다.

배려를 배우다

시골학교에서 3학년까지 마치고 전학을 온 우리 아이는 도시학교에서의 통합교육에 다시 적응해야 했다. 전교생 50여 명의 미니 학교에서 1600여 명의 거대 학교로의 변화가 우리 아이에게 과연 어떻게 다가올지 두렵기도 하고 기대되기도 했다. 그래도 아이가 그동안 학교생활에 익숙해져 입학시킬 때만큼의 스트레스는 없었다. 좋은 선생님과 좋은 친구들을 만나기만을 바랐다. 다행히 우리 아이를 기꺼이 맡아주시겠다는 따뜻한 통합학급 선생님을 만났고, 살뜰히 챙겨주시는 통합지원반 선생님, 엄마같이 포근한 특수교육실무사 선생님 덕분에 아이는 학교에 빠르게 적응할 수 있었다. 아이와 같은 반이 된 친구들은 발달연령이 5, 6세 정도밖에 되지 않는 우리 아이를 신기해하고, 동생처럼 너무나 잘 돌봐주었다. 자폐 성향이 있어 혼자만의 세계에서 살아가는 아이지만 학교의 규칙적인 생활을 좋아했고 학급에서 친구들의 돌봄과 보살핌을 받으며 편안해 했다. 아이의 5학년 때 담임선생님은 우리 아이와 함께 한 1년 동안의 경험을 아래와 같이 전해주셨다.

> 아이들과 만나는 첫 날, 칠판에 나의 학급 경영관 〈배려하는 삶〉이라는 글씨를 가운데에 크게 써놓고 조금 다른 말과 행동에 낯선 눈빛으로 관심을 갖는 아이들에게 승표를 이렇게 소개하였다. "선천성 대사 장애를 가지고 태어나 사경을 헤매기도 했지만 부모님과 주변 사람들의 보살핌으로 이렇게 잘 성장했고, 승표 안

에는 행복만 가득 차 있어서 너희들과 학교에서 같이 생활하는 걸 너무 좋아하는 보통 아이"라고….

우리 반에서 작은 기적이 일어나기 시작한 건 바로 그 첫날부터였다. 덩치는 자기네 아빠보다도 크지만 눈도 잘 마주치지 않고 자신만의 세상에 갇힌 친구를 위해 2주일씩 생활도우미 짝꿍을 하기 위한 치열한(?) 경쟁이 시작되었고, 모든 걸 처음부터 하나씩 알려줘야 하는 막내동생 다루듯 "승표야, ~해볼까? ~해보자. ~해줄게."라고 말하며 함께 하려는 친구들이 주변에 하나둘씩 생겨났다. 승표가 큰 소리로 노래 부르면 함께 박수를 쳐주며 따라 불러주고 사이렌 소리를 유난히 무서워해서 엉엉 큰 소리로 우는 승표의 눈물을 닦아주었다. 몸집이 크고 무거워 달리기가 느린 승표 손을 잡고 결승선을 함께 통과해주는 아이들, 승표가 그려주는 자동차 그림을 받아들고 승표 선물이라며 파일에 소중히 끼워 보관하는 아이들…. 몇 주가 지나자 평소 다른 친구의 행동에 예민하고 신경질적인 반응을 보였던 친구들도 승표와 함께 지내면서 '그럴 수도 있어~' 라고 친구의 행동을 이해하기 시작했다.

예선이라는 아이는 부모님의 따뜻한 관심을 받고 자란 외동딸인데 수줍은 성격 탓에 다른 친구들에게 먼저 다가서고 이야기하는 것을 무척 어려워했다. 그런 예선이가 2주간 승표의 짝꿍이 되면서 엄마처럼 승표를 챙겨주고 함께 다니고 난 후 짝꿍이 바꿔는 날 일기장에 '나의 가장 멋진 친구, 전승표♡'라고 적어놓았다. 일기장 검사를 하다 그 글귀를 보며 혼자 울컥했던 일이 떠오른다. 특히 예선이처럼 외동자녀라서 평소 형제자매와의 관계를 경험해보지 못했던 학생들에겐 우리 승표가 보살펴주고 다독여줘야 할 동생의 역할을 톡톡히 한 셈이다.

사춘기가 시작되어 예민해진 탓에 친구에 대한 험담과 욕설이 늘어나고 반항기가 시작될 5학년 친구들이 통합지원반 친구 한 명과 같이 지내면서 '타인에 대한 배려'를 스스로 익히고 실천해 나가는 과정을 지켜볼 때의 그 감동은 지금 생각해도 너무 마음이 벅차오른다. 그렇게 우리 반은 서로에 대한 상처 하나 없이, 학교 폭력 사건사고 하나 없이 일 년을 마무리할 수 있었다. 돌이켜 생각해보면 내가 승표를 가르친 게 아니라 승표가 나와 우리 반 친구들을 가르친 게 아닐까? 행복이 가득한 승표야! 선생님 반에 와줘서 정말 고마웠어.

학교에서는 배려하고 나누는 생활의 중요성을 늘 강조하지만 그것을 가르치는 것은 쉽지 않다. 하지만 자신보다 발달수준이 현저히 낮은 친구를 배려하고 나누는 행동은 가르치지 않아도 선한 본성을 가진 사람이라면 누구든 실천할 수 있다. 같은 반에 장애학생이 있음으로 해서 아이들의 선한 본성이 드러나게 되는 것이다. 아이들의 그 예쁜 모습을 놓치지 않고 예민하게 관찰하며 끊임없이 강화를 해준 담임선생님 덕분에 아이들은 비슷한 발달 수준의 또래들에게도 배려와 나눔의 생활을 더욱 쉽게 실천할 수 있었다. 통합교육으로 서로 배려하는 생활교육이 자연스럽게 이루어진 것이다. 통합교육은 이렇게 인간의 선한 본성을 드러나게 하는 교육환경이며 아이들을 더욱 높은 단계의 배움과 발달로 이끄는 힘이 있다.

통합교육, 이 시대의 가장 혁신적인 교육

나는 통합교육이 교육의 미래를 담고 있다고 생각한다. 그동안 모든 아이를 위한 통합교육에 대해 연구하며 살펴본 우리나라 통합교육은 시대보다 늦지만 분명히 진화하고 있었다. 우리나라에서 통합교육이 법에 처음으로 규정된 것은 1994년 〈특수교육진흥법〉이 개정되면서다. 〈특수교육진흥법〉에서는 통합교육을 '학생이 살고 있는 지역사회에서 자신의 또래와 함께 교육받을 권리'라고 규정했다. 언뜻 보아도 정의가 그리 구체적이지 못하다. 이때의 통합교육은 특수학교가 많지 않았기 때문에 장애학생들이 가까운 학교에 다니도록 하기 위한 궁여지책이었고 실용적인 대안에 가까웠다. 당시에는 장애학생이 일반 학교에 통합되어 있어도 그 학교에 특수교사가 없는 경우도 많았으니 물리적 통합수준이 대부분이었다. 통합교육에 대한 연구도 1994년 〈특수교육진흥법〉이 개정된 이후부터 본격적으로 시작되었지만 통합교육에 대한 인식이나 태도에 관한 연구가 대부분이었다. 실제적인 방법을 소개하는 연구는 거의 찾아볼 수가 없었다. 통합교육이 막 시작된 초기이니 그럴 수밖에 없었을 것이다. 1998년 내가 교사생활을 처음 시작하였을 때 경험한 통합교육이 딱 이 수준이었던 것 같다. 장애학생과 비장애학생은 물과 기름과 같았고 함께 있지만 함께하지 못하는 다른 존재로 보였다. 당시 교사들은 통합교육의 필요성을 지금처럼 크게 실감하지도 못했었다.

이후 통합교육은 2007년 〈장애인 등에 대한 특수교육법〉이 제정되면서 새로운 정의를 갖게 되었다. '통합교육이란 특수교육대상자가 일반학교에서 장애유형·장애정도에 따라 차별을 받지 아니하고 또래와 함께 개개인의 교육적 요구에 적합한 교육을 받는 것'으로 되었다. 〈특수교육진흥법〉상의 통합교육보다 훨씬 더 구체적으로 명시되어 있음을 알 수 있다. 그리고 물리적 통합수준을 넘어 교육과정적 통합과 사회적 통합을 추구하는 것으로 볼 수 있다. 〈장애인 등에 대한 특수교육법〉이 제정되고 나서 통합교육에 대한 연구도 양적·질적 성장을 이루었는데 통합교육 운영실제에 대한 연구가 드디어 등장하게 되었다. 전에는 없었던 통합교육의 구체적인 방법들로 장애학생과 비장애학생에게 프로그램을 적용하고 효과를 측정해 보는 연구들이 나타나기 시작한 것이다. 교과 관련 프로그램, 비교과 프로그램 및 통합교육을 위한 다양한 방법들이 연구되기 시작했다.

그러나 〈장애인 등에 대한 특수교육법〉상의 통합교육 정의도 지금에 와서는 한계를 보이기 시작했다. 많은 학자들은 이 법률에서 규정하는 통합교육의 정의 때문에 통합교육의 발전이 저해되고 있다고 말한다. 그 이유는 통합교육의 대상을 특수교육대상자로 한정하고 있기 때문이다. 통합교육이 특수교육대상자만을 위한 것이므로 여전히 특수교육의 한 형태일 뿐 일반교육과는 다른 분리교육이 될 수밖에 없다는 비판이다. 통합교육은 개별적 지원이 필요한 모든 학생들이 대상이 되어야 한다. 나는 2020년의 통합교육을 다음과 같이 정의해야 한다고 생각한다. **'통합교육이란 일반학생, 장애학생, 다문화 학생, 새터민 학생, 위기학생까지 교실의 모든 다양한 학생들을 포함한 교육'**이다. 통합교육이 이렇게 다양한 모든 학생을 포함한 교육이 된다면 이제는 일반교육 주도의 통합교육이 실행되어야 할 때라는 의미이기도 하다.

나는 일반교육 주도의 통합교육을 시도해보고자 수업혁신 방법을 채택하고, 그것을 보편적 학습설계와 접목하여 그 외연을 확장하는 것으로 통합교육을 실천했다. 통합교육과 수업혁신 방법이 이렇게 잘 통할 수 있었던 것은 일반교육 주도의 통합교육과 혁신학교의 가치가 같은 곳을 향해 있었기 때문이다. '단 한 명의 학생도 포기하지 않는 책임교육', 경기도 혁신학교의 정책 슬로건이다. '모든 학생을 위한 배움중심교육' 내가 실천한 일반교육주도의 통합교육이다. 한 명도 소외시키지 않으려는 혁신학교 운동은 통합교육이 추구하는 모든 학생을 위한 교육과 같았다. 그리고 이는 미래교육의 핵심이자 지향점이다.

우리나라 혁신학교 운동은 교사가 제대로 가르치고 있는가? 학생이 제대로 배우고 있는가? 라는 물음을 던지면서 시작되었다고 본다. 제대로 가르치지 못하고 제대로 배우지 못하는 공교육 붕괴현상은 학교급이 높아질수록 심화되어 교사들로 하여금 자신의 일에 대한 자괴감과 무기력함을 느끼게 하였다. 이 문제를 해결하기 위해서는 배움의 사각지대에 머문 아이들에 대해 더 이상 불편한 방관을 하지 않고 배움의 테두리 안으로 끌어들일 수 있어야 한다. 학생이 공부를 따라가지 못해서, 학업적 능력이 부족해서, 배움에 흥미가 없어서, 교사가 가르쳐야 할 학생이 너무나 많아서, 교사의 업무가 과중해서 등등의 갖가지 이유를 들어 소외의 대상으로 합리화되었던 아이들에게 배움의 즐거움을 느끼게 할 때 비로소 공교육이 회복될 수 있다.

나는 이 시대 가장 혁신적인 교육이 바로 통합교육이라고 생각한다. 통합교육의 가치를 추구할 때 교육혁신 또한 함께 이루어질 수 있을 것이다. 단 한 명의 학생도 포기하지 않는 통합교육, 모든 학생을 위한 배움중심교육은 가장 혁신적인 교육이 될 수 있다. 다양한 친구들과 관계를 맺고 나누며 자신의 배움을 키워나가는 통합교육은 배려와 존중의 가치를 몸으로 경험하고 실천하게 할 수 있다. 나는 우리 교사들이 변화를 위해 함께 부단히 노력한다면 단 한 명의 학생도 소외되지 않는 21세기 통합교육이 실현될 수 있다고 확신한다.

5장

통합교육으로 떠나는 여행

이종필

20여 년간 초등학교 특수학급에서 일하고 있습니다. 이화여자대학교에서 특수교육을 전공하고, 경희대학교 대학원에서 미술교육을 공부했습니다. 『특수교사 교육을 말하다』의 공저자로 참여했고, 서울경인특수학급교사모임 선생님들과 『통합교육 지원 프로그램: 서로 다른 아이들이 함께 만드는 우정』, 『좔좔 글읽기 4단계』를 썼습니다. 모든 아이들이 자신의 색깔을 찾아가며 성장하는 통합교육을 꿈꾸고 있습니다.

01 첫 출발

교사의 새해는 3월에 시작한다고 해도 과언이 아닙니다. 교사에게 어떤 학년을 맡고 어떤 학생들을 만나느냐는 초미의 관심사입니다. 새로 학급을 배정받았는데 통합학급이라면 어떤 생각이 드시나요?

스스로 통합학급을 지원하거나 특수교사가 부탁하여 맡게 되는 경우도 있지만, 일반적으로는 학년이 배정되고 담당할 학급을 뽑고 나서야 특수교육대상학생(다양한 표현이 있지만 이 책에서는 법에서 쓴 '특수교육대상자'를 준용해 사용합니다)이 있는 것을 알게 됩니다. 반에 특수교육대상학생이 있다는 것을 알게 되었을 때 어떤 마음이 드셨나요? 제가 만난 대부분의 선생님은 부담감을 느낀다고 했습니다. 학급 운영을 잘할 수 있을지에 대한 두려움, 아이가 학급의 다른 친구들과 잘 지낼지에 대한 걱정을 갖고 있었습니다. 경험하지 못한 것에 대한 불안과 두려움은 당연합니다. 게다가 통합학급을 맡아 힘들었던 경험이 있다면 그 부담감은 더 크겠지요.

저는 1년의 통합학급 운영을 조금 낯선 곳으로 떠나는 여행에 비유해보면 도움이 되지 않을까 생각합니다. 낯선 곳으로 떠날 때면 기대와 설렘뿐 아니라 긴장감도 있듯이 통합학급을 맡으며 긴장감을 느끼는 것은 당연합니다. 그래도 준비하면 큰 탈 없이 추억을 쌓는 여행이 되듯이 통합학급도 기본적인 준비가 된다면 1년이 지난 후에는 좋은 추억과 보람으로 남을 것입니다.

첫 만남을 어떻게 준비하면 좋을까요? 다른 나라로 여행을 간다면 그 곳에 대한 정보를 수집하는 것이 먼저일 것입니다. 날씨는 어떻고, 어떤 언어를 사용하고, 무엇을 하고, 무엇을 특별히 주의해야 하는지 등 입고 먹고 보고 자고 움직이는데 필요한 세세한 정보를 찾을 것입니다.

통합학급 운영도 마찬가지입니다. **정확한 정보**를 찾는 것부터 시작해 보세요. 아이에 대한 어떤 소문이나 꼬리표가 있다면 아이나 장애의 특성, 사건의 전후 맥락과 상황 등을 정확히 파악할 필요가 있습니다. 카더라식의 소문만 들으면 아이에 대한 선입견이 생기고, 첫 관계를 맺는데 방해요소가 됩니다. 특수교사와 작년 통합학급 선생님, 학부모에게 미리 학생에 대한 정보를 얻는 것이 좋습니다. 인터넷이나 관련된 책을 통해서도 장애나 특성에 대한 검증된 정보를 얻을 수도 있습니다. 학생의 장애나 특성뿐 아니라 전반적인 정서, 강점, 학업 수준, 필요한 지원, 특별히 주의할 점 등을 미리 살핀다면 좀 더 여유있게 새학기를 시작할 수 있을 것입니다.

장애학생에 대해서는 무엇보다 **긍정적인 정보**를 먼저 찾는 것이 훨씬 유용합니다. 좋아하는 것은 무엇인지, 어떨 때 잘 웃는지, 무엇을 할 때 집중을 잘하는지를 먼저 살피는 것이 좋습니다. 장애학생에 대해서는 대개 무언가 부족하거나, 정서적으로 어렵거나, 문제행동이 있다는 등 부정적인 정보 위주로 전달됩니다. 만약 여행을 떠날 때 숙소가 지저분하고, 치안이 불안하고, 인종차별이 종종 일어나고, 바가지를 씌운다는 정보를 먼저 듣는다면 기대보다 불안과 공포가 앞설 것입니다. 막상 여행지에 가보면 그런 정보는 오래된 것이거나 지나치게 과장되었다는 것을 알게 되기도 합니다. 반대로 밤에 은하수를 볼 수 있고, 경관이 무척 아름답고, 공기가 맑고, 걷기에 좋으며, 진정한 자유를 느낄 수 있다는 정보를 먼저 접했다면 하고 싶은 것들을 상상하며 기대가 넘치고 즐거울 것입니다. 학생에 대한 정보도 마찬가지로 긍정적인 면을 중심으로 찾는다면 그 학생과 함께 하고 싶은 일들이 하나둘씩 떠오르지 않을까요? 이는 장애유무나 특수교육대상이냐와는 상관없이 모든 아이들에 대해서도 그렇습니다.

다음으로 **꼭 필요한 지원**이 무엇인지 알아보세요. 장애학생 중에는 감각이 예민하여 소음에 민감하거나 촉감에 민감한 경우도 있고, 말로 의사표현을 하는 것이 힘든 학생도 있습니다. 손과 발을 자유롭게 쓰는 것이 어려운 학생도 있고, 뇌전증이 있거나 시력이 많이 떨어지는 학생도 있습니다. 이 학생들의 어려움을 조금만 보완해도 학급생활의 질이 매우 높아집니다. 휠체어를 타고 다닌다면 휠체어를 타고도 학교생활에 어려움이 없도록 환경을 지원할 수 있습니다. 학교 차원에서 지원하는 것이 기본이지만, 통합학급 차원에서도 약간의 환경을 조정하고, 어려운 부분을 보완할 수 있도록 지원하는 것이 필요합니다.

환경 조정은 어렵고 대단한 것이 아닙니다. 시력이 좋지 않아 작은 글씨를 읽기 어렵다면 게시물의 글씨를 좀 더 크게 하면 학교생활을 하는데 도움이 될 것이고 아직 말이나 글로 잘 이해하기 어려운 학생이라면 그림이나 사진을 이용하면 도움을 줄 수 있습니다.

พลศึกษา	คณิตศาสตร์

교실에 들어섰을 때 이런 글자들로만 써 있다면 도대체 무슨 말인지 몰라 어리둥절할 것입니다. 게다가 다 알려줬는데 왜 모르냐고 한다면 당사자는 더 답답할 것입니다. 제가 태국 여행에서 느낀 답답함이었습니다. 아주 일부 학생에게 교실은 이렇게 느껴질 수 있습니다. 그런데 글자 옆에 그림이 있다면 어떨까요?

이 글자를 모르더라도 체육과 수학이라고 짐작할 수 있을 것입니다.

이처럼 말이나 글을 모르는 학생이 있다면 그림이나 사진을 넣어 좀 더 쉽게 알아볼 수 있도록 교실 환경을 마련할 수 있습니다. 이러한 **시각적 지원**은 통합교육에서 매우 중요합니다. 이에 대해서는 '3. 조금만 바꿔도 커지는 효과'에서 좀 더 구체적으로 이야기하겠습니다.

여행을 계획할 때면 블로그도 찾고, 유튜브 영상도 찾고, 다녀온 사람들에게 물어도 보고 다양한 방법으로 정보를 얻습니다. 그렇지만 여행기간이 길다면 가이드북도 찾아 보게 됩니다. 다른 자료들의 정보가 생생하지만 주관적인 면들도 많다면, 가이드북은 비교적 기본적이고 객관적으로 검증된 정보를 주로 다룹니다. 그 곳의 기후, 역사, 교통 등을 포함해 사회와 문화에 대한 정보를 종합적으로 볼 수 있습니다. 마찬가지로 통합학급 운영이나 장애의 특성에 대해 잘 정리된 책을 한두 권 읽는다면 학급 운영이나 학생의 행동을 이해하는데 많은 도움이 될 것입니다. 처음 장애학생을 맡게 되어 막막하다면 한울림스페셜 출판사에서 나온 '알려 줄게' 시리즈가 장애를 이해하는데 괜찮습니다. 난독증, 자폐성장애, ADHD, 틱과 투렛장애, 언어장애 등 다양한 분야에 대해 어린이들도 읽을 수 있도록 쉽게 설명되어 있습니다. 통합학급 운영과 관련된 책을 살펴보는 것도 도움이 됩니다. 좋은 책 한 권은 두려움을 줄이고, 기대감을 갖도록 합니다. 1년간 옆에 두고 종종 펼쳐보면 도움이 될 것입니다.

긍정적인 면을 중심으로 정보를 찾고, 필요한 환경지원을 알아보고, 학생의 특성과 통합학급 운영에 대한 책을 읽었다면 한결 가벼운 마음으로 새 학년 새 학기를 시작할 수 있을 것입니다.

핵심 요약!

첫 출발 준비

1. 긍정적인 면을 중심으로 학생에 대한 정보 수집하기
2. 필요한 환경지원 알아보기
3. 관련 서적을 곁에 두고 참고하기

---

02 강점이 실마리

1년간 함께할 특수교육대상학생에 대해 맨 처음 얻은 정보는 무엇이었는지 떠올려보세요. 대부분은 학생이 가진 장애의 부정적인 면이나 부족한 부분에 대한 정보였을 것입니다. 생각해보면 사람은 누구나 강점과 약점이 있습니다. 그런데 유독 장애학생에 대해서는 그 학생이 잘하는 것, 좋아하는 것에 대한 정보는 거의 없고 부족한 점, 어려운 행동과 같은 약점에 대한 것들만 많습니다. 무의식 중에 부족한 부분을 채워주고 싶은 마음 때문이거나, 다른 학생들과 비교하여 생각할 때 장애학생은 부족한 부분이 더 잘 드러나기 때문일 수 있습니다. 그러나 누구에게나 강점이 있습니다. 장애학생도 마찬가지입니다. 그런데 강점은 뒤로 하고 약점을 중심으로 파악하게 되면 학생에 대한 기대수준은 낮아지고, 함께 할 1년에 대해서는 부담감이 커집니다. 기대감보다는 뭔가 채워주어야 한다는 의무감이 앞서기 때문입니다.

학생이 잘하고, 좋아하는 것과 같이 긍정적인 면을 중심으로 바라보면 어떤 이점이 있을까요?

첫째, 학생과 친해질 수 있는 길이 보입니다. 관계를 맺고 신뢰를 형성하는 출발점을 찾을 수 있습니다. 어떤 학생이 곤충을 좋아한다는 정보를 얻었다면 교실에 장수풍뎅이 애벌레나 사슴벌레 등을 키울 수 있습니다. 학생이 컵라면을 좋아한다면 학급온도계 활동에 컵라면 파티를 넣을 수 있습니다. 특정 캐릭터를 좋아한다면 그 캐릭터를 살짝 넣어서 학급 환경을 구성할 수도 있습니다. 그러면 학생이 통합학급 교실을 긍정적인 공간으로 인식하고 학교생활에 적응하는데 도움이 될 것입니다.

둘째, 학생에 대해 긍정적인 기대감을 갖게 됩니다. 긍정적인 기대는 학생을 변화시킬 뿐 아니라 학생을 대하는 교사의 기본 대응방식도 바꾸게 합니다. 동일한 학생에 대해 '○○이는 말을 못해'라는 정보를 먼저 얻었다면 '의사소통이 가능할까? 말을 못 하는데 학습활동에 참여할 수 있을까?'라는 걱정이 앞설 것입니다. 만약 '○○이는 웃는 모습이 예뻐'라는 정보를 먼저 얻었다면 '웃는 모습이 궁금한데?'라는 생각이 들면서 그 학생의 웃는 모습을 보고 싶은 기대감이 생길 것입니다. 사람은 누구나 긍정적인 면과 부정적인 면을 함께 갖고 있습니다. 하지만 학교생활에 어려움을 겪는 아이들은 부정적인 점을 위주로 정보가 교환되고 축적되는 경향이 있습니다. 아이들은 자신의 부족한 점에 집중하고 부정적으로 바라보는 사람보다 자신의 긍정적인 면에 관심을 갖고 긍정적인 부분을 찾아주는 사람을 만날 때 변화합니다. 그 사람에게는 자신의 좋은 점을 더 보여주고 싶어 합니다. 장애학생도 마찬가지입니다.

셋째, 수업참여를 촉진할 아이디어를 얻을 수 있습니다. 피자를 좋아하는 학생이라면 수업시간에 피자를 소재로 활용할 수 있습니다. 수학시간이라면 수 세기 활동 그림자료나 나누기의 도입활동, 분수 공부 등에 피자 그림을 사용할 수 있습니다. 국어시간이라면 '내가 좋아하는 것'의 발표 소재로 삼고, 순서와 차례를 나타내는 글쓰기 활동에 피자 만드는 순서를 활용할 수 있습니다. 통합이나 사회시간이라면 우리 동네 피자가게 찾아보기 활동을 도입활동으로 넣을 수 있습니다. 미술시간이라면 포장지 그리기 활동에 피자 상표도 넣을 수 있을 것입니다. 몇 가지 예시지만 생각해보면 다양한 아이디어를 찾을 수 있습니다.

넷째, 부모님과 신뢰를 쌓는데 도움이 됩니다. 장애학생과 마찬가지로 그동안 장애학생의 부모님도 자녀의 강점보다는 약점에 해당하는 피드백을 주로 받았을 확률이 높습니다. 부모님조차도 자녀의 약점을 채워가는 데만 급급하여 자녀의 강점에 대해 잘 생각해 보지 않은 경우도 종종 있습니다. 교사가 부모님과 첫 상담에서 아이의 강점을 먼저 이야기한다면 부모님은 담임선생님이 우리 아이를 긍정적으로 바라보고 있다고 느낄 것입니다. 당연히 교사를 우호적 시선으로 보고 긍정적인 신뢰를 보낼 것입니다. 저는 학생이 입학하거나 전학을 오면 부모님께 자녀에 대해 자랑하고 싶은 점을 20가지만 적어달라고 합니다. 어떤 분들은 쓱쓱 잘 써 내려가지만 머뭇거리는 분들도 많습니다. 머뭇거리는 부모님들은 자녀의 강점에 대해 충분히 생각해보지 못했거나 부족한 부분을 채우는 방향으로 양육과 관심이 집중되었을 수 있습니다. 그 분들께는 숙제로 내드리기도 하고, 제가 그동안 발견한 강점들을 이야기하면서 같이 찾아보는 시간을 갖습니다. 나중에 부모님들과 이야기를 나눠보면 첫 상담에서 아이의 강점에 대해 물어 본 첫 선생님이라는 이야기를 종종 듣습니다. 그만큼 인상적으로 남은 것이지요.

다섯째, 강점을 중심으로 아이를 바라보는 연습은 학급의 다른 친구들을 이해하는 데도 무척 도움이 됩니다. 선생님을 힘들게 하는 친구가 있다면 가만히 그 친구를 떠올리면서 문제점이 아니라 강점을 써 보세요. '곤충에 대해 관심이 많다. 급식을 골고루 잘 먹는다. 귀엽다. 알고 보면 정이 많다.' 등 쓰다 보면 강점이 더 잘 보이고, 조금은 여유로운 마음으로 그 학생을 품어줄 수 있습니다. 그리고 강점이 드러날 수 있는 기회를 주고 적절한 칭찬과 격려를 함께 해주면 문제가 빠르게 개선되기도 합니다. 사람은 누구나 자신에게 관심을 쏟는 사람에게 잘 보이고 싶어 하니까요.

그럼 학생 한 명을 떠올리며 강점을 5가지만 써 보세요.

○○이의 강점

1	
2	
3	
4	
5	

핵심 요약!

강점을 찾으면

1. 긍정적인 관계를 시작하는 출발점을 찾을 수 있습니다.
2. 긍정적인 기대감을 갖게 되고 이는 학생을 변화시킵니다.
3. 수업참여를 촉진할 수 있는 아이디어를 얻을 수 있습니다.
4. 부모님과 신뢰를 쌓는 데 도움이 됩니다.
5. 학급의 다양한 친구들을 이해하는 데 도움이 됩니다.

03 조금만 바꿔도 커지는 효과

교실의 모습을 떠올려봅니다. 앞쪽에는 칠판, TV, 시간표, 학급안내, 학급규칙 등이 있고 옆쪽에는 사물함, 학습한 것을 모아 놓는 파일박스, 학급문고, 놀잇감, 화분 등이 있습니다. 뒷쪽에는 학생들 작품을 전시하거나 알리는 게시판이 있습니다. 복도로 나오면 신발장, 우산꽂이가 있고 교실 문 위마다 학급명패가 쭉 달려 있습니다. 계단을 올라 다른 층으로 이동해도 모두 거의 비슷합니다. 교육당국이 학교 공간 혁신을 추진하고 있어 다양하고 활용성 높은 환경이 기대되지만, 여전히 대부분의 학교와 교실 환경은 다른 듯하면서도 별 차이가 없습니다. 표준화된 학교 모델과 기준에 따라 구성되고 만들어진 탓일 겁니다. 이 비슷비슷한 학교 환경이 어떤 아이들에게는 적응하기 어려울 수 있습니다. 그러나, 조금만 바꿔주면 적응하기 쉬워집니다. **시각적 지원**을 위주로 어떻게 바꾸면 좋을지 이야기해보겠습니다.

만약 글을 잘 모르고 의사소통에 어려움이 있는 학생이라면 학교의 환경이 어떻게 느껴질까요? 학생에게 학교 안은 알 수 없는 기호의 연속일 것입니다. 교실에 붙여 놓은 사물함 번호나 이름표도 마찬가지일 수 있습니다. 교실을 표시하는 4-1, 4-2, 4-3이나 한글로 된 아름반, 새솔반, 햇살반도 글을 잘 모르는 학생에게는 그다지 도움이 되지 않습니다. 그러면 어떻게 바꾸면 좋을까요?

아주 간단한 방법으로는 스티커를 이용할 수 있습니다. 학급의 앞문과 뒷문 손잡이 옆에 예쁜 스티커로 살짝 표시를 해주세요. 아이에게 알려주면 글이나 숫자를 몰라도 교실을 쉽게 찾아 올 수 있습니다. 아이의 사물함, 신발장, 파일 박스의 이름이나 번호 옆에도 스티커를 붙여주면 좋습니다. 글자와 숫자를 몰라도 스티커를 보고 자신의 자리를 찾을 수 있습니다. 기왕이면 그 학생이 좋아하는 캐릭터의 스티커면 좋겠지요. 고학년이라면 그냥 평범한 별 스티커나 동그란 스티커가 나을 수 있습니다. 친구들에게 동생처럼 보이면 안 되니 말입니다. 그런 학생의 마음을 고려하면 더 좋습니다. 익숙해지면 스티커 없이도 잘할 수 있습니다.

시간표도 시각적으로 조금만 조정해주면 의미 있는 정보가 됩니다. 글을 잘 모르는 친구들에게 글자로만 이루어진 시간표는 난해한 기호에 불과합니다. 앞서 태국어 글자의 예처럼 과목의 특성을 나타내는 그림이 함께 제시된다면 의미도 알 수 있고 글자도 자연스럽게 익힐 수 있습니다. 요즘은 학생들과 시간표 꾸미기를 하는 학급이 많은데 이때 아이들에게 과목의 특성을 그림으로 표현해보게 하면 미술수업과도 연결되고 멋진 작품도 나올 것입니다. 시중에서 파는 시간표를 이용하거나 인터넷에서 그림 시간표를 찾아 출력해 쓸 수도 있습니다. 점자를 사용하는 학생이 있다면 시간표에 점자도 함께 표시해주면 아이들에게 다양한 문자가 있음을 알려주는 좋은 기회가 될 것입니다. 물론 학생이 직접 점자를 만져볼 수 있도록 시간표를 책상에 붙여주면 더 좋습니다.

안내 표시들은 어떨까요? 우측보행이라는 글과 함께 화살표가 바닥에 표시되어 있다면 좀 더 쉽게 규칙을 익힐 수 있습니다. '줄을 서서 급식을 받습니다.'라는 안내와 함께 차례로 줄을 서서 급식을 받는 모습을 사진이나 그림으로 게시한다면 글을 모르는 학생이나 저학년 학생들도 규칙을 쉽게 이해할 수 있습니다.

고학년이라면 유니버설디자인(universal design)과 연결하여 수업하면 좋습니다. 학교 곳곳을 조사하고 누군가에게 불편한 요소를 유니버설디자인으로 바꿔보는 활동을 하면 알차고 재미있는 수업을 할 수 있습니다. 아이들의 예리함과 빛나는 아이디어에 놀라고, 긍정적이고 생산적인 아이들의 생각을 만나게 될 것입니다.

시각적 지원은 수업에도 적용할 수 있습니다. 그림이나 사진을 활용하면 글을 잘 모르는 학생도 훨씬 쉽게 내용을 이해하고 수업에 집중하며 참여도 늘 것 입니다. 라벨지에 자주 쓰는 학습준비물 이미지를 출력해 놓았다가 필요할 때마다 미술 준비물, 음악 준비물, 기본 준비물

등에 붙여주면 스스로 자신의 준비물을 챙기는데 도움이 됩니다. 그 외에 소소한 지원으로도 많은 것들이 바뀔 수 있습니다. 함께 아이디어를 찾고 공유해주세요.

다음의 링크(https://bit.ly/38vEBZD)를 통해 아래와 같은 그림들이 포함된 자료를 다운받을 수 있습니다. 통합학급 운영에 도움이 되실 것입니다.

핵심 요약!

시각적 지원의 첫걸음

1. 스티커를 활용해 보세요.
2. 사진과 그림을 활용해 보세요.
3. 유니버설디자인과 연계해 보세요.

04 첫 번째 관문, 통합학급 적응기간

3월에 개학을 하면 특수교육대상학생들은 통합학급에서 1~2주 적응기간을 갖습니다. 3월 첫주는 대개 학급 구성원들이 자기를 알리고 친구와 선생님, 학급의 규칙을 익히는 학급세우기 기간으로 운영됩니다. 특수교육대상학생들도 1년 동안 학급의 일원으로 생활하려면 이 기간을 잘 보내야 합니다. 그런데 적응기간이 오히려 적응하기 가장 어려운 때이기도 합니다.

특수교육대상학생 중에는 낯선 환경에 적응하는데 시간이 많이 필요한 친구들이 있습니다. 이 친구들은 새로운 교실이라는 공간에 대해서도, 선생님과 반 친구들에 대해서도 정보를 완전히 새로 구성해야 합니다. 기존에 가진 정보와 종종 충돌을 일으키니 적응이 쉽지 않습니다. 게다가 그 기간에는 특수학급에서 수업이 진행되지 않아 오롯이 통합학급에서만 생활하는 경우가 많아 긴장과 스트레스가 높을 수 있습니다. 통합학급 선생님들도 부담감을 많이 느끼는 시기입니다. 특수교사가 수업지원을 들어가거나 실무사나 사회복무요원 등 보조인력이 배치되기도 하지만 학년초라 특수교육대상학생에 대한 충분한 이해와 경험이 부족한 상태에서 담임선생님이 부담을 느끼는 건 당연합니다. 교사에게도 쉽지 않은 적응기간이지만, 첫 단추를 잘 끼우면 그만큼 시행착오와 불편한 상황을 줄일 수 있습니다.

그럼 통합학급 적응기간에 중요한 것은 무엇일까요? 무엇보다 **관계**를 잘 맺는 것과 학급 공동체의 일원으로 **소속감**을 갖도록 하는 것이 중요합니다. 담임선생님과의 관계, 학급 친구들과의 관계를 잘 맺기 시작하면 학급의 일원으로 소속감을 갖습니다. 특히 반 친구들이 특수교육대상학생에 대해 자신과 같지만 조금은 특별한 특성이 있는 친구라고 이해하고, 같은 반이라는 생각을 갖도록 하는 것이 가장 중요합니다.

좋은 관계를 맺는 시작은 인사입니다. 등교해서 교실로 들어올 때 담임선생님과 인사하는 것으로 하루를 시작해 보세요. 말로 의사소통이 어려운 학생이라면 하이파이브나 주먹인사, 손가락 마주치기 등 조금은 특별한 인사를 나누면 좋습니다. 요즘은 반 전체 학생들과 특별한 인사를 하는 선생님들이 많으시더군요. 저학년이라면 아래와 같은 그림을 활용해서 자신이 하고 싶은 인사를 골라서 할 수도 있을 것입니다. 고학년이라면 둘만의 또는 학생 자신만의 특별한 인사법을 만들어 할 수도 있을 것입니다. 학기초 정신없이 바쁜 아침 시간에 반 아이들

출처: 하유쌤의 꿈꾸는 캔버스(blog.naver.com/ohayuo)

과 모두 인사를 하는 것이 어려울 수 있지만 좋은 관계를 맺는데는 효과가 매우 큽니다. 또 세계 여러나라의 다양한 인사법을 소개하고 '우리 반의 특별한 인사 만들기'를 수업으로 구성하여 운영하는 것도 좋은 방법입니다.

반 친구들과 쉽게 관계를 맺는 데는 이름이 제일 중요합니다. 소통을 하려면 이름부터 불러야 하니까요. '내가 그의 이름을 불러주었을 때 그는 나에게로 와서 꽃이 되었다.'라는 시구처럼 이름을 알게 되면 좀 더 친근하게 느낄 수 있습니다. 특수교육대상학생 중에는 일 년 동안 한 교실에서 생활한 친구 이름을 한 명도 모르는 경우가 있습니다. 반 친구들 이름을 자연스럽게 익히고 쓰도록 해주는 것이 필요합니다. 글자를 아는 학생이라면 교과선생님들을 위한 좌석표 같은 것을 이용하면 좋습니다. 이름을 아는 것은 장애학생만이 아니라 모든 학생에게 필요합니다. 반 학생들에게 모두 이름이 적힌 좌석표를 제공하고, 또 이름 알기 게임 등을 하면 재미있게 친구 이름을 외울 수 있습니다. 제가 아는 통합학급 선생님 중에는 친구 앨범 만들기를 학기초 활동으로 하시는 분이 있습니다. 학기초에 찍는 사진을 활용하여 반 학생 모두가 학급 친구 앨범을 만드는 것입니다. A4용지를 반으로 접어 책 모양을 만든 후 친구들 사진을 붙이고, 이름을 써보는 활동으로 친구 얼굴과 이름을 익힌다고 합니다. 처음에는 학기 중간에 전학 온 특수교육대상학생을 위해서 친구 앨범 만들기를 시작했는데 반응이 좋아서 매년 학급 세우기 활동으로 진행한다고 합니다. 특히 1학년 학생들은 보물처럼 간직한다고 합니다. 고학년 학생은 '웃는 모습이 기분 좋은 ○○이'와 같이 친구의 장점(강점) 쓰기와 연결하여 진행하면 아이들이 자연스럽게 친구의 긍정적인 면을 먼저 보게 되는 효과도 있습니다. 전체 학생을 대상으로 하는 활동이 시간이 많이 소요되어 어렵다면 같은 모둠 친구 앨범을 만드는 것으로 변형할 수도 있습니다. 이런 활동을 하다보면 자연스레 낯선 친구에 대한 어색함은 줄어들고 좋은 관계를 맺는 기본 바탕이 되지 않을까요?

아이들은 어떻게 소속감을 갖게 될까요? 동일한 공간에서 생활한다고 소속감을 갖게 되는 것은 아닙니다. 제 경험에 비춰 보면 특수교육대상학생들은 반에서 자신의 역할이 있을 때, 학급에 기여하는 바가 있을 때 소속감을 갖게 됩니다. 일반적으로 특수교육대상학생은 주로 도움을 받는 위치에 있습니다. 특별실을 갈 때도 함께 가는 친구가 있고, 급식시간에도 도움을 주는 친구가 있습니다. 어떤 반은 체육시간 도우미, 점심시간 도우미, 하교 도우미, 쉬는 시간 도우미와 같이 많은 도우미가 있기도 합니다. 누군가 도움을 준다는 것은 좋은 점도 있지만, 특수교육대상학생에 대한 도움은 우리가 생각해봐야 할 부분이 많습니다. 아이들은 모두 미지의 세계에 도전하며, 직접 해보며 성장합니다. 그리고 누구나 독립적인 존재로 대우받길 원합니다. 장애가 있다 해도 그것은 마찬가지입니다. 장애가 있다고 늘 도움만 받는 존재로 있는 것을 좋아하지 않습니다. 또 누구나 공동체에 기여하고 싶은 마음이 있습니다. 자신이 누군가에게 도움을 주면서 느끼는 기쁨, 맡은 일을 완수하면서 느끼는 뿌듯함을 특수교육대상학생도 느낄 수 있도록 하는 것이 소속감을 갖게 하는 첫걸음입니다. 1인 1역(의미있는 역할)에 꼭 넣어주세요. 친구와 함께 우유상자 갖다 놓기, 창틀 걸레질하기, 칠판 지우기, 화분에 물주기 등을 하면서 소속감도 키우도 책임감도 느낄 수 있을 것입니다. 아침자습, 줄서기, 청소, 줄반장, 일일 회장 등 학급에서 누구나 하는 활동이라면 특수교육대상학생도 꼭 포함되도록 해주세요. 좀 서툴더라도 기회를 주는 것이 중요합니다. 자신만 예외가 된다면 의기소침하거나 박탈감을 느낄 수 있고, 아예 하지 않아도 된다는 잘못된 인식이 강화될 수 있습니다. 반의 다른 아이들도 누군가 어떤 부분이 부족하다고해서 배제하기보다는 함께 하는 법을 배우게 될 것입니다. 이는 통합교육의 목적이자 목표이기도 합니다.

그 외에도 특수교사와 상의하여 적응기간에 장애공감교육이나 친구알기 프로그램을 진행할 수 있습니다. 통합학급 적응기간을 두는 목적은 학생이 학기초 학교생활에 잘 적응하도록 돕기 위함입니다. 학생에 따라서는 종일 통합학급에 머무는 것을 힘들어 할 수 있습니다. 이럴 때는 사전에 특수교사 및 부모와 통합학급 적응기간을 어떻게 운영할지 상의하는 것이 필요합니다. 아이를 중심으로 두고 통합학급 교사, 특수교사, 부모가 대화를 시작하는 것은 학생이 보다 잘 적응하게 하는 길이자, 좋은 통합교육의 시작입니다.

핵심 요약!

통합학급 적응기간에는

1. 관계맺는 것을 도와주세요.
   - 특별한 인사를 만들어 보세요.
   - 친구 앨범을 만들어 보세요.
2. 소속감을 갖도록 해주세요.
   - 도움을 주고받을 수 있도록 해주세요.
   - 장애학생도 학급에 기여할 수 있는 기회를 주세요.
   - 누구나 하는 활동은 장애학생도 포함되도록 하는 것이 소속감을 갖는 첫걸음입니다.
3. 통합학급 적응기간에 대해 특수교사와 상의해 보세요.
   - 함께 머리를 맞대면 더 좋은 생각이 떠오릅니다.
   - 예외적인 방법이 필요하다면 부모님과 상의하세요.

05 개별화교육지원팀 회의가 유용하려면

통합학급을 경험한 선생님들은 개별화교육지원팀 회의에 참여해보셨을 것입니다. 〈장애인 등에 대한 특수교육법〉에는 '개별화교육이란 특수교육대상학생에게 필요하고 적절한 교육을 제공하는 것'이고, 이를 위해 매학년 시작 2주 이내에 학생별로 개별화교육지원팀을 구성하고 매학기 시작 30일 이내에 개별화교육계획을 작성하도록 시행규칙에 명시되어 있습니다. 이 팀은 대상 학생 한 명에 맞는 개별화교육계획을 세우는 역할을 합니다. 일반적으로 저학년은 학부모, 통합학급 담임교사, 특수교사, 교감, 건강상의 문제가 있는 경우 보건교사 등이 위원으로 참여합니다. 고학년은 학생을 담당하고 있는 교과선생님도 함께 합니다. 학생에 따라서는 특수교육실무사와 같은 지원인력들도 함께 참여하여 특수교육대상학생에 대한 정보를 나누고, 학교생활을 하는데 불편한 것은 없는지, 교육의 목표를 어디에 두고 운영할지를 의논합니다. 3월에 하는 개별화교육지원팀 회의는 학생에 대한 건강, 행동, 정서, 학습의 특성을 공유하고 통합교육 지원방안, 생활지도 중점사항, 수업목표 및 내용을 협의하는 자리입니다. 시간표 운영, 보조인력 배치 시간, 생존수영이나 현장체험학습의 참여를 위한 지원 등도 논의하고 정하게 됩니다. 그렇기 때문에 회의는 학생의 특성, 배경 및 성장과정을 종합적으로 보고 이해할 좋은 기회입니다.

통합학급 선생님들은 통합학급에서의 학생 생활, 친구들과의 관계, 수업시간에 학생의 태도와 참여 정도, 통합학급을 운영하면서 느끼는 어려움 등을 주로 이야기하게 됩니다. 회의에서 간혹 '제가 특수교육은 잘 몰라서…', '통합학급은 처음이라 잘 할 수 있을지 모르겠지만…', '통합학급에는 ○○이 외에도 돌봐야 할 아이들이 많아서…', '미처 제가 신경 쓰지 못하는 경우가 있을 것 같은데…' 같은 말을 하는 분도 있습니다. 겸손의 뜻으로 한 것이라도, 또는 실제로 그렇다고 하더라도 학부모에게는 담임교사를 신뢰하기 어렵게 하는 표현입니다. 마치 여행 가이드가 "오늘 처음으로 가이드를 하는 거라 잘 할 수 있을지 모르겠네요."라고 한다면 우리는 여행 내내 미심쩍어하고, 스케줄이 지연되거나 탑승장소가 바뀌는 것처럼 으레 있을 수 있는 일도 초보 가이드가 부실해서라고 생각해 미덥지 않을 것입니다.

이런 점을 고려한다면 처음 맡게 된 것을 강조하기보다는 학부모님의 이야기를 잘 경청하고 그동안 통합학급에서 지켜보고 관찰한 내용을 알리고 이를 바탕으로 궁금한 점들을 구체적으로 물어보는 것이 필요합니다. 특수교사와도 학생에 대한 정보를 자세히 나누면 학급 운영에 도움이 될 것입니다. 서로 이야기를 나누었다면 함께 가정에서의 목표, 특수학급에서의 목표, 통합학급에서의 목표를 일관성 있게 잡으면 좋습니다.

학생의 통합학급에서의 목표를 어떻게 잡을까요? 많은 선생님들이 통합학급에서 개별적인 목표를 잡아야 한다고 하면 어렵게 생각합니다. 거창한 것만 목표가 아닙니다. 학교생활의 참여를 촉진하는 것이라면 모두 목표가 될 수 있습니다. 아이의 특성과 수준에 따라 다 다를 수 있지만, 기본적으로 아침에 등교하면 선생님께 인사하기, 자기 자리 찾아가 앉기, 짝궁 이름 알기, 통합학급 친구들의 이름 10명 이상 알기, 수업 시작 전에 교과서 준비하기, 알림장 쓰고 선생님께 검사받기, 1인1역(의미 있는 역할) 꾸준히 하기, 수업시간에 1번 이상 발표하기, 자기 자리 주변 쓰레기 줍기, 배움노트에 그날 학습한 내용 중 기억나는 것을 단어나 문장으로 쓰기, 시간표 보고 오늘의 일정 적어보기, 도서관에서 읽고 싶은 책 고르기 등 다양하게 목표를 정할 수 있습니다. 이외에도 많겠지만 학생의 수준과 특성에 따라 선생님이 꼭 필요하다고 생각하는 교육목표를 잡으면 됩니다. 한 반에 30명 가까이 있는 상황에서 이 모든 것을 담임교사가 다 챙기는 것은 쉽지 않은 일입니다. 그러므로 목표를 생활, 친구, 학업 이렇게 3분야로 나누어서 분야별로 한두 가지씩 정하거나 소소하지만 학교생활에 중요한 사항 한두 가지를 정해서 한 학기 동안 꾸준히 해보시기를 권합니다. 한 가지라도 꾸준히 한다면 학생의 변화된 모습을 보게 될 것입니다. 그런데 이는 특수교육대상학생뿐 아니라 모든 학생에 대해서도 해보면 좋습니다. 아이들 각각 한 가지 이상 목표를 적어 보는 것은 어떨까요? 아래처럼 작성해 볼 수 있습니다. 한번 써 보세요. 부담이 크지 않고 꾸준히 할 수 있는 활동이라면 좋습니다.

<20 학년도 학기 개별화교육지원팀 통합학급 목표>	
생활	예) 집에 가기 전에 쓰레기 5개 줍고 가기
친구	예) 친구 10명 이름 알기
학업	예) 알림장 쓰고 검사받기

핵심 요약!

1. 개별화교육지원팀 회의는 학생의 특성, 배경 및 성장과정을 종합적으로 이해할 수 있는 자리입니다.
2. 통합학급에서의 목표를 1~2개 잡아보세요. 작은 것도 한 학기 이상 꾸준히 하면 학생의 학교생활에 큰 도움이 됩니다.

06 말이 아니어도 통하는 사이

특수교육대상학생들 중에는 언어발달이 늦은 학생들이 있습니다. 말을 거의 하지 못하는 학생들도 있고 학생이 말을 해도 알아듣기 힘든 경우도 있습니다. 그렇다면 언어발달이 늦은 학생들과 어떻게 의사소통을 하면 좋을까요?

미국 UCLA의 심리학과 명예교수인 앨버트 메라비언(Albert Mehrabian)에 따르면 의사소통에서 말의 '내용'이 차지하는 비중은 7%라고 합니다. 오히려 표정, 자세, 제스처 같은 시각적인 요소가 55%, 말의 속도와 억양, 크기와 같은 청각적인 요소가 38%를 차지한다고 합니다. '메라비언의 법칙'으로 불리는 이 이론은 비언어의 중요성을 강조하는 것으로 알려져 있습니다. 이를 감안하면 말을 잘 하지 못해도 일상생활에서 어느 정도 기본적인 의사소통은 가능하다고 볼 수 있습니

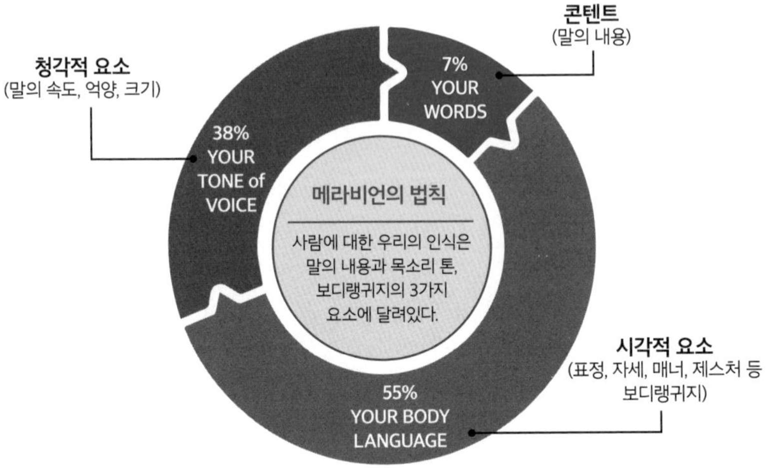

출처: www.tonyrobbins.com의 이미지 재구성

다. 그런데 이 법칙에서 많은 사람이 놓치는 것이 있는데, 그것은 '전하려는 언어의 의미가 비언어적 요소에 따라 다르게 전달될 수 있다'는 것입니다. 그렇기 때문에 선의가 제대로 전달되려면 비언어적 기술을 잘 살리고 활용해야 합니다. 이는 특수교육대상학생과의 의사소통에서 무척 중요합니다.

말로 의사소통을 하기 어려운 학생들은 상대적으로 억양과 어투, 표정, 분위기와 같은 비언어적 의사소통 기술을 많이 사용합니다. 어떤 사람이 자신을 환영하는지 또는 두려워하거나 귀찮아하는지를 표정이나 억양으로도 민감하게 알아차리는 경우가 많습니다.

그렇다면 어떻게 의사소통을 하면 좋을까요?

가장 중요한 것은 반응하기입니다. 말을 한마디도 못하는 학생도 하고 싶은 말이 있으면 앞으로 나오거나, 손으로 가리키거나, 톡톡 치거나, 손을 잡아 끌거나, 빤히 쳐다보거나, 옆으로 와서 가만히 서있는 모습을 볼 수 있습니다. 그럴 때 일방적으로 "자리에 가서 앉으세요."라고 지시하기보다 "왜? 뭐 필요한 것 있어?" 또는 "왜? 뭐 하고 싶은 말 있어?"와 같이 반응해주는 것이 중요합니다. 학생이 알아들을 수도 있고, 못 알아들을 수도 있지만 자신의 행동에 누군가가 친절하게 반응해준다면 그 사람에게 친근감을 느끼고 자신을 표현하고 싶어질 것입니다.

두 번째는 물어보기입니다. 특수교육대상학생들은 질문에 답을 잘하지 못하는 경우가 많습니다. 왜 그럴까요? 언어습득이 부족하거나 질문을 정확히 이해하지 못해서기도 하지만 대부분은 질문에 답하는 것이 익숙하지 않아서이기도 합니다. 또, 일상에서 주변 사람들이 특수교육대상학생에게 의견을 묻기보다는 지시하거나 시키는 것에 익숙합니다. 이런 경험들이 쌓여 특수교육대상학생들도 질문을 하면 어리둥절해 하거나 당황하는 경우가 있습니다. 의도치 않았지만 악순환이 되는 것입니다. 개방형 질문이 좋지만 선택적인 질문을 사용해도 좋습니다. 예를 들어 도서관에서 "어떤 책 읽을래?"로 답을 얻기 어렵다면 좋아할 만한 책 2~3권을 제시하면서 "이 중에서 어떤 책 읽을래?"라고 물어볼 수 있습니다. 사람은 누구나 선택할 수 있고, 자신의 의지대로 할 수 있는 것이 많을 때 자기효능감이 올라갑니다. 평생을 누가 시키는 대로만 하고 살아야 한다면 감옥에 갇힌 느낌일 것입니다. 괴로운 삶일 것입니다. 장애가 심할수록 커서도 다른 사람의 도움을 받아야 할 확률이 높습니다. 활동보조사나 다른 사람에게 자신의 의견을 표현할 수 있어야 자신의 인생을 조금이나마 더 주도적으로 살 수 있습니다. 남이 주는 대로, 시키는 대로가 아니라 자기가 먹고 싶은 음식, 입고 싶은 옷, 가고 싶은 곳, 하고 싶은 것을 하면서 살아가도록 도우려면 어릴 적부터 스스로 선택하고 자신의 의견을 표현하도록 연습이 필요합니다.

세 번째는 적절한 제스처와 그림을 사용하는 것입니다. 그러면 좀 더 쉽게 의사소통할 수 있습니다. "교과서를 펴세요."라는 말과 함께 손으로 책을 펴는 행동을 하면 학생은 쉽게 이해할 수 있습니다. 직접 교과서를 들고 펴는 것을 보여줘도 좋겠지요. "사물함에서 리코더를 가져오세요."라고 말하면서 손가락으로 사물함을 가리키고 리코더 부는 흉내를 하면 더 쉽게 이해할 것입니다. 만약 장애가 심해 일상적으로 제스처를 사용하는 의사소통이 필요하다면 중도중복 장애학생의 의사소통을 위해 개발된 몸짓상징인 '손담'을 활용하면 좋습니다. 몇몇 몸짓은 일상생활에서 흔히 사용하는 동작이어서 쉽게 배울 수 있습니다. 새로 익혀야 하는 부담이 있지만, 꼭 필요한 몇 가지를 익히면 1년간 두 사람의 의사소통 방법으로 요긴하게 쓰일 것입니다. 국립특수교육원이 운영하는 온맘 웹사이트(www.nise.go.kr/onmam)에서 단어별 '손담'을 영상으로도 볼 수 있습니다.

요즘은 의사소통을 위한 그림자료도 많이 나오고 있습니다. 특수교사와 상의하여 교실에서 자주 하는 활동 몇 가지를 그림으로 책상에 붙

출처: AAC BOARD Exchange 의사소통판과 상징 공유(aacexchange.net)

여놓고 활용하면 학생과 의사소통하는데 도움이 될 것입니다. (교실에서 사용할 수 있는 AAC 의사소통판은 330페이지의 그림자료 다운로드 링크를 통해 받으실 수 있습니다.) 또 최근에는 다양한 의사소통 보완대체(AAC) 도구들이 나와 있는데 스마트폰이나 태블릿에서 사용할 수 있도록 애플리케이션으로도 개발되어 있습니다. 학생에 따라서는 많은 도움이 될 것입니다.

이제 언어발달이 늦은 학생들과도 자신 있게 의사소통해보세요. 미소 띤 표정과 편안한 말투로 학생에게 말을 걸어보세요. 물어봐 주세요. 그리고 선택하게 해주세요. 학생이 잘 못 알아듣는다면 몸으로 말해주세요. 그림이나 애플리케이션도 좋습니다. 무슨 말인지, 무엇을 원하는지 알게 되면 선생님과 학생 모두 답답함에서 벗어나 소통의 즐거움을 느끼게 될 것입니다.

핵심 요약!

좋은 의사소통을 위하여

1. 말을 잘 하지 못해도 일상생활에서의 기본적 의사소통은 가능합니다.
2. 의사소통을 촉진하는 방법들
   - 반응하기
   - 물어보기
   - 적절한 제스처와 그림 사용하기

07 행동으로 하는 말

교실에서 갑자기 소리를 지르거나, 크게 울거나, 바닥에 눕거나, 손으로 자신의 머리를 때린다면 당황하지 않을 수 없습니다. 이유나 맥락을 안다면 뭔가 조치를 취하겠지만 모른다면 당혹스러울 것입니다. 이런 행동을 예전에는 문제행동이라고 불렀지만 최근에는 '도전적 행동', '대처하기 어려운 행동(이하 '어려운 행동'으로 쓰겠습니다)'이라고 합니다. 용어의 변화는 인식의 변화를 반영합니다. 과거에는 개인의 행동 자체에 문제가 있다고 바라봤다면 최근에는 주변 사람들이 대처하기 어려운 행동이지만 의사표현의 하나로 이해하는 추세입니다.

우리는 누구나 스트레스를 받습니다. 감당할 수 있는 수준을 넘어서는 일들이 많거나, 하기 싫은 일이나 의미 없다고 생각하는 일을 해야 하거나, 너무 복잡하고 어려운 과제를 해야 하거나, 누군가 내 마음을 몰라주거나, 몸이 아프고 피곤한데 해야 할 일들이 밀려있거나, 다른 사람에게 오해를 받거나, 자신의 의사와 상관없이 다른 사람이 결정한 것을 따라야만 하는 등 다양한 상황에서 스트레스를 느낍니다. 억울하기도 하고 화가 나기도 합니다. 참기도 하지만 부당하다고 표현도 합니다. 그렇지만 우리는 이런 감정과 의사를 대부분 말로 표현합니다.

언어발달이 느리거나 자신의 답답함을 말로 표현하지 못한다면 어떻게 할까요? 언어발달이 느린 학생들은 이를 행동으로 말합니다. 말로 표현하기 어려우니 행동으로 표현하는 것입니다. 우리도 말이 잘 통하지 않는 나라로 여행을 가면 표정, 손짓, 발짓을 총동원해 표현하기도 합니다. 아이들은 답답한 마음을 표현할 길이 없어서 울기도 하고, 바닥에 누워 다리를 구르며 억울함을 표현하기도 합니다. 정말로 하기 싫을 때는 머리를 때리기도 합니다. 학생의 '어려운 행동'을 문제로 바라보기 전에 평소 학생이 지내는 환경이 어떤지 생각해보면 그 행동을 좀 더 여유롭게 받아들이고 이해할 수 있습니다. '문제행동'이라고 먼저 규정하지 않는 것이 필요합니다. 그래야 고쳐야 할 문제가 아니라 아이의 요구나 의사를 발견하는데 집중할 수 있습니다.

아이들이 보이는 어려운 행동을 몇 가지 사례로 살펴보며 함께 생각해보겠습니다. 이것은 문제행동일까요? 의사소통이 원활하지 못해서 나온 행동일까요?

1학년 입학식 다음 날, 등교해 교실로 들어가야 하는데 실내화를 갈아 신지 않겠다고 복도가 떠나가라 소리를 지르던 학생이 있었습니다.

처음 며칠은 실내화 없이 들어갔는데 그래도 학교생활 규칙이기도 하고 6년간 실내화를 신지 않은 채 생활할 수는 없어 실내화를 신고 들어가는 연습이 필요했습니다. 담임선생님은 아이에게 실내화를 신어야 들어갈 수 있다고 설명했으나, 아이는 "아니야! 아니야!"라면서 절대 신지 않겠다는 의사를 표시했습니다. 담임선생님께서 연락을 주셔서 올라가 보니 실내화주머니는 멀리 저쪽에 있고 아이는 복도바닥에 앉아서 크게 울고 있었습니다. 실내화를 신기면 던지고, 신기면 던지고를 반복하고 있었습니다. 학생의 어머님도 진땀을 빼고, 다른 친구들도 무슨 일인가 기웃기웃하고, 담임선생님 입장에서는 난감한 일이 아닐 수 없습니다. 담임선생님을 교실로 들어가시게 하고 제가 아이를 달래보기로 했습니다. 이런저런 이야기를 해보았지만 소용이 없었습니다. 아이는 "아니야! 아니야!", "싫어! 싫어!"를 반복하며 신발을 신지 않겠다는 의지를 굳게 표현했습니다. 이럴 때는 참 난감합니다. 요술방망이라도 있으면 좋겠지만 여럿이 지켜보는 가운데 아이는 계속 울음을 멈추지 않고, 소리 지르고, 실내화를 던지고 저는 뚜렷하게 해결을 못하고 있으니 명색이 특수교사로서 당황스러운 일입니다. 처음엔 고집쟁이라고 생각했습니다. 제가 아이를 고집쟁이로 규정한다고 해도 변하는 것은 하나도 없습니다. 제 마음에 근사한 핑계가 하나 더 생긴 것뿐입니다. 말귀를 알아들을 만한 아이인데 왜 그럴까? 어린이집에서도 규칙을 지키며 잘 지냈다고 했는데 왜 그런 걸까? 실내화가 불편한가? 학교가 낯설어 그런가? 학교가 싫은 거면 교실에 들어가는 것도 싫어해야 하는데 실내화를 벗고 교실로 들어가면 언제 그랬냐는 듯이 제법 잘 지냈습니다. 문득 '어린이집!', '규칙!'이 떠올랐습니다. "소라야, 어린이집에서는 실내화를 신발장에 정리하고 교실로 들어갔지만 초등학교는 신발만 신발장에 놓고 교실에 들어갈 때는 실내화를 신고 들어가는 거야. 봐봐, 신발장에 다른 친구들도 신발만 있잖아. 신발장에 실내화는 없지? 다 실내화 신고 교실로 들어갔지?" 그러자 교실 안을 두리번두리번 살피더니 마법처럼 실내화를 신고 교실로 들어갔습니다. 그제서야 지켜보던 어머니도 이해한 듯 다니던 어린이집은 등원해 건물로 들어갈 땐 실내화로 갈아 신고, 다시 교실로 들어갈 때는 실내화를 교실 앞 신발장에 벗어놓아야 했다고 하셨습니다. 허무하기도 하고 다행이기도 한 일화입니다. 어린이집 규칙을 잘 지키던 아이에게 실내화를 신고 교실로 들어가는 것은 자신이 알고 있던 규칙에 위배된 행동이니 "아니야!"를 반복한 것이었는데 어른들은 그 뜻을 몰랐습니다. 그렇게 실내화 사건이 마무리 되고 즐거운 한 학기를 보냈습니다. 여름방학이 지나고 2학기가 되었습니다. 개학날 담임선생님께서 전화를 주셨습니다. 아이가 또 실내화를 신지 않겠다고 울고, 신기면 던지고를 반복한다고 말입니다. 아니 한 학기 동안 잘 지냈는데 왜 그러는 걸까요? 제가 달려가 보니 아이는 "아니야!", "싫어"를 반복하고 있었습니다. "초등학교는 실내화를 신고 들어가는 거야."라고 설명을 해줘도 이번에는 들은 척도 안 하고 실내화를 던지며 "아니야"를 반복했습니다. 아, 해결했다고 생각했는데…. 그런데 자세히 보니 새 실내화였습니다. 아이의 발이 커져서 새로 사서 보낸 듯했습니다. 혹시 자기 것이 아니라고 생각해서가 아닐까? 아니나 다를까 실내화에 네임펜으로 '김소라'라고 이름을 써주며 "이제 이게 네 실내화야, 1학기에 신었던 실내화는 작아져서 동생 줬어."라고 하니 이름을 한번 확인하고는 실내화를 신고 교실로 들어갔습니다. 여기서 아이가 말한 "아니야"는 자기 실내화가 아니라는 뜻이었습니다. 어머니께 여쭤보니 개학 전날 가방을 싸면서 1학기에 신었던 실내화를 신겨봤는데 작아서 등굣길에 새로 사왔다고 하시더라구요.

아이가 실내화를 던지고, 울고 하는 행동만 보면 어려운 행동입니다. 하지만 아이는 우리에게 자신의 의견을 표현한 것이지요. 이때 힘으로 아이에게 신발을 신기거나, 장애가 있으니 실내화가 불편하면 안 신어도 된다고 하면 울음은 멈출 수 있으나 새로운 사회적 규칙 하나를 배울 기회를 놓치는 것입니다.

다른 예도 있습니다. 5월말, 평소에도 좀 예민한 철규가 특수학급 교실에 들어오자마자 가방을 던져놓고 교실 바닥에 드러눕습니다. 교실에서는 일어나 있어야 한다고 해도 꿈쩍하지 않습니다. 왜 그러는지 물어도 답이 없습니다. 그동안 철규가 바닥에 누울 때는 뭔가 불만이 있을 때입니다. 조금씩 기분도 나빠지는 것 같아 보입니다. 철규는 기분이 나빠지면 소리를 크게 질러서 주변 사람의 귀를 먹먹하게 합니다. 그러다 자신의 소리에 더 흥분되어 점점 더 기분이 안 좋아지기도 합니다. 그러기 전에 문제를 해결해야 합니다. 갑자기 '혹시 더운가?'하는 생각이 스쳤습니다. "철규야, 덥니? 선풍기 틀어줄까? 여기는 선풍이가 너무 머니까 저기 가서 의자에 앉자."라고 하니 저를 한번 쳐다보고는 벌떡 일어나서 의자에 앉습니다. 선풍기를 틀어주니 다시 기분 좋은 웃음을 보입니다. 교실 바닥에 누워서 꼼짝하지 않는 행동을 어려운 행동으로 판단하고 무작정 일어나라고 했다면 철규는 기분이 더 안 좋아지고 그날 우리 모두는 한참 고생을 했을지 모릅니다. 반대로 장애가 있다고 그냥 뒀다면 철규는 공동생활공간에서 필요한 적절한 행동을 배우지 못했을 것입니다. 철규가 말을 할 수 있었다면 "더워요. 선풍기 틀어주세요."라고 했겠지만 말이 어려운 철규는 행동으로 말을 대신합니다.

어떤 경우는 공부를 잘 하고 있다가 갑자기 소리를 지르거나 큰 소리로 우는 경우가 있습니다. 자기 몸을 꼬집거나 머리를 때리면서 울기도 합니다. 이럴 때는 정말 당황스럽습니다. 그 학생의 머릿속으로 들어가고 싶은 생각이 듭니다. 왜 그러는 걸까? 행동의 이유나 의사를 분명히 알지 못하더라도 차분히 대응할 필요가 있습니다. 학생들마다 원인은 다를 수 있지만 몇 가지 염두에 두면 도움이 됩니다.

첫째, 행동보다는 감정에 공감해주세요. 학생이 보이는 행동이 멈춰야 하는 행동이더라도 행동에 대해 지적을 하거나 "안 돼", "하지마"라고 말하면 학생은 더 흥분할 수 있습니다. 오히려 가볍게 등이나 어깨를 토닥여주거나 머리를 쓰다듬어주며 "속상한 일이 생각났니? 괜찮아!" 이렇게 말해 보세요. "어디 불편한 데가 있니? 선생님이 도와줄까?"도 학생의 마음을 진정시키는데 도움이 됩니다. 자신을 이해하고 공감하려는 사람에게 우리는 모두 마음이 열리게 마련입니다. 우스갯

소리로 '안돼증후군', '하지마증후군'이 있다고 말하기도 하는데 왜 그럴까 생각해보면 어릴 적부터 상대적으로 이해받지 못하는 행동을 많이 하며 자란 학생들은 "안 돼, 하지마" 같은 말을 자주 듣고 자랐을 것이고, 이렇게 말하는 사람의 태도에서 자신을 거부하거나 싫어하는 분위기를 느꼈을 수 있습니다. 기분이 안 좋은 상황에서 부정적인 정서는 감정조절을 더 어렵게 합니다. 흥분하지 않고 최대한 침착한 태도로 대하는 것이 훨씬 효과가 좋습니다. 만약 아이가 이미 폭발한(?) 상태라면 가만히 지켜보는 것이 더 좋을 때도 있습니다.

둘째, 차분한 목소리로 말합니다. 목소리나 몸짓에서 당황해하는 것이 보이면 학생이 더 흥분하기도 합니다. 선생님의 어쩔 줄 몰라 하는 표정이나 몸짓은 학급의 다른 친구들에게도 영향을 주어 그 상황을 불안하게 느끼게 할 수 있습니다. 간혹 큰 소리로 그러면 안 된다고 학생을 혼내기도 하는데 저학년이라면 깜짝 놀라 선생님의 말을 듣는 모습을 보이기도 하지만 고학년으로 갈수록 더 폭발할 수도 있으니 주의해야 합니다. 학생들은 교사의 행동을 보고 따라합니다. 친구가 감정적으로 폭발하는 모습을 보일 때 담임선생님이 차분한 모습으로 "민규가 갑자기 슬픈 일이 생각났나봐. 잠깐 기다려 주자."라고 말하면 다른 친구들도 그 시간을 차분히 기다려줄 것입니다. 반대로 "민규야! 왜 그래! 수업시간이잖아! 조용! 쉿!" 이렇게 말하면 아이들도 민규가 어려운 행동을 보일 때 비슷한 모습으로 민규를 대할 가능성이 높습니다. 아이를 실무사 선생님과 함께 교실 밖으로 나가도록 하는 경우도 있는데 그 방법은 신중하게 사용해야 합니다. 자칫하면 수업이 지루하거나 나가고 싶을 때마다 어려운 행동을 보일 수 있습니다. 만약 학생이 40분 동안 수업에 참여하기 어렵다면 미리 "여기까지 다 하고 산책하러 가자"와 같이 먼저 적절한 행동을 제안하고 규칙을 만들어가는 것이 더 좋은 방법입니다.

학생이 보이는 어려운 행동을 문제행동으로만 생각하지 않고 의사소통의 수단이라고 생각을 바꾸면 행동을 고치려고 하기보다는 요구나 필요를 찾게 됩니다. 의사를 파악해야 '어려운 행동'이 고쳐집니다. 무작정 행동을 제지하는데 급급하면 어려운 행동도 점점 커지고 강화됩니다. 들으려고 하다보면 행동의 이유를 찾게 되고 그렇게 몇 번 아이와 의사소통의 경험이 쌓이면 학생도 담임선생님을 신뢰하게 될 것입니다.

핵심 요약!

어려운 행동을 풀어가려면

1. 행동에는 이유가 있습니다.
2. 학생의 특성을 관찰하면 열쇠를 찾을 수 있습니다.
3. 행동으로 하는 말에 귀 기울여 주세요
   - 행동보다는 감정에 공감해 주세요.
   - "안 돼!", "하지마!"는 더 화나게 할 수 있어요.
   - 차분한 목소리로 이야기해 주세요.

08 모두가 의미 있게 참여하는 수업 만들기

통합학급 선생님들과 이야기를 나누다보면 수업시간에 어떻게 도움을 줘야할지 모르겠다는 말씀을 많이 합니다. 고학년으로 올라갈수록 다른 학생들과 학업수준에서 차이가 너무 많이 나다보니 통합학급 수업에 참여하는 것이 시간낭비는 아닌지, 어떤 의미가 있는지 모르겠다고도 합니다. 선생님들에게 수업은 중요하고 진지한 고민임에 틀림없습니다.

고학년이 되면 어떤 학생들에게는 수업내용이 너무 어려울 수 있습니다. 따라가기에는 차이가 너무 커서 의욕이 꺾입니다. 어떤 특수교육대상학생에게는 일반학급에서 생활하는 것이 우리가 말이 통하지 않는 러시아의 대학에 가서 강의를 듣는 것과 비슷한 느낌일 수 있습니다. 수업시간에 하는 말은 당최 무슨 말인지 이해하기 어렵고, 러시아 학생들은 교수님의 말씀을 들으며 웃는데 언제 웃어야 할지도 몰라 답답하고, 말은 하고 싶은데 입 밖으로 잘 안 나오고, 용기를 내서 겨우 말해보지만 사람들이 알아듣지 못한다면 어떨까요? 게다가 교수님이 자꾸 알아듣기 어려운 말로 나에게 계속 무언가를 지시하는데 의미를 파악할 수 없다면 답답함에 폭발할지도 모릅니다. 팀별과제를 해야 하는데 말이 잘 통하지 않는다고 끼워주는 팀이 하나도 없거나, 같은 팀이 된 학생들이 못마땅해 한다면 학교를 그만두고 싶을지도 모르겠습니다.

그런데 만약 동시통역사나 번역기를 제공해 준다면 스트레스는 줄고 수업참여는 늘어날 것입니다. 아마 배움의 즐거움을 느끼며 학업을 의미있게 이어갈 수 있겠지요.

통합학급에서 누구도 소외되지 않고 배움의 즐거움을 느낄 수 있도록 하려면 수업을 어떻게 만들어가는 것이 좋을까요?

가장 간단한 방법부터 고려하면 좋습니다. 너무 복잡하거나 준비하는데 시간이 많이 필요하다면 아무리 그 취지가 좋아도 교실에서 실제로 자주 활용하기 어렵기 때문입니다.

대체물을 이용해 자료를 보완해주면 좋습니다. 흔한 스티커, 형광펜으로 표시해주거나 이미 개발되어 있는 전자저작물 등을 손쉽게 활용해 보완하면 좋습니다. 간단한 예로 어떤 학생이 노래를 부르는데 1절과 2절을 섞어서 부른다면 1절에 형광펜으로 표시를 해주면 어떨까요? 실로폰 연주를 해야 한다면 계이름 스티커를 이용해서 실로폰 색과 동일한 색의 스티커를 음악책에 붙여줄 수 있습니다.

수채화 그리기 활동에서 물의 양 조절이 어려운 학생들에게는 수채색연필을 이용하도록 할 수 있습니다. 서예 시간에 활용하는 붓펜, 손에 묻지 않는 크레파스, 풀칠한 부분을 눈으로 확인할 수 있는 컬러 딱풀, 스티커 색종이, 오리기를 대신할 수 있는 모양 스테이플러도 수업활동을 보완해줄 수 있는 훌륭한 준비물입니다. 체육이라면 대형 배드민턴 라켓세트, 소리나는 공, 줄 없는 줄넘기 등을 활용할 수 있습니다. 수학 시간에는 홈이 파인 자, 각도기 겸용 자 등을 사용하면 도형단원 활동에 쉽게 참여할 수 있습니다.

이미 개발되어 있는 전자저작물도 유용하게 활용할 수 있습니다. 국립특수교육원에서 개발한 '장애학생 통합교육 교수학습자료'는 1학년부터 6학년까지 전과목에 걸쳐 제작되어 있고, 그림이나 사진과 함께

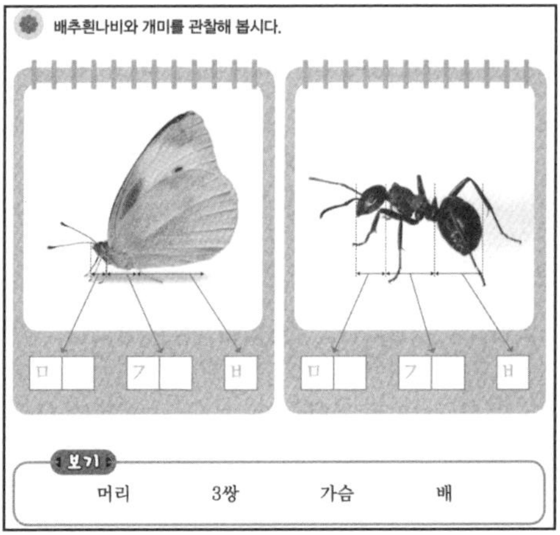

출처: 장애학생 통합교육 교수학습자료 3학년 1학기 과학

쉽게 설명되어 있어 통합학급 수업에 유용하게 활용할 수 있습니다. 이 자료는 미래엔 교과서에서 판매하고 있는데 특수교사에게 문의해 전자 저작물로 구입하면 바로 출력해서 사용할 수 있습니다.

특정 학생의 수업참여를 지원하기 위해 자료를 수정해 제공하는 방법도 있습니다. 그렇지만 좀 더 바람직한 방법은 특성과 수준이 다양한 학생들 모두에게 적용할 수 있고 모든 학생의 성취 수준을 한 단계 올리게 수업을 설계하는 것입니다. 예를 들면 이렇습니다. 초등학교에서는 리코더 연주를 많이 합니다. 3학년 때부터 시작해 6학년 정도가 되면 잘 부는 학생과 못 부는 학생들 간에 차이가 많이 납니다. 알토리코더까지 부는 학생이 있는 반면 도레미파솔라시도의 소리도 정확히 내지 못하는 학생들도 있으니까요. 그렇다면 어떻게 수업을 만들면 모든 학생들이 즐거우면서도 의미 있게 리코더 연주를 할 수 있을까요? 보통은 급수제로 쉬운 것부터 연습해 단계적으로 올라가는 방법을 많이 사용합니다. 하지만 급수제는 잘 못 부는 학생들은 늘 낮은 단계의 쉬운 노래만 연주해야하는 지루함이 있습니다. 이는 동기를 떨어트리고 리코더 시간에 흥미를 잃게도 합니다. 제가 예전에 만난 음악교과 선생님은 간단한 아이디어로 모두가 참여하면서도 성취를 느끼는 수업을 만드셨습니다. 그 선생님은 리코더 급수제 대신에 3부 합주를 했습니다. 화음파트는 도와 솔정도만 연주해도 참여가 가능하고 소프라노 부분은 트릴과 같은 고난이도 리코더 주법이 포함되어 있었습니다. 만약 파트를 선정할 때 선생님이 아이들의 실력에 따라 정해주었다면 낮은 파트의 학생들은 괜히 주눅이 들었을지도 모릅니다. 그때 선생님은 학생들이 파트를 선택해서 연주하도록 했습니다. 어느 파트를 하는지 선생님은 관여하지 않았습니다. 대개 부는 것이 서툰 아이들이 화음파트를 맡고 잘 하는 아이들이 고음파트를 맡았습니다. 아주 쉬운 음계 몇 개만 연주했을 뿐인데 학생들은 수준 높은 곡을 함께 연주했다는 성취감을 맛보았습니다. 아름다운 합주를 위해서는 화음파트가 중요합니다. 그러다보면 잘 하는 아이들 중에서도 화음파트를 지원하여 합주에 참여하게 됩니다. 그러면 학생들은 곡이 더 풍성해지는 경험을 할 수 있습니다. 그렇게 아름다움을 경험한 학생들은 리코더 연주에 흥미를 보이고 특수교육대상인 우리 반 아이들은 물론이고 리코더에서 손을 놨던 남학생들도 쉬는 시간에 리코더를 부는 진풍경이 펼쳐졌습니다. 학년말에 학급별 작은 음악회를 했는데 반의 모든 학생들이 자신의 실력에 맞게 참여하면서도 멋진 연주를 완성했습니다. 3부 합주 악보 하나로 모든 학생이 의미 있게 참여하면서 동시에 모든 학생의 성취 수준을 한 단계 올려놓는 수업을 만든 것입니다.

6학년쯤 되면 학생들의 영어실력도 천차만별입니다. 원어민선생님과 막힘없이 대화가 가능한 학생이 있는 반면 알파벳도 겨우 익힌 학생까지 수준이 매우 다양합니다. 그러면 어떻게 모든 학생이 의미 있게 참여하는 영어수업을 만들 수 있을까요? 제가 경험한 선생님의 방법을 소개합니다. 이미 많은 선생님들이 사용하고 계실지도 모르겠네요. 영어시간에 들어올 때는 어떻게든 영어를 한마디 해야 들어오는 규칙을 정했습니다. 3월 한 달 동안은 어떤 말이어도 상관없습니다. 영어를 잘하지 못하는 학생이라면 "Hi!", "Good morning"도 괜찮고 문장으로 말하고 들어와도 상관없습니다. 수업을 마치고 나갈 때는 그날 배운 단어 중 하나를 말해도 되고 문장을 말하고 나가도 됩니다. 그렇게 한 달이 지나면 선생님이 필수단어와 표현을 적은 학습보충자료를 줍니다. 보충자료에는 쉬운 단어부터 어려운 표현까지 다양하게 들어있습니다. 학생들은 단어를 말하고 들어가도 되고 문장을 이야기하고 들어가도 되지만 이제는 두 마디를 하고 들어가야 합니다. 당연히 모르면 선생님이 가르쳐 주고, 선생님의 말을 따라 말하고 들어가면 됩니다. 나올 때도 마찬가지로 그날 배운 단어나 문장 중에 두 마디를 하고 나가면 됩니다. 그런데 아이들은 참 이상합니다. 보통은 가장 쉬운 단어를 대충 말하고 들어갈 것 같지만, 또 처음에는 그렇게 시작했던 아이들도 어느 순간부터는 진지하게 수업에 참여하고 난이도를 높여 표현하려 합니다. 누구나 자신이 더 나은 사람이 되고자 하는 욕구는 있으니까요. 그리고 이제 영어수업이 있는 날은 아침부터 연습을 합니다. 우리 반 아이들도 그 선생님이 가르치는 동안에는 영어시간에 집중해서 듣는 모습을 볼 수 있었습니다. 제가 수업보조를 들어갔는데 수업이 진행될수록 모든 학생들이 열심히 듣고 따라 말하며 수업에 참여하는 모습이 무척 인상적이고 매력적이었습니다.

과학시간에는 어떨까요? 어떤 학생은 자신이 실험도구를 독점하려고 하거나, 실험도구를 다루는 것이 서툴러 너무 오래 혼자 사용하여 본의 아니게 다른 친구들의 수업을 방해하기도 합니다. 그 학생 한 명을 위해 실험도구를 따로 마련해주는 방법도 있을 수 있지만 그러면 그 학생은 순서를 지켜가면서 차례대로 참여하는 것을 배우기 어렵습니다. 다른 친구들이 보기에는 특혜로 보일 수 있습니다. 제가 아는 과학 선생님은 그 학생이 속한 모둠에는 실험도구를 한 세트 더 주셨습니다. 다른 모둠은 여섯 명이 실험도구 한 세트로 활동한다면 그 학생이 속한 모둠은 두 세트를 사용하는 것이지요. 그 학생은 차례를 지켜가며 수업에 참여하는 것을 배우고 다른 친구들도 수업에 불편 없이 참여할 수 있었습니다.

평가방법을 다양화하는 것도 좋은 통합수업을 만드는 하나의 방법이 될 수 있습니다. 예를 들면 지구의 자전과 공전을 설명하도록 할 때 다양한 표현방법을 제시하고 수용하는 것입니다. 글로 쓰거나, 말로 하거나, 시로 쓰거나, 그림으로 그리거나, 몸짓으로 표현하거나, 노래를 만들어 부를 수도 있게 하는 등 다양한 방법으로 표현하게 하고 이를 평가한다면 학생들은 자신의 강점을 발휘하는 방법으로 참여할 수 있을 것입니다. 우리 반 학생 중 한 명은 단소를 정말 잘 불었는데 부끄러움과 두려움이 많았습니다. 몇 번을 시도했지만 통합학급 친구들 앞에서 수행평가를 보는 것은 실패했습니다. 하지만 특수학급에서 부는 모습을 동영상으로 촬영해 그 반 친구들과 함께 보는 온라인 평가로 진행하자 친구들도 큰 박수를 쳐줬고, 그 이후로 학급에서의 의미 있는 참여가 늘어나기도 했습니다.

지금까지 몇 가지 사례를 살펴보았습니다. 너무 어렵게 생각하지 말고 쉬운 것부터 해보세요. 뇌병변장애가 있는 아이가 그림을 그리는데 도화지가 자꾸 움직인다면 도화지가 고정되도록 테이프를 붙여줄 수 있습니다. 그림 그리기 활동이 어려운 학생에게는 스티커로 꾸미게 하거나 제본 테이프, 찍는 도트물감을 이용하여 미술 수업에 참여하도록 할 수 있습니다. 손에 힘이 없어서 핸드벨을 잡을 수 없는 학생에게는 누르면 소리가 나는 터치핸드벨을 사용하여 연주에 참여하게 하는 방법도 있습니다. 주변을 살피면 학생의 부족한 부분을 채워줄 수 있는 다양한 대체물들이 있습니다. 특정 학생만을 위한 변형보다는 규칙이나 평가방법을 바꾸고 넓혀 모든 학생들에게 의미 있고 성취를 돕는다면 가장 좋은 수업형태가 될 것입니다. 학생들의 다양한 흥미를 고려하여 다양한 유형의 수업자료를 제공하고, 학습한 것을 다양한 방법으로 표현하도록 한다면 한 사람도 빠짐없이 모두가 참여하는 수업의 길을 찾을 수 있을 것입니다.

핵심 요약!

함께 참여하는 수업을 위해

1. 가장 손쉽게 할 수 있는 것부터 시작해 보세요.
2. 처음에는 한 과목씩 시도해 보세요.
3. 기존에 나와 있는 자료를 활용해 보세요.
4. 특정 학생을 위한 변형보다 모든 학생이 의미 있게 참여하는 방법이 가장 좋은 방법이에요.

09 통합교육, 무엇을 배우고 가르쳐야 할까요?

통합학급을 실제로 운영하는 일은 쉬운 일이 아닙니다. 다양성이 가치 있고 통합교육이 이론적으로 유용하다고 해도 실제 마주하는 통합교실은 갖가지 어려움이 많습니다. 수업시간 내내 자리에 앉아 있지 못하는 학생도 있고, 계속 소리를 내거나 갑자기 소리를 쳐서 주변 친구들을 힘들게 하는 학생도 있으니까요. 그런데 신기한 것은 이런 어려움을 특수교육대상학생의 특성이라고 규정하고 어쩔 수 없다고 포기하거나 모른 척 넘어가면 1년이 지나도 아무것도 바뀌지 않지만, 해결하고자 마음을 쓴다면 점점 나아진다는 것입니다. 특수교육대상학생만 성장하는 것이 아니라 그 모습을 지켜보는 반 친구들도 하나둘 변하고 학급의 분위기도 바뀌며 다 같이 성장하는 것을 볼 수 있습니다. 이것이 통합교육의 힘이라고 할 수 있습니다.

통합교육을 잘한다는 것은 어떤 뜻일까요?

특별한 도움이 필요한 학생을 배려하고 주의를 기울이는 것일까요? 그것도 필요하지만 특정 학생만을 배려하는 것이 통합교육은 아닙니다. 특정 학생만을 위한 배려는 자칫 의도하지 않은 차별이 될 수 있습니다. 실제 사례를 통해 함께 생각해보겠습니다. 어떤 이유에서인지 하나, 둘, 셋 수를 세는 소리를 힘들어하는 친구가 있었습니다. 당연히 구령을 힘들어 해서 체조하는 내내 귀를 막고 있었지요. 이런 상황에서 통합교육은 어떻게 접근해야 할까요? 이 학생의 특성을 고려하여 잠시 다른 곳에 가서 쉬었다가 체조가 끝나면 오라고 할 수 있습니다. 반대로 모든 학생에게 침묵의 구령 붙이기를 해보자고 할 수도 있습니다. 제가 만난 통합학급 선생님은 후자를 제안하였고, 반 아이들은 선생님이 큰 소리로 구령을 붙일 때보다 더 집중하여 참여했습니다. 소리에 민감했던 그 학생도 체조에 함께 참여할 수 있었습니다. 이렇듯 모두가 참여할 수 있고 모두에게 동등하게 적용할 수 있는 규칙을 만들어가는 것이 통합학급의 좋은 접근입니다. 이렇게 모두에게 적용 가능한 규칙이 몇 번 쌓이면 나중에는 아이들이 좋은 규칙을 제안합니다. 발표회를 위해 연극을 하는데 말을 하지 못하는 학생이 있습니다. 말을 못하니 대사를 하기 어렵습니다. 그 학생의 특성이 연극에 적합하지 않다고 관객으로 참여하라고 한다면 어떨까요? 통합교육이 잘 운영되는 반은 오히려 다른 친구들이 그 상황을 불편해 합니다. 그리고 선생님께 그 친구도 함께 하고 싶을 거라고 이야기합니다. 친구들이 양쪽에서 손을 잡고 지나가는 행인1, 2, 3 또는 학생1, 2, 3을 함께 하겠다고 이야기합니다. 그리고 자기들끼리 지혜를 모아 모두가 함께 하는 연극을 만듭니다. 제가 경험한 통합학급의 사례입니다. 그런 모습을 보고 있으면 이것이 통합교육의 힘이라는 생각이 듭니다.

장애에 초점을 맞추고 특별한 교육을 하는 것이 아니라 보편적으로 누구나 참여가 가능하도록 하는 것이 통합교육입니다. 장애학생 뿐 아니라 모든 학생들이 자신의 존재 자체를 인정받고, 서로의 다름을 존중하는 경험을 만들어가는 것이 통합교육입니다. 서로 잘하는 부분이 다르다는 것을 알고 누구나 부족한 점이 있지만 서로 보완하며 더 큰 즐거움을 경험하는 것이 통합교육입니다. 모든 학생이 자신의 색깔을 찾고 자신의 방법으로 배우고, 자신의 속도에 맞춰서 성장할 수 있도록 기다려주고, 조정해주고, 인정해주고, 격려해주는 것이 진정한 통합교육의 모습입니다. 우리가 통합교육을 통해 학생들에게 가르쳐야 할 것은 교과 지식을 넘어서는 이러한 삶의 태도와 인식입니다. 이를 통해 다양성을 포용하고 융합하는 역량을 가진 시민을 키우는 것입니다.

요즘은 교실에서 학급긍정훈육법이나 회복적 생활교육, 미덕교육을 실천하는 선생님들이 많습니다. 나와 타인을 있는 그대로 받아들이고 서로 존중하며, 각자의 장점을 발견하고 발전시켜나간다는 점에서 통합교육과 공통점이 있습니다. 통합교육은 특별한 교육이 아닙니다. 단지 좀 더 지켜보고 지원해주어야 하는 학생을 통해 개개인을 깊이 있게 바라보며 함께 배움을 만들어가는 것입니다. 이런 통합교육은 이미 선생님이 하고 있을 것입니다. 선생님의 교육 안에 통합교육의 답이 있습니다.

장애가 있으면 남다를 것 같다는 생각을 바꾸는 것이 통합교육의 시작입니다. 아이의 삶은 아이의 것이니 어른의 눈으로 짐작하지 말고 아이의 생각을 물어봐 주세요. 스스로 할 수 있는 기회를 주고 기다려 주면 느리지만 자신의 속도로 발전해 나갈 것입니다. 실패가 거듭되어 포기하려고 할 때, 때로는 그것을 짜증이나 부적절한 행동으로 표현할 때에 그래도 괜찮다고, 누구나 그러면서 배워가는 거라고, 잘할 수 있을 거라고, 한 번 더 시도해 보자고 격려해 주세요. 학생들 모두를 믿어 주세요. 그리고 선생님 자신을 믿어 주세요.

통합학급 1년이 한 아이가 아니라 학급의 모든 아이를 훌륭한 시민으로 성장시킬 수 있습니다. 아이들의 삶의 질과 태도를 높일 수 있습니다. 그것이 통합학급 교사의 힘입니다.

> "안녕 ○○아, 니가 우리 반에 없으면 우리 반이 99%에서 끝나! 하지만 니가 있어서 100%가 채워져. 너는 매운 거를 잘 먹어! 그리고 넌 맨날 우리를 심심하게 하지 않아! 맨날맨날 우리를 즐겁게 해줘. 5학년이 되더라도 꼭 만나자. ○○아 안~녕!"

1년의 통합학급 생활을 마치며 한 학생이 쓴 글입니다. 아이들은 통합학급에서 멋지게 성장합니다. 선생님의 100% 통합학급을 응원합니다.

교사 통합교육을 말하다

초판 1쇄 펴낸 날 2020년 9월 1일
초판 5쇄 펴낸 날 2022년 10월 20일

지은이 김명희·신상미·이원란·이종필·한희정
펴낸이 이후언
편 집 이후언
디자인 윤지은
인 쇄 하정문화사
제 본 강원제책사
용 지 신승지류유통(주)

발행처 새로온봄
주 소 서울시 관악구 솔밭로7길 16, 301-107
전 화 02) 6204-0405
팩 스 0303) 3445-0302
이메일 hoo@onbom.kr
홈페이지 www.onbom.kr

ISBN 979-11-956996-8-1 (03370)

* 새로온봄은 우리 교육과 아이들의 미래에 관한 좋은 생각들을 출판합니다.
출판하고 싶은 원고가 있는 분은 hoo@onbom.kr으로 기획 의도와 간략한 개요를 보내주세요.

* 이 도서의 국립중앙도서관 출판예정도서목록(CIP)은 서지정보유통지원시스템(http://seoji.nl.go.kr)과 국가자료공동목록시스템(http://www.nl.go.kr/korisnet)에서 이용하실 수 있습니다.
(CIP제어번호: CIP2020033405)